冶金工业出版社

普通高等教育“十四五”规划教材

重大危险源辨识与控制

（第2版）

姜 威 主编

扫码获得数字资源

北 京
冶 金 工 业 出 版 社
2024

内 容 提 要

本书以危险和有害因素分析为基础，结合近期国家出台的有关重大危险源的法律、法规和技术标准，系统介绍了重大危险源的渊源、辨识方法、控制技术、危害后果分析估算方法和数值模拟、安全管理等相关知识。

本书既可作为高等院校安全工程、应急管理及相关专业的教材，也可供工业生产过程安全领域的科研人员、政府和企业安全管理人员参考。

图书在版编目(CIP)数据

重大危险源辨识与控制/姜威主编. —2版. —北京：冶金工业出版社，2023.3（2024.9重印）

普通高等教育“十四五”规划教材

ISBN 978-7-5024-9366-0

Ⅰ.①重… Ⅱ.①姜… Ⅲ.①危险物品管理—中国—高等学校—教材 Ⅳ.①D631.44

中国国家版本馆CIP数据核字（2023）第022234号

重大危险源辨识与控制（第2版）

出版发行 冶金工业出版社		**电　话** (010)64027926	
地　址 北京市东城区嵩祝院北巷39号		**邮　编** 100009	
网　址 www.mip1953.com		**电子信箱** service@mip1953.com	

责任编辑 郭冬艳 美术编辑 彭子赫 版式设计 郑小利

责任校对 石 静 责任印制 禹 蕊

北京印刷集团有限责任公司印刷

2012年8月第1版，2023年3月第2版，2024年9月第3次印刷

787mm×1092mm 1/16；15.25印张；365千字；229页

定价49.00元

投稿电话 (010)64027932 投稿信箱 tougao@cnmip.com.cn

营销中心电话 (010)64044283

冶金工业出版社天猫旗舰店 yjgycbs.tmall.com

（本书如有印装质量问题，本社营销中心负责退换）

第2版前言

随着社会的进步，人类在创造财富、享受成果的同时，总会遇到越来越复杂的危险和事故。尤其是随着现代社会的快速发展，各种超大型的基础设施和各类自动化工艺装备的应用，其运行过程中难免存在着一定的危险。这些潜在的重大危险源一旦管理失控，不仅在工厂内部产生危险，而且相邻地区人们的生命、财产和环境都将遭到巨大的危害。

面对工业生产过程中的种种危险，预防恶性事故发生的关键就是在复杂的矛盾中明确主要危险、解决关键问题。为此，各级政府、企业家、科技人员，坚持安全发展理念，坚守生命至上原则，均在为保证人民的福祉而孜孜追求。这正是编者编写此书的初衷，让警钟永远长鸣，让祥和与美好永远陪伴在我们的身边。

本书由姜威主编，具体编写分工为：中南财经政法大学的姜旭初编写第1章、第3章，郑州大学的蒋苏毓编写第4章，郑州大学的赵雪娥编写第5章，郑州大学的钟委编写第6章，中原工学院的陈亮编写第7章，中南财经政法大学的姜威编写第2章、第8章，全书由姜威负责统稿。

本书编写过程历时一年，各位编者结合各自的专长和分工，对现有的与重大危险源的相关资料和信息进行了归纳整理，力求向读者完整呈现重大危险源的渊源、辨识方法、控制技术、危害后果分析估算方法和数值模拟、安全管理等相关知识。

在本书的编写过程中，沿用了第1版结构体系，并在第1版基础上，重新修订并补充了各章节内容，参考资料方面除书中所列出的参考文献外，本书还参阅了国内外有关研究报告、技术标准、相关法律法规、相关软件使用手册以及来自互联网的有关技术资料等，在此对相关作者表示深深的感谢。同时，也对支持本书编写工作的郑州大学化工与能源学院、中南财经政法大学信息与安全工程学院、河南省正大工业工程技术有限公司表示感谢！

由于作者水平所限，书中难免有不妥之处，敬请从事安全工作的同仁和广大读者提出宝贵意见。

姜 威

2022年8月

第 1 版前言

事故频发的噩耗总是回响在耳畔，惨烈的哭泣、哀怨的眼神总是那么让我们动容。难道说人类的进步、社会的发展一定要我们付出如此昂贵的代价吗？人类在思考。

面对工业生产过程中的种种危险，预防恶性事故发生的关键在于在繁复的矛盾中突出主要危险，解决关键问题。为此，各级政府、企业家、科技人员均在为保证人民的福祉而孜孜追求，这也是编者编写此书的初衷，也借此告慰那些无辜的生灵，让人类不再哭泣，让警钟永远长鸣，让祥和与美好永远陪伴在我们的身边。

本书由刘诗飞和姜威担任主编，具体编写分工为：河南理工大学的安景旺编写第 1 章，郑州大学的刘诗飞编写第 2 章、第 3 章，郑州大学的蒋苏毓编写第 4 章，郑州大学的赵雪娥编写第 5 章，郑州大学的钟委编写第 6 章，中原工学院的杨春丽编写第 7 章，中南财经政法大学的姜威编写第 8 章，全书由刘诗飞负责统稿。

本书编写过程历时一年，各位编者结合各自的专长和分工，对现有的与重大危险源的相关资料和信息进行了归纳整理，力求向读者完整呈现重大危险源的渊源、辨识方法、控制技术、危害后果分析估算方法和数值模拟、安全管理等相关知识。

在本书的编写过程中，参考资料方面除书中所列出的参考文献外，编者还参阅了大量国内外的研究报告、技术标准、相关法律法规、相关软件使用手册以及来自互联网的有关技术资料等，在此对相关著作者表示深深的感谢。同时，也对支持本书编写工作的郑州大学化工与能源学院、河南省正大工业工程技术有限公司表示感谢。

受作者水平所限，书中难免有不妥之处，敬请从事安全工作的同仁们和读者提出宝贵意见。

刘诗飞

2012年5月

目　　录

1 概 论

扫码获得数字资源

学习要求

➢ 掌握工业生产过程安全的基本概念。

➢ 掌握重大危险源辨识的目的和意义。

1.1 基本概念

（1）危险源。根据《职业健康安全管理体系》（GB/T 45001—2020），危险源是指可能导致伤害和健康损害的来源，包括其来源本身及导致来源存在的环境。与 GB/T 13861—2009 相比较，这个“来源”或“源头”的概念，就是指标准中人的因素、物的因素、环境因素和管理因素。根据危险源在事故发生、发展中的作用，危险源可分为第一类危险源和第二类危险源。通常把可能发生意外释放的能量（能量源或能量载体）或危险物质称为第一类危险源；把造成约束、限制能量和危险物质措施失控的各种不安全因素称作第二类危险源，包括物的不安全状态、人的不安全行为和管理缺陷。从广义上说，危险源包括危险载体和事故隐患。

（2）事故隐患。事故隐患是指物的不安全状态、人的不安全行为、不良的环境以及管理上的缺陷。从实质上说这是有危险的、不安全的、有缺陷的“状态”，这种状态可从人或物表现出来，如人走路不稳、路面太滑都是摔倒致伤的隐患；也可表现在管理的程序、内容或方式上，如安全检查不到位、规则制度不健全、人员培训不到位等。

（3）事故。事故是一种可能造成人员伤害或财产损失的意外事件。即人们在实现其目的的行动过程中突然发生的，使其有目的的行动暂时或永远终止的一种意外事件。事故分为责任事故和非责任事故。对事故的发生可能存在渎职或其他行为的称为责任事故；主要由不可抗力造成的事故称为非责任事故。

（4）生产事故。生产事故是指企业在生产过程中突然发生的，伤害人体、损坏财物、影响生产正常进行的意外事件，包括设备事故、人身伤亡事故（工伤事故）、险肇事故（有时称为未遂事故）三种。根据生产安全事故造成的人员伤亡情况或者直接经济损失，事故分为四级，即一般事故（Ⅰ）、较大事故（Ⅱ）、重大事故（Ⅲ）和特别重大事故（Ⅳ）。

1.2 重大事故隐患

1.2.1 重大事故隐患的概念

重大事故隐患是指危害和整改难度较大，应当全部或者局部停产停业，并经过一定时间整改治理方能排除的隐患，或者因外部因素影响致使生产经营单位自身难以排除的隐患。

1.2.2 重大事故隐患的判定标准

1.2.2.1 煤矿重大事故隐患判定标准

2020年11月12日，应急管理部第31次部务会议审议通过了《煤矿重大事故隐患判定标准》，其中第三条规定了煤矿重大事故隐患包括以下15个方面：

（1）超能力、超强度或者超定员组织生产。

（2）瓦斯超限作业。

（3）煤与瓦斯突出矿井，未依照规定实施防突出措施。

（4）高瓦斯矿井未建立瓦斯抽采系统和监控系统，或者系统不能正常运行。

（5）通风系统不完善、不可靠。

（6）有严重水患，未采取有效措施。

（7）超层越界开采。

（8）有冲击地压危险，未采取有效措施。

（9）自然发火严重，未采取有效措施。

（10）使用明令禁止使用或者淘汰的设备、工艺。

（11）煤矿没有双回路供电系统。

（12）新建煤矿边建设边生产，煤矿改扩建期间，在改扩建的区域生产，或者在其他区域的生产超出安全设计规定的范围和规模。

（13）煤矿实行整体承包生产经营后，未重新取得或者及时变更安全生产许可证而从事生产，或者承包方再次转包，以及将井下采掘工作面和井巷维修作业进行劳务承包。

（14）煤矿改制期间，未明确安全生产责任人和安全管理机构，或者在完成改制后，未重新取得或者变更采矿许可证、安全生产许可证和营业执照。

（15）其他重大事故隐患。

2017年11月13日，国家安全监管总局印发《〈化工和危险化学品生产经营单位重大生产安全事故隐患判定标准（试行）〉和〈烟花爆竹生产经营单位重大生产安全事故隐患判定标准（试行）〉的通知》（安监总管三〔2017〕121号），明确40项重大生产安全事故隐患判定标准。

1.2.2.2 化工和危险化学品生产经营单位重大生产安全事故隐患判定标准（试行）

依据有关法律法规、部门规章和国家标准，以下情形应当判定为重大事故隐患：

（1）危险化学品生产、经营单位主要负责人和安全生产管理人员未依法经考核合格。

（2）特种作业人员未持证上岗。

（3）涉及“两重点一重大”的生产装置、储存设施外部安全防护距离不符合国家标准要求。

（4）涉及重点监管危险化工工艺的装置未实现自动化控制，系统未实现紧急停车功能，装备的自动化控制系统、紧急停车系统未投入使用。

（5）构成一级、二级重大危险源的危险化学品罐区未实现紧急切断功能；涉及毒性气体、液化气体、剧毒液体的一级、二级重大危险源的危险化学品罐区未配备独立的安全仪表系统。

（6）全压力式液化烃储罐未按国家标准设置注水措施。

（7）液化烃、液氨、液氯等易燃易爆、有毒有害液化气体的充装未使用万向管道充装系统。

（8）光气、氯气等剧毒气体及硫化氢气体管道穿越除厂区（包括化工园区、工业园区）外的公共区域。

（9）地区架空电力线路穿越生产区且不符合国家标准要求。

（10）在役化工装置未经正规设计且未进行安全设计诊断。

（11）使用淘汰落后安全技术工艺、设备目录列出的工艺和设备。

（12）涉及可燃和有毒有害气体泄漏的场所未按国家标准设置检测报警装置，爆炸危险场所未按国家标准安装使用防爆电气设备。

（13）控制室或机柜间面向具有火灾、爆炸危险性装置一侧不满足国家标准关于防火防爆的要求。

（14）化工生产装置未按国家标准要求设置双重电源供电，自动化控制系统未设置不间断电源。

（15）安全阀、爆破片等安全附件未正常投用。

（16）未建立与岗位相匹配的全员安全生产责任制或者未制定实施生产安全事故隐患排查治理制度。

（17）未制定操作规程和工艺控制指标。

（18）未按照国家标准制定动火、进入受限空间等特殊作业管理制度，或者制度未有效执行。

（19）新开发的危险化学品生产工艺未经小试、中试、工业化试验直接进行工业化生产；国内首次使用的化工工艺未经过省级人民政府有关部门组织的安全可靠性论证；新建装置未制定试生产方案投料开车；精细化工企业未按规范性文件要求开展反应安全风险评估。

（20）未按国家标准分区分类储存危险化学品，超量、超品种储存危险化学品，相互禁配物质混放混存。

1.2.2.3　烟花爆竹生产经营单位重大生产安全事故隐患判定标准（试行）

依据有关法律法规、部门规章和国家标准，以下情形应当判定为重大事故隐患：

（1）主要负责人、安全生产管理人员未依法经考核合格。

（2）特种作业人员未持证上岗，作业人员带药检维修设备设施。

（3）职工自行携带工器具、机器设备进厂进行涉药作业。

（4）工（库）房实际作业人员数量超过核定人数。

（5）工（库）房实际滞留、存储药量超过核定药量。

（6）工（库）房内、外部安全距离不足，防护屏障缺失或者不符合要求。

（7）防静电、防火、防雷设备设施缺失或者失效。

（8）擅自改变工（库）房用途或者违规私搭乱建。

（9）工厂围墙缺失或者分区设置不符合国家标准。

（10）将氧化剂、还原剂同库储存、违规预混或者在同一工房内粉碎、称量。

（11）在用涉药机械设备未经安全性论证或者擅自更改、改变用途。

（12）中转库、药物总库和成品总库的存储能力与设计产能不匹配。

（13）未建立与岗位相匹配的全员安全生产责任制或者未制定实施生产安全事故隐患排查治理制度。

（14）出租、出借、转让、买卖、冒用或者伪造许可证。

（15）生产经营的产品种类、危险等级超许可范围或者生产使用违禁药物。

（16）分包转包生产线、工房、库房组织生产经营。

（17）一证多厂或者多股东各自独立组织生产经营。

（18）许可证过期、整顿改造、恶劣天气等停产停业期间组织生产经营。

（19）烟花爆竹仓库存放其他爆炸物等危险物品或者生产经营违禁超标产品。

（20）零售点与居民居住场所设置在同一建筑物内或者在零售场所使用明火。

1.2.2.4 工贸行业重大生产安全事故隐患

2017 年 11 月 30 日，为准确判定、及时整改工贸行业重大生产安全事故隐患，有效防范遏制重特大生产安全事故，国家安全监管总局根据《安全生产法》和《中共中央国务院关于推进安全生产领域改革发展的意见》，制定了《工贸行业重大生产安全事故隐患判定标准（2017 版）》。

该判定标准适用于判定工贸行业的重大生产安全事故隐患，危险化学品、消防（火灾）、特种设备等有关行业领域对重大事故隐患判定标准另有规定的，适用其规定。工贸行业重大事故隐患分为专项类重大事故隐患和行业类重大事故隐患，专项类重大事故隐患适用于所有相关的工贸行业，行业类重大事故隐患仅适用于对应的行业。

A 专项类重大事故隐患

（1）存在粉尘爆炸危险的行业领域。

1）粉尘爆炸危险场所设置在非框架结构的多层建构筑物内，或与居民区、员工宿舍、会议室等人员密集场所安全距离不足。

2）可燃性粉尘与可燃气体等易加剧爆炸危险的介质共用一套除尘系统，不同防火分区的除尘系统互联互通。

3）干式除尘系统未规范采用泄爆、隔爆、惰化、抑爆等任一种控爆措施。

4）除尘系统采用正压吹送粉尘，且未采取可靠的防范点燃源的措施。

5）除尘系统采用粉尘沉降室除尘，或者采用干式巷道式构筑物作为除尘风道。

6）铝镁等金属粉尘及木质粉尘的干式除尘系统未规范设置锁气卸灰装置。

7）粉尘爆炸危险场所的 20 区未使用防爆电气设备设施。

8）在粉碎、研磨、造粒等易于产生机械点火源的工艺设备前，未按规范设置去除铁、石等异物的装置。

9）木制品加工企业，与砂光机连接的风管未规范设置火花探测报警装置。

10）未制定粉尘清扫制度，作业现场积尘未及时规范清理。

（2）使用液氨制冷的行业领域。

1）包装间、分割间、产品整理间等人员较多生产场所的空调系统采用氨直接蒸发制冷系统。

2）快速冻结装置未设置在单独的作业间内，且作业间内作业人员数量超过 9 人。

(3) 有限空间作业相关的行业领域。

1) 未对有限空间作业场所进行辨识，未设置明显安全警示标志。

2) 未落实作业审批制度，擅自进入有限空间作业。

B　行业类重大事故隐患

(1) 冶金行业。

1) 会议室、活动室、休息室、更衣室等场所设置在铁水、钢水与液渣吊运影响的范围内。

2) 吊运铁水、钢水与液渣起重机不符合冶金起重机的相关要求；炼钢厂在吊运重罐铁水、钢水或液渣时，未使用固定式龙门钩的铸造起重机，龙门钩横梁、耳轴销和吊钩、钢丝绳及其端头固定零件，未进行定期检查，发现问题未及时整改。

3) 盛装铁水、钢水与液渣的罐（包、盆）等容器耳轴未按国家标准规定要求定期进行探伤检测。

4) 冶炼、熔炼、精炼生产区域的安全坑内及熔体泄漏、喷溅影响范围内存在积水，放置有易燃易爆物品。金属铸造、连铸、浇铸流程未设置铁水罐、钢水罐、溢流槽、中间溢流罐等高温熔融金属紧急排放和应急储存设施。

5) 炉、窑、槽、罐类设备本体及附属设施未定期检查，出现严重焊缝开裂、腐蚀、破损、衬砖损坏、壳体发红及明显弯曲变形等未报修或报废，仍继续使用。

6) 氧枪等水冷元件未配置出水温度与进出水流量差检测、报警装置及温度监测，未与炉体倾动、氧气开闭等联锁。

7) 煤气柜建设在居民稠密区，未远离大型建筑、仓库、通信和交通枢纽等重要设施；附属设备设施未按防火防爆要求配置防爆型设备；柜顶未设置防雷装置。

8) 煤气区域的值班室、操作室等人员较集中的地方，未设置固定式一氧化碳监测报警装置。

9) 高炉、转炉、加热炉、煤气柜、除尘器等设施的煤气管道未设置可靠隔离装置和吹扫设施。

10) 煤气分配主管上支管引接处，未设置可靠的切断装置；车间内各类燃气管线，在车间入口未设置总管切断阀。

11) 金属冶炼企业主要负责人和安全生产管理人员未依法经考核合格。

(2) 有色行业。

1) 吊运铜水等熔融有色金属及渣的起重机不符合冶金起重机的相关要求；横梁、耳轴销和吊钩、钢丝绳及其端头固定零件，未进行定期检查，发现问题未及时处理。

2) 会议室、活动室、休息室、更衣室等场所设置在铜水等熔融有色金属及渣的吊运影响范围内。

3) 盛装铜水等熔融有色金属及渣的罐（包、盆）等容器耳轴未定期进行检测。

4) 铜水等高温熔融有色金属冶炼、精炼、铸造生产区域的安全坑内及熔体泄漏、喷溅影响范围内存在非生产性积水；熔体容易喷溅到的区域，放置有易燃易爆物品。

5) 铜水等熔融有色金属铸造、浇铸流程未设置紧急排放和应急储存设施。

6) 高温工作的熔融有色金属冶炼炉窑、铸造机、加热炉及水冷元件未设置应急冷却水源等冷却应急处置措施。

7) 冶炼炉窑的水冷元件未配置温度、进出水流量差检测及报警装置；未设置防止冷却水大量进入炉内的安全设施（如快速切断阀等）。

8）炉、窑、槽、罐类设备本体及附属设施未定期检查，出现严重焊缝开裂、腐蚀、破损、衬砖损坏、壳体发红及明显弯曲变形等未报修或报废，仍继续使用。

9）使用煤气（天然气）的烧嘴等燃烧装置，未设置防突然熄火或点火失败的快速切断阀，以切断煤气（天然气）。

10）金属冶炼企业主要负责人和安全生产管理人员未依法经考核合格。

（3）建材行业。

1）水泥工厂煤磨袋式收尘器（或煤粉仓）未设置温度和一氧化碳监测，或未设置气体灭火装置。

2）水泥工厂筒型储存库人工清库作业外包给不具备高空作业工程专业承包资质的承包方且作业前未进行风险分析。

3）燃气窑炉未设置燃气低压警报器和快速切断阀，或易燃易爆气体聚集区域未设置监测报警装置。

4）纤维制品三相电弧炉、电熔制品电炉，水冷构件泄漏。

5）进入筒型储库、磨机、破碎机、篦冷机、各种焙烧窑等有限空间作业时，未采取有效的防止电气设备意外启动、热气涌入等隔离防护措施。

6）玻璃窑炉、玻璃锡槽，水冷、风冷保护系统存在漏水、漏气，未设置监测报警装置。

（4）机械行业。

1）会议室、活动室、休息室、更衣室等场所设置在熔炼炉、熔融金属吊运和浇注影响范围内。

2）吊运熔融金属的起重机不符合冶金铸造起重机技术条件，或驱动装置中未设置两套制动器。吊运浇注包的龙门钩横梁、耳轴销和吊钩等零件，未进行定期探伤检查。

3）铸造熔炼炉炉底、炉坑及浇注坑等作业坑存在潮湿、积水状况，或存放易燃易爆物品。

4）铸造熔炼炉冷却水系统未配置温度、进出水流量检测报警装置，没有设置防止冷却水进入炉内的安全设施。

5）天然气（煤气）加热炉燃烧器操作部位未设置可燃气体泄漏报警装置，或燃烧系统未设置防突然熄火或点火失败的安全装置。

6）使用易燃易爆稀释剂（如天拿水）清洗设备设施，未采取有效措施及时清除集聚在地沟、地坑等有限空间内的可燃气体。

7）涂装调漆间和喷漆室未规范设置可燃气体报警装置和防爆电气设备设施。

（5）轻工行业。

1）食品制造企业涉及烘制、油炸等设施设备，未采取防过热自动报警切断装置和隔热防护措施。

2）白酒储存、勾兑场所未规范设置乙醇浓度检测报警装置。

3）纸浆制造、造纸企业使用水蒸气或明火直接加热钢瓶汽化液氯。

4）日用玻璃、陶瓷制造企业燃气窑炉未设燃气低压警报器和快速切断阀，或易燃易爆气体聚集区域未设置监测报警装置。

5）日用玻璃制造企业炉、窑类设备本体及附属设施出现开裂、腐蚀、破损、衬砖损坏、壳体发红及明显弯曲变形。

6）喷涂车间、调漆间未规范设置通风装置和防爆电气设备设施。

（6）纺织行业。

1）纱、线、织物加工的烧毛、开幅、烘干等热定型工艺的汽化室、燃气贮罐、储油罐、热煤炉等未与生产加工、人员密集场所明确分开或单独设置。

2）保险粉、双氧水、亚氯酸钠、雕白粉（吊白块）等危险品与禁忌物料混合贮存；保险粉露天堆放，或储存场所未采取防水、防潮等措施。

（7）烟草行业。

1）熏蒸杀虫作业前，未确认无关人员全部撤离仓库，且作业人员未配置防毒面具。

2）使用液态二氧化碳制造膨胀烟丝的生产线和场所，未设置二氧化碳浓度报警仪、燃气浓度报警仪、紧急联动排风装置。

（8）商贸行业。在房式仓、筒仓及简易仓囤进行粮食进出仓作业时，未按照作业标准步骤或未采取有效防护措施作业。

1.2.3　重大事故隐患的级别

按照可能造成重大人身伤亡、财产损失、环境影响的后果、严重程度、整改时间、投入资金进行定性或定量的评估，重大事故隐患可分为三级。

（1）一级重大事故隐患是指可能造成30人以上（含30人，下同）死亡，或者100人以上重伤，或者1亿元以上直接经济损失，或可能造成重大社会影响，后果特别严重，需全部停产停业整治，且整改难度很大的事故隐患。

（2）二级重大事故隐患是指可能造成10人以上30人以下死亡，或者50人以上100人以下重伤，或者5000万元以上1亿元以下直接经济损失，且整改难度很大，需全部停产停业，经过一段时间整改治理方能排除的隐患，或者因外部因素影响致使生产经营单位自身难以排除的隐患。

（3）三级重大事故隐患是指可能造成10人以下死亡，或者10人以上50人以下重伤（包括急性工业中毒，下同），或者1000万元以上5000万元以下直接经济损失，且整改难度较大，需局部停产停业，经过一定时间整改治理方能排除的隐患。

2007年12月22日，国家安全生产监督管理局以第16号命令发布了《安全生产事故隐患排查治理暂行规定》，其中第三条第二款根据危险整改和难易程度分为两级：

（1）一般事故隐患，指危害和整改难度较小，发现后能够立即整改排除的隐患。

（2）重大事故隐患，指危害和整改难度较大，应当全部或者局部停产停业，并经过一定时间整改治理方能排除的隐患，或者因外部因素影响致使生产经营单位自身难以排除的隐患。

1.3　重大危险源

1.3.1　重大危险源的概念

20世纪70年代以来，在工业生产特别是化学品生产、储存、使用、运输过程中，重大火灾、爆炸、泄漏等重大事故频频发生。英国 1974 年 6 月，Flixborough 爆炸事故发生后，为改变事故频发和有效预防重大事故的发生，英国卫生与安全委员会设立了重大危险咨询委员会（简称 ACMH）。1976 年，ACMH 首次提出了重大危险源标准，提出了危险物质及其相关事故物质量的标准，1979 年和 1984 年又对该标准进行了修改。1982 年，欧共体颁布了《工业活动中重大事故危险法令》（82/501/EEC），简称《塞韦索法令》。经过几年的运行，1996 年，欧共体对《塞韦索法令》进行了修订。

与此同时，美国、澳大利亚等国也颁布了重大危险源控制的国家标准。1993 年 6 月，第 80 届国际劳工大会通过了《预防重大工业事故公约》，该公约中也明确了重大危险源的概念。亚太地区的印度、印尼、泰国、马来西亚和巴基斯坦等国逐步建立了国家重大危险源控制系统。

20 世纪 90 年代，我国开始重大危险源控制的研究工作，并将其列入国家“八五”发展规划，1997 年开始在全国的六大城市即北京、上海、天津、青岛、深圳和成都进行重大危险源的普查试点，2000 年颁布了《重大危险源辨识》（GB 18218—2000）国家标准，为我国重大危险源的辨识提供了基础的法律依据，随后在此基础上进行了两次修订。

（1）中国安全生产科学研究院在 GB 18218—2000 的基础上，结合国家安全科学和安全管理水平的发展，对构成重大危险源危险物质的临界量进行了修订，在我国第一次提出了危险化学品重大危险源的概念。

（2）2016 年 5 月，由中国安全生产科学研究院作为牵头，会同相关单位共同修订该标准，形成了《危险化学品重大危险源辨识》征求意见稿和报批稿。2018 年 11 月 19 日，由中华人民共和国国家市场监督管理总局和中华人民共和国国家标准化管理委员会发布《危险化学品重大危险源辨识》（GB 18218—2018），并于 2019 年 3 月 1 日实施。该标准规定了辨识危险化学品重大危险源的依据和方法，适用于危险化学品的生产、使用、储存和经营等各企业或组织。

1.3.2 重大危险源辨识的目的和意义

现代工业生产中往往存在各式各样的潜在危险，在不同行业、不同生产规模、不同的原料储存方式的情况下潜在风险又各不相同。作为政府、企业的管理部门以及安全评价人员应该重点关注有关危险源辨识和风险评价的工作，即可能造成群死群伤事故发生的场所、地点和这些场所、地点发生事故的概率。只有对这些可能发生重大危险的场所、地点进行有效控制，才能做到真正意义的本质安全。进行重大危险源辨识最重要的目的和意义，就是保证安全管理有序和有效地进行。

1.3.3 我国重大危险源管理发展概况

我国重大危险源管理的发展大致如下：

（1）六城市重大危险源普查。1997 年，原劳动部选择在北京、上海、天津、青岛、深圳、成都等六城市开展重大危险源普查试点工作。普查工作的范围为储罐区（储罐）、库区（库）、生产场所、企业危险建（构）筑物、压力管道、锅炉、压力容器等 7 大类。1998 年 6 月，六个试点城市均按要求完成了重大危险源普查、登记和评价分级工作，共计普查出重大危险源 10230 个。

(2) 部分城市工业重大危险源数据库建立。2001年国家科技基础性工作专项资金项目“城市工业重大危险源数据库一期开发研究”，对北京、上海、汕头、南宁、无锡等五城市重大危险源进行了普查，结果普查出8大类重大危险源4519个，建立了部分城市工业重大危险源数据库。

(3) 重大危险源申报登记试点工作。2003年11月，为进一步加强对重大危险源的监督管理，建立和健全重大危险源监控制度，国家安全生产监督管理总局（原国家煤矿安全监察局）印发了《关于重大危险源申报登记试点工作的指导意见》的通知，并决定在辽宁、江苏、福建、广西、甘肃、浙江、重庆等省市开展重大危险源申报登记试点工作。此次重大危险源申报登记范围包括储罐区（储罐）、库区（库）、生产场所、压力管道、锅炉、压力容器、煤矿（井工开采）、金属及非金属地下矿山、尾矿库等9大类。开展此项试点工作的主要目标和任务是掌握重大危险源的数量、状况和分布，建立重大危险源申报、登记、评价、分级监察管理体系，指导存在重大危险源的生产经营单位建立和完善重大危险源监控管理系统，在此基础上，建立国家、省、市、区（县）重大危险源监控信息管理系统和重大事故应急救援体系，进一步促进重大危险源监控管理的科学化、制度化和规范化。在重大危险源监控管理的研究和推广应用过程中，四川化工厂、青岛石油化工厂、南京化学工业集团公司等企业相继建立了企业重大危险源监控系统，北京市、青岛市等地方政府主管部门建立了基于GIS的重大危险源监控信息管理系统，极大地提高了安全生产监督管理的技术含量，为政府安全生产管理决策起到了参谋作用。目前，全国各地都不同程度地在开展重大危险源监控工作。

(4) 危险化学品重大危险源分级方法。2005年9月16日，原国家安全生产监督管理局下发了《关于规范重大危险源监督与管理工作的通知》（安监总协调字〔2005〕125号），其中规定：按照重大危险源的种类和能量在意外状态下可能发生事故的最严重后果，重大危险源分为四级，可能造成特别重大事故的为一级重大危险源；可能造成特大事故的为二级重大危险源；可能造成重大事故的为三级重大危险源；可能造成一般事故的为四级重大危险源。

2011年7月22日，《危险化学品重大危险源监督管理暂行规定》（以下简称《暂行规定》）经国家安全生产监督管理总局局长办公会议审议通过，于2011年8月5日以国家安全生产监督管理总局令第40号发布，为国家对危险化学品重大危险源进行有效分级监管奠定了基础和提供了依据。

《暂行规定》中第八条规定：危险化学品单位应当对重大危险源进行安全评估并确定重大危险源等级。危险化学品单位可以组织本单位的注册安全工程师、技术人员或者聘请有关专家进行安全评估，也可以委托具有相应资质的安全评价机构进行安全评估。依照法律、行政法规的规定，危险化学品单位需要进行安全评价的，重大危险源安全评估可以与本单位的安全评价一起进行，以安全评价报告代替安全评估报告，也可以单独进行重大危险源安全评估。

1.4 生产事故分类

生产事故是指在生产经营活动中发生的造成人身伤亡（包括急性工业中毒）或者直

接经济损失的事故。

生产事故的分类方法有很多。按照事故发生的行业和领域划分：

生产安全事故分为伤亡事故、设备安全事故、质量安全事故、环境污染事故、职业危害事故、其他安全事故等；非生产安全事故分为盗窃事故、人为破坏事故、其他事故等。

生产事故按行业分类可分为建筑工程事故、交通事故、工业事故、农业事故、林业事故、渔业事故、商贸服务业事故、教育安全事故、医药卫生安全事故、食品安全事故、电力安全事故、矿业安全事故、信息安全事故、核安全事故等。

生产事故按经济损失大小分类可分为：

（1）一般损失事故：经济损失小于1万元的事故。

（2）较大损失事故：经济损失大于1万元（含1万元）但小于10万元的事故。

（3）重大损失事故：经济损失大于10万元（含10万元）但小于100万元的事故。

（4）特大损失事故：经济损失大于100万元（含100万元）的事故。

生产事故按人员伤亡情况分类可分为轻伤事故、重伤事故、死亡事故和重大死亡事故。

1.4.1 生产事故对人的伤害程度分类

生产事故对人的伤害程度分类如下：

（1）死亡。这里指事故中死亡或自事故发生之日起30日以内（道路交通、火灾事故自发生之日起7日以内）死亡（因医疗事故死亡的除外，但必须得到医疗事故鉴定部门的确认），以及事故发生后下落不明的自事故发生之日起30日以后（道路交通、火灾事故自发生之日起7日以后）统计为死亡。以上所称的“以内”包括本数，所称的“以后”不包括本数。

（2）重伤。重伤指造成肢体残缺或视觉、听觉等器官受到严重损伤，一般指能引起人体长期存在功能障碍，或劳动能力有重大损失的伤害。具体是指损失工作日等于或超过105日的失能伤害。

（3）轻伤。轻伤是指造成职工肢体伤残，或者某些器官功能性或器质性轻度损伤，表现为劳动能力轻度或暂时丧失的伤害。一般指受伤职工歇工在1个工作日以上，但够不上重伤者，或指对人体的损伤达不到重伤的伤害。具体是指损失工作日低于105日的失能伤害。

1.4.2 事故的严重程度分类

事故的严重程度分类如下：

（1）特别重大事故。有以下情形之一的为特别重大事故：

1）造成30人以上死亡的事故；

2）造成100人以上重伤（包括急性工业中毒，下同）的事故；

3）造成1亿元以上直接经济损失的事故。

（2）重大事故。有以下情形之一的为重大事故：

1）造成10人以上30人以下死亡的事故；

2）造成50人以上100人以下重伤的事故；

3）造成5000万元以上1亿元以下直接经济损失的事故。

（3）较大事故。有以下情形之一的为较大事故：

1）造成3人以上10人以下死亡的事故；

2）造成10人以上50人以下重伤的事故；

3）造成1000万元以上5000万元以下直接经济损失的事故。

（4）一般事故。有以下情形之一的为一般事故：

1）造成3人以下死亡的事故；

2）造成10人以下重伤的事故；

3）造成1000万元以下直接经济损失的事故。

1.5 典型事故案例

在工业生产活动中，人、物、环境、管理等诸多因素的缺陷，均可能诱发生产事故。

1.5.1 鹤管装油槽车火灾事故

2015年1月8日下午13点33分，临淄区朱台镇工业园区某化工厂在装卸车过程中发生一起火灾爆炸事故，死亡2人，正在装车的车辆被完全烧毁。

事故经过：1月8日下午，有两辆荷载$30m^3$的车辆来该公司拉重碳九。第一辆车装完用时不足20min，后开至厂门外（从监控录像获知）。第二辆车于13点29分开始装车，司机和押运员2人负责在装车过程中从插管的人孔处往槽车里加入物料，共4袋（在装车之前由多人一块运到槽车顶部）。第3袋物料添加完后，其中一人有手向人孔处伸的动作，就在此时（从监控录像中看到），槽车中的油气被瞬间点燃，车顶上的2人被火灾冲击波推到地上，最后导致死亡。车辆也被烧毁。

经分析，事故原因分析：静电引燃了MTBE油气或重碳九油气。

装车过程中存在的问题有：

（1）装车之前，与槽车连接的静电接地报警器的电池已失效。

（2）与装车台连接的斜梯旁无静电触摸消除器；扶手末端也没有裸露的金属管段可供消除人体静电。

（3）鹤管所有法兰两端均未实现静电跨接。

（4）开始装车时，阀门处于全部打开状态，经计算初始流速$3.6m^3/m$，大于操作规程规定的初始流速$1m^3/m$的流速。

（5）鹤管放料口插入槽车顶部人孔处不足30cm，与应至槽车罐底以上20cm位置相差太大。造成高速喷入的流体在槽车内形成了很大的油气，并产生大量的静电（第一辆车装车时鹤管是完全插入的。即使如此，鹤管最低端距槽车底部也大于20cm）。

（6）外来人员（司机和押运员）私自在装车过程中往槽车内添加物料。在装车过程中直接添加物料的作业属于首次（第一辆车是在装车结束之后且车辆开至厂外添加的）。

（7）添加物料的外包装袋（外层为牛皮纸袋，内衬塑料袋）没有任何的文字，用以说明所添加的物料为什么物质、具有什么理化性质、用途是什么。未添加的一袋物料的形状为细小颗粒，白色，经摩擦或挤压后会有粉末形成。在倾倒过程中易产生静电。

（8）倾倒物料的司机和押运员所穿衣物会产生静电（冬季干燥）。

（9）装车过程中继续在车顶进行相关操作，不符合装车规程。

（10）该车辆在装重碳九前刚装载过 MTBE，闪点 -10℃；本次所装的重碳九闪点 46.2℃。

（11）司机和押运员均不是该企业人员，往槽车中添加物料没有向该单位人员告知，没有征得该企业的认可，该企业的人员也没有阻止，说明该企业的日常安全管理非常混乱。

（12）司机和押运员在车顶操作时没戴防毒面具。

（13）车辆装 MTBE 后再装重碳九前，槽车没有经过严格蒸煮和可燃气体检测。

1.5.2 某石化厂液化气外漏爆燃事故

1988 年 10 月 21 日晚，某石化厂油品车间球罐区对 Ω14 号球罐进行开阀脱水操作。操作人员未按规程操作，在未关闭球罐脱水包的上游阀时，就打开脱水包的下游阀，在有 0.4MPa 的压力下，边进料边脱水，导致水和液化气一同排出，通过污水池大量外逸。25min 后球罐区门卫发现跑料，立即通知操作工关阀，此时已有 9.7t 液化气跑损。

逸出的液化气随风向在球罐区围墙外的临时工棚内蔓延并在墙外低洼处积聚。22 日凌晨，液化气遇到工棚内的火种，引起爆燃并引发大火，大火燃烧了近 1h 后被扑灭。此次事故有 26 人被烧死，15 人被烧伤，爆燃过火面积达 625m^2。

分析认为：

（1）操作工严重违章。操作工违反操作规程，边进料边脱水，致使水和液化气同时排出。脱水作业时，操作人员没有在现场严密监视脱水情况，发现问题没有及时处置，属重大责任事故。

（2）石化厂违反液化气罐区周围严禁住人的规定，将紧靠球罐墙外 6m 的简易仓库作为外来施工人员的住房。

（3）安全设施未及时投入使用。该球罐虽是新建的，但安装的可燃气体报警仪未及时投入使用，液化气跑出时未及时发现。

（4）没有采取紧急排险措施。门卫发现跑料后立即通知了操作人员，但操作人员未能按操作规程的要求采取紧急措施，错过了避免事故发生的时机。

（5）管理不严，纪律松懈。事故后调查得知当班的 7 人中有 2 人睡觉，有 3 人离岗，还有 2 人是刚入厂的实习大学生，虽有巡回检查制度，但没有认真执行。

1.5.3 液氯泄漏导致的氯气中毒事故

某电化厂液氯工段正在充装液氯作业时，一只质量 0.5t 的充满液氯的钢瓶突然发生粉碎性爆炸。随着震天巨响，全厂气雾弥漫，大量的液氯汽化，迅速形成巨大的黄绿色气柱形似蘑菇状冲天而起，高达 40 余米。爆炸现场留有直径 6m、深 1.82m 的大坑。该工段 414m^2 的厂房全部倒塌，67 个液氯钢瓶中，爆炸了 5 只，击穿了 5 只，13 只撞击变形，5t 的液氯储罐被击穿泄漏，厂房内的全部管道被击穿、变形。其间夹杂着瓦砾、钢瓶碎片在空中横飞，数公里外都有震感。

液氯从这些容器内冲出，泄漏的氯气达 10.2t 之多，当时是东南风，风速 3.7m/s，大量的氯气迅速呈60°扇形向西北方向扩散，中轴线距离为4600m，波及范围达7.35km，共有32个居民区和6个村受到不同程度的氯气危害，造成大量人员急性中毒。受氯气危害的人数达1028人，其中诊断为氯气刺激反应者有429人，均在门诊治疗，另有不同程度急性中毒患者779人，均住院治疗。

本起事故共死亡59人，1028人氯气中毒。

为了查清事故发生的原因，认真吸取教训，杜绝类似事故重复发生，经过两个多月的调查和模拟试验，终于查清此次爆炸的原因是氯化石蜡倒灌入钢瓶内，引起化学性爆炸。

1.5.4 某油库“9·11”跑油事故

苏北地区某油库在内部输转油过程中发生一起跑油事故，共跑出90号汽油73.442t，经全力抢险，回收汽油46.958t，损失汽油26.484t。

当日18点，该油库仓储业务股副股长沈某安排将4号计量罐（高架罐）90号汽油通过自流方式倒入7号储罐。由于当班计量员不在，无人开启罐根阀，因此沈某就从计量室窗口挑出罐根阀链条锁钥匙，与泵房工一道开通了4号计量罐到7号储罐间管线上所有阀门，利用液位差将4号计量罐油品输入7号储罐，随即下班，夜间没有安排人员值班。次日清晨7点左右，值班人员发现油罐区排水沟有汽油流向库外小河沟，立即报警。经查原来是由于正在清理罐底的3号储罐（空罐）有一条接在放水阀上的临时管线与汽油主管线相连；同时，3号罐人孔盖也在白天被打开。当日下班时，3号罐的放水阀（实际已成油阀）未关闭，人孔盖未盖好。当4号计量罐与7号储罐沟通后，实际同时也沟通了4号计量罐、7号储罐与3号储罐间的管线，由于3号罐系空罐且人孔盖处于敞开状态，4号计量罐与7号储罐的油品同时流向了3号罐，当液位超过3号罐人孔下沿高度时，即开始由人孔向外跑油。这是一起典型的因“三违”造成的人为责任事故。

思考题

1-1 什么是重大事故隐患？

1-2 重大事故的最基本特征是什么？

1-3 什么是重大危险源，为什么要进行重大危险源的辨识？

1-4 控制重大危险源的目的是什么？

1-5 重大危险源临界量的概念是什么？

1-6 什么是危险化学品，以下几种物质哪些是危险化学品，为什么？

(1) 硫酸；

(2) 乙醇；

(3) 红丹；

(4) 碳酸镁；

(5) 氯；

(6) 活性炭。

2 危险和有害因素辨识基础

扫码获得数字资源

学习要求

- 掌握危险和有害因素的基本概念。
- 掌握危险和有害因素产生的原因。
- 掌握危险和有害因素的分类。

2.1 危险和有害因素的概念

安全是人类的源文化之一，从人类狩猎开始，安全一直是人类的第一需要。随着工业生产的产业化，生产装置的集成度越来越高，自动化控制、智能化控制使生产过程的安全性得到了较大的提高。但是，事故还是不断发生，不安全因素仍大量存在。把事故减少到最低限度，在生产劳动中保护职工安全与健康是人们追求的目标。危险源辨识是防止生产事故发生的第一步，是企业、政府安全管理和相关人员进行安全工作的基础。危险因素是指能对人造成伤亡或对物造成突发性损害的因素（强调社会性和瞬间作用）。危害因素又称有害因素，是指影响人的身体健康、导致疾病或者对物造成慢性损坏的因素（强调一定时间的积累作用），主要指客观存在的危险、有害物质或能量超过人们控制范围的设备、设施和场所等。人们通常对危险因素和危害因素不加以区分，统称为危险和有害因素（或危险和危害因素、危险有害因素），主要指客观存在的危险危害物质或能量超过可承受值的设备、设施和场所等。

2.2 危险和有害因素产生的原因

危险和有害因素是普遍存在的，人们之所以感觉安全是因为这些危险和有害因素均在控制范围之内。当危险和有害因素失去控制，人们就会感到危险的存在甚至受到伤害。危险和有害因素尽管有各种各样的表现形式，但从本质上讲，之所以能造成有害的后果，都可归结为能量和有害物质的存在。其产生危险的实质是能量、危害物质失去控制或两方面因素的综合作用，导致能量的意外释放和有害物质的泄漏、挥发。因此，能量、有害物质失去控制是危险因素产生的根本原因。

能量是物体做功的本领，能量守恒定律的发现告诉我们，尽管物质世界千变万化，但其外在形式均可以以能量的形式表现出来，机械能、光能、电能、化学能、生物能等给我们的生活带来了幸福和方便，但火灾、爆炸事故、地震等能量的意外释放也造成了伤亡和财产损失。由此可见的能量供体和载体在特定的条件下都可能是危险和有害因素。例如汽车使用汽油或柴油行驶的过程、锅炉的使用、剧烈放热反应工艺装置、高处作业等均存在能量的使用和相互转换，能量的有序转换会给人类造福，若出现失控将引发灾难。

有害物质是指能损伤人体的生理机能和正常代谢功能、破坏设备和物品的物质。有毒物质、腐蚀性物质、放射性物质、危害粉尘和窒息性气体等都是有害物质。工业上常见的有害物质有铬、汞、氯、氟、酚、氰化物、镉、砷、烟尘、粉煤灰、硫铁矿渣、钢渣、高炉渣、放射性物质等。

2.3 危险和有害因素分类

危险和有害因素总体上可分为自然界的危险和有害因素、工业生产过程的危险和有害因素。自然界的危险和有害因素主要为地震、泥石流、滑坡、海啸、飓风（热带风暴）、暴雨（雪）等，这些危险和有害因素对生产过程的影响多为灾难，在此不详细讨论。工业生产过程的危险和有害因素的分类方式很多，主要的分类标准有《生产过程危险和有害因素分类与代码》（GB/T 13861—2022）和《企业职工伤亡事故分类》（GB 6441—1986）。

2.3.1 按照《生产过程危险和有害因素分类与代码》分类

GB/T 13861—2022 按照可能导致生产过程中危险和有害因素的性质进行分类，生产过程危险和有害因素分为 4 大类，分别是人的因素、物的因素、环境因素、管理因素。

2.3.1.1 人的因素

企业生产活动的主体是人，人的不安全行为是许多事故发生的根本因素。人的不安全行为是指职工在劳动过程中，违反劳动纪律、操作程序和方法等具有危险性的行为所产生的不良后果。人的不安全行为受以下因素影响：

（1）主观因素影响，包括个体对安全问题的认识和个体的气质、性质和能力的差异，个体操作的系统是否符合个体的特点，个体技能或知识是否达到和疲劳及生理缺陷等等。

（2）客观因素影响，包括人际关系、恋爱婚姻、家庭子女、提薪提职、住房等干扰而造成的挫折。这些因素的影响，易使人产生不安全行为，造成人在生产过程中不能妥善处理人与人、人与物、人与环境的关系，直接影响安全生产。虽然在生产过程中造成人员失误的因素很多，具有随机性和偶然性，但通过大量、统计和分析，人员失误的规律和失误率也是可以预测的。各国根据以往的事故分析、统计资料将某些类型的行为各自归纳为不安全行为。总体来讲，不安全行为是由不正确态度、技能或知识不足、健康或生理状态不佳和劳动条件（设施条件、工作环境、劳动强度和工作时间）影响等造成的。

《生产过程危险和有害因素分类与代码》将人的因素分为心理、生理性危险和有害因素，以及行为性危险和有害因素。

心理、生理性危险和有害因素包括负荷超限（体力负荷超限、听力负荷超限、视力负荷超限、其他负荷超限）、健康状况异常、从事禁忌作业、心理异常（情绪异常、冒险心理、过度紧张、其他心理异常）、辨识功能缺陷（感知延迟、辨识错误、其他辨识功能缺陷）、其他心理、生理性危险和有害因素。

行为性危险和有害因素包括指挥错误（指挥失误、违章指挥、其他错误指挥）、操作错误（误操作、违章操作、其他操作错误）、监护失误、其他行为性危险和有害因素（如脱岗等违反劳动纪律行为）。

2.3.1.2　物的因素

工业企业生产设施的安全性，物料存放、输送、使用的安全程度对总体安全有着至关重要的作用。《生产过程危险和有害因素分类与代码》将物的因素分为物理性危险和有害因素、化学性危险和有害因素、生物性危险和有害因素。

A　物理性危险和有害因素

物理性危险和有害因素包括设备、设施、工具、附件缺陷；防护缺陷；电伤害；噪声；振动危害；电离辐射；非电离辐射；运动物伤害；明火；高温物体；低温物体；信号缺陷；标志标识缺陷；有害光照；信息系统缺陷；其他物理性危险和有害因素。

(1) 设备、设施、工具、附件缺陷。该缺陷包括强度不够；刚度不够；稳定性差（抗倾覆、抗位移能力不够，包括重心过高、底座不稳定、支承不正确、坝体不稳定等）；密封不良（指密封件、密封介质、设备辅件、加工精度、装配工艺等缺陷以及磨损、变形、气蚀等造成的密封不良）；耐腐蚀性差；应力集中；外形缺陷（指设备、设施表面的尖角利棱和不应有的凹凸部分等）；外露运动件（指人员易触及的运动件）；设计缺陷、传感缺陷（指精度不够，灵敏度过高或过低）；操纵器缺陷（指结构、尺寸、形状、位置、操纵力不合理及操纵器失灵、损坏等）；制动器缺陷；控制器缺陷；设备、设施、工具、附件其他缺陷。

(2) 防护缺陷。防护缺陷包括无防护；防护装置和设施缺陷（指防护装置、设施本身安全性、可靠性差，包括防护装置、设施、防护用品损坏、失效、失灵等）；防护不当（指防护装置、设施和防护用品不符合要求，使用不当，不包括防护距离不够）；支撑（支护）不当（包括矿井、隧道、建筑施工支护不符合要求）；防护距离不够（指设备布置、机械、电气、防火、防爆等安全距离不够和卫生防护距离不够等）；其他防护缺陷。

(3) 电危害。电伤害包括带电部位裸露（指人员易触及的裸露带电部位）、漏电、静电和杂散电流、电弧、电火花、其他电伤害。

(4) 噪声。噪声包括机械性噪声、电磁性噪声、流体动力性噪声、其他噪声。

(5) 振动危害。振动危害包括机械性振动、电磁性振动、流体力学性振动、其他振动危害。

(6) 电离辐射。电离辐射包括X射线、β射线、α粒子、β粒子、中子、质子、高能电子束辐射等。

(7) 非电离辐射。非电离辐射包括紫外辐射、激光辐射、微波辐射、超高频辐射、高频电磁场辐射、工频电场辐射、其他非电离辐射。

(8) 运动物伤害。运动伤害包括抛射物、飞溅物、坠落物、反弹物、土和岩滑动（包括排土场滑坡、尾矿库滑坡、露天采场滑坡）、料堆（垛）滑动、气流卷动、撞击其他运动物伤害。

(9) 高温物体。高温物体包括高温气体、高温液体、高温固体、其他高温物质。

(10) 低温物体。低温物体包括低温气体、低温液体、低温固体、其他低温物质。

(11) 信号缺陷。信号缺陷包括无信号设施（指应设信号设施处无信号，例如无紧急撤离信号等）、其他信号缺陷、信号选用不当、信号位置不当、信号不清（指信号量不足，例如响度、亮度、对比度、信号维持时间不够等）、信号显示不准（包括信号显示错误、显示滞后或超前等）。

（12）标志缺陷。标志缺陷包括无标志标识、标志标识不清晰、标志标识不规范、标志标识选用不当、标志标识位置缺陷、标志标识设置顺序不规范（例如多个标志牌在一起设置时，应按警告、禁止、指令、提示类型的顺序）；其他标志标识缺陷。

（13）有害光照。有害光照包括直射光、反射光、眩光、频闪效应等。

（14）信息系统缺陷包括：数据传输缺陷、自供电装置电池寿命过短、防爆等级缺陷、等级保护缺陷、通信中断或延迟、数据采集缺陷和网络环境。

物理性危险和有害因素中较为突出的为设备故障和缺陷。设备故障指设备或零部件在使用过程中，突发性或渐发性事件造成设备丧失规定功能的不正常现象。在工业生产过程中故障具有随机性和突发性，有限度的故障率在工业生产中是允许的。尽管故障的发生是一种随机事件，造成故障发生的原因又很复杂，既可能是设计、制造、安装方面的原因，也可能是设备磨损、疲劳、老化的原因，设备的检修保养、人员操作、环境、其他系统的影响也与设备的故障率相关，但故障发生的规律是可知的，通过定期检查、维修保养可使多数故障在预定期间内得到控制（避免或减少）。一般可用概率统计的方法来研究故障率的规律。

设备发生故障并处于不安全状态是导致事故、危害发生的基本物质条件，设备、设施的内在缺陷和设备、设施安全防护装置的失效极有可能引发事故。据统计，在化工生产的大量设备事故中，因设计和制造缺陷而导致的事故所占的比例很大，如自制设备、擅自更改图纸、改造设备、材质选择不符合要求、铸造和焊接质量低劣，以及管件、阀门质量不合格等，都是事故隐患。在电气设备中，电气设备绝缘损坏造成漏电伤人或短路，短路保护装置失效又造成变配电系统的破坏，进而引发更大的生产事故造成人财物的损失。管道阀门破裂、通风装置故障，使有毒气体侵入作业人员呼吸带，造成人员中毒；超载限制或提升限位安全装置失效使钢丝绳断裂、重物坠落、围栏缺陷、安全带及安全网质量低劣为高处坠落事故提供了条件。

B 化学性危险和有害因素

化学性危险和有害因素广泛存在于工农业生产过程中，例如能引起急性或慢性中毒的化学物质，如铅、汞、苯、氯、一氧化碳、农药；经呼吸道进入人体可以引起尘肺病的粉尘，如硅尘、石棉尘、煤尘、有机粉尘等。化学性危险和有害因素分类方法有多种，既可以按照《危险货物分类和品名编号》（GB 6944—2012）和《危险货物品名表》（GB 12268—2012）分为9大类：爆炸品、气体、易燃液体、易燃固体-易于自燃的物质-遇水放出易燃气体的物质、氧化性物质和有机过氧化物、毒性物质和感染性物质、放射性物品、腐蚀性物质、杂项危险物质和物品等；也可以按照《化学品分类和危险性公示通则》（GB 13690—2009）分为27类：爆炸物、易燃气体、易燃气溶胶、氧化性气体、压力下气体、易燃液体、易燃固体、自反应物质或混合物、自燃液体、自热物质或混合物、遇水放出易燃气体的物质或混合物、氧化性液体、氧化性固体、有机过氧化物、金属腐蚀剂、吸入危险、对水环境危害。化学性危险和有害因素多与物质本身的危害性（如毒性、腐蚀性、氧化性等）相关。在工业生产过程中，危险化学品的生产、储存、使用、运输、经营的各个环节均可能由于化学性危险和有害因素诱发危害。

在通常情况下，化学性危险和有害因素根据《生产过程危险和有害因素分类与代码》分为10大类，主要包括化爆炸品、压缩气体和液化气体、易燃液体、易燃固体-自燃物品和遇湿易燃物品、氧化剂和有机过氧化物、有毒品、放射性物品、腐蚀品、粉尘与气溶胶、其他化学性危险和有害因素。

C 生物性危险和有害因素

生物性危险和有害因素包括致病微生物（细菌、病毒、真菌、其他致病微生物）、传染病媒介物、致害动物、致害植物；其他生物性危险和有害因素。生物性危险和有害因素在工业生产过程中大量存在，如工业企业循环水系统常存在军团菌，食品生产企业、生物化工企业可能存在致病菌，野外长输管道的人员巡查活动中会存在致害动物、致害植物等。

2.3.1.3 环境因素

环境因素包括室内、室外、地上、地下（如隧道、矿井）、水上、水下等作业施工环境。《生产过程危险和有害因素分类与代码》（GB/T 13861—2022）将环境因素分为室内作业场所环境不良、室外作业场所环境不良、地下（含水下）作业场所环境不良、其他作业场所环境不良。

（1）室内作业场所环境不良。室内作业场所环境不良主要包括室内地面湿滑（指室内地面、通道、楼梯被任何液体、熔融物质润湿，结冰或有其他易滑物等）；室内作业场所狭窄；室内作业场所杂乱；室内地面不平；室内梯架缺陷（包括楼梯、阶梯、电动梯和活动梯架以及这些设施的扶手、扶栏和护栏、护网等）；地面、墙和天花板上的开口缺陷（包括电梯井、修车坑、门窗开口、检修孔、孔洞、排水沟等）；房屋基础下沉；室内安全通道缺陷（包括无安全通道、安全通道狭窄、不畅等）；房屋安全出口缺陷（包括无安全出口、设置不合理等）；采光照明不良（指照度不足或过强、烟尘弥漫影响照明等）；作业环境空气不良（指自然通风差、无强制通风、风量不足或气流过大、缺氧、有害气体超限等）；室内温度、湿度、气压不通；室内给、排水不良；室内涌水；其他室内作业环境不良。

（2）室外作业场所环境不良。室外作业场所环境不良主要包括恶劣气候与环境（包括风、极端的温度、雷电、大雾、冰雹、暴雨雪、洪水、浪涌、泥石流、地震、海啸等）；作业场地和交通设施湿滑（包括铺设好的地面区域、阶梯、通道、道路、小路等被任何溶液、熔融物质润湿，冰雪覆盖或有其他易滑物等）；作业场所狭窄；作业场所杂乱；作业场地不平（包括不平坦的地面和路面，有铺设的、未铺设的、草地、小鹅卵石或碎石地面和路面）；航道狭窄、有暗礁或险滩；脚手架、阶梯和活动梯架缺陷（包括这些设施的扶手、扶栏和护栏、护网等）；地面及地面开口缺陷（包括升降梯井、修车坑、水沟、水渠、路面、排土场、尾矿库等）；建筑物和其他结构缺陷（包括建筑中或拆毁中的墙壁、桥梁、建筑物；筒仓、固定式粮仓、固定的槽罐和容器；屋顶、塔楼、排土场、尾矿库等）；门和周界设施的缺陷，包括大门、栅栏、畜栏、铁丝网、电子围栏等；作业场地基础下沉；作业场地安全通道缺陷（包括无安全通道、安全通道狭窄、不畅等）；作业场所安全出口缺陷（包括无安全出口、设置不合理等）；作业场所光照不良（包括光照不足或过强、烟尘弥漫影响光照等）；作业场所空气不良（指自然通风差或气流过大、作业场地缺氧、有害气体超限，包括受限空间作业）；作业场地温度、湿度、气压不适；作业场地涌水；排水系统故障（例如排土场、尾矿库、隧道等）；其他室外作业环境不良。

（3）地下（含水下）作业场所环境不良。不包括以上室内室外作业环境已列出的有害因素。主要包括：隧道/矿井顶板或巷帮缺陷（例如矿井冒顶）；隧道/矿井作业面缺陷（例如矿井片帮）；隧道/矿井底板缺陷；地下作业面空气不良（包括无风、风速超过规定的最大值或小于规定的最小值、氧气浓度低于规定值、有害气体浓度超限等，包括受限空间作业）；地下火；冲击地压（岩爆）（指井巷或工作面周围岩体，由于弹性变形能的瞬时释放而产生突然剧烈破坏的动力现象）；地下水；水下作业供养不良；其他地下作业环境不良。

（4）其他作业场所环境不良。其他作业场所环境不良主要为强迫体位（指生产设备、设施的设计或作业位置不符合人类工效学要求而易引起作业人员疲劳、劳损或事故的一种作业体位）、综合性作业环境不良（显示有两种以上作业环境致害因素且不能分清主次的情况），以上未包括的其他作业环境不良等。

2.3.1.4 管理因素

管理因素包括机构和人员、制度及制度落实情况。我国《生产过程危险和有害因素分类与代码》（GB/T 13861—2022）将管理因素分为：职业安全卫生管理机构设置和人员配备不健全；职业安全卫生责任制不完善或未落实；职业安全卫生管理制度不完善或未落实；职业安全卫生投入不足；职业健康管理不完善；应急管理缺陷；其他管理因素缺陷。

管理因素中安全管理是重点，及时、有效的企业安全管理是实现企业本质安全的安全管理的关键所在，也是实现既定安全目标的保证。管理缺陷通常表现为违章指挥、违章作业、违反劳动纪律以及物的不安全状态等。通过加强安全管理，不但可以减少事故损失和人员伤亡，同时还可以节省保险费用、雇员因工受伤索取补偿和其他相关费用。如工伤意外，不论其性质如何轻微，都会带来一连串的开支。这包括受伤雇员的补偿金、政府判决的罚款和其他刑罚，以及受伤雇员和其他员工的工作时间损失。在连续的系列工程中发生严重意外，甚至会延误工程的完成工期，给企业带来严重的财政影响和损失。安全基础管理缺陷主要表现在以下几个方面：

（1）对安全生产管理系统认识不足以及管理上的缺陷导致形式主义。例如，虽然有关安全的制度、规程、措施制定得比较完备，但落实不彻底。职能部门监督、检查不到位，并且指责多、表扬少，处罚多、重奖少等，没有构建积极的安全激励机制。

（2）安全生产和安全管理上存在薄弱环节。例如，缺少保证“危险点分析预控”的组织措施，缺少标准化作业危险点控制流程，习惯性违章等。必须让全体员工认识到，企业所采取的安全措施是保证作业安全和创造安全环境的基础，而安全规程所列措施是提醒作业人员在作业时须注意的安全事项，规范操作才能确保安全。

（3）对设备、作业环境的安全没有实施全过程、全方位的管理。对设备的状态进行安全管理，应从设备安装、系统调试、设备运行、移交生产、日常维护、计划检修等全过程、全方位一抓到底。对重要环节要制定并落实一系列规章制度，层层设卡把关，否则工作系统的意外突变，也将造成事故。

（4）安全管理上“制度管人”“人管人”等硬性管理，和注重文化建设的软管理没有很好地融合。没有注重企业文化的导向、凝聚、激励、约束等功能，并不断解决企业“外部适应”和“内部结合”的问题。如我国企业，尤其是部分国企机构设置不灵活、不紧凑，效率不高，活力不足，各项管理机制滞后、陈旧，企业经营思想和方法还不同程度地带有计划经济的色彩等。

可见，安全管理在企业管理中是非常重要的，是在预测、分析危险和有害因素的基础上进行的计划、组织、协调、检查等工作，是预防故障和人员失误发生的有效手段。做安全管理工作就是要完成两个永恒的主题：一是把事故降下来，即把企业的伤亡率和损失降到最低规定的限度内；二是使人、设备、设施、综合管理、环境等要素有机结合。

2.3.2 按照《企业职工伤亡事故分类》分类

按照《生产过程危险和有害因素分类与代码》进行危险和有害因素划分，过程较为繁杂。人们常常按照《企业职工伤亡事故分类》的规定进行分类，将危险和有害因素分为20项。此种分类方法所列的危险和有害因素与企业安全教育中的通常说法相同，也为安全生产监督管理部门、行业主管部门和企业广大职工、安全管理人员所熟悉，易于接受和理解，便于实际应用，同时也与职工伤亡事故处理（调查、分析、统计）、职业病处理和职工的口径基本一致。但由于此方法目前缺少全国统一划分方法，因此需在应用中进一步完善，以提高系统性和科学性。

（1）物体打击，指物体在重力或其他外力的作用下产生运动，打击人体造成人身伤亡事故，不包括因机械、车辆、起重机械、坍塌等引发的物体打击。

（2）车辆伤害，指企业机动车辆在行驶中引起的人体坠落和物体倒塌、下落、挤压伤亡事故，不包括因机械设备、牵引车辆和车辆停驶时发生的事故。

（3）机械伤害，指机械设备运动（静止）部件、工具、加工件直接与人体接触引起的夹击、碰撞、剪切、卷人、绞、碾、割、刺等伤害，不包括车辆、起重机械引起的机械伤害。

（4）起重伤害，指各种起重作业（包括起重机安装、检修、试验）中发生的挤压、坠落（吊具、吊重）、物体打击和触电。

（5）触电，包括雷击伤亡事故。

（6）淹溺，包括高空坠落淹溺，不包括矿山、井下透水淹溺。

（7）灼烫，指火焰烧伤、高温物体烫伤、化学灼伤（酸、碱、盐、有机物）、物理灼伤（光、放射性物质），不包括电灼伤和火灾引起的烧伤。

（8）火灾。

（9）高处坠落，指在高处作业中发生坠落造成的伤亡事故，不包括触电坠落事故。

（10）坍塌，指土石塌方、脚手架坍塌、堆置物倒塌等，不包括矿山冒顶片帮和车辆起重机械、爆破引起的坍塌。

（11）冒顶片帮。

（12）透水。

（13）爆破（放炮），指在爆破作业中发生的伤亡事故。

（14）火药爆炸，指火药、炸药及其制品在生产、加工、运输、贮存中发生的爆炸事故。

（15）瓦斯爆炸，指可燃性气体、粉尘等与空气混合形成爆炸性混合物引起的爆炸。

（16）锅炉爆炸。

（17）容器爆炸。

（18）其他爆炸。

（19）中毒和窒息。

（20）其他伤害，如摔、扭、挫、擦、刺、割和非机动车碰撞、轧伤等。

2.4　危险和有害因素的辨识方法

2.4.1　危险和有害因素的辨识原则

危险和有害因素的辨识应遵循以下原则：

（1）科学性。危险和有害因素的辨识是分辨、识别、分析确定系统内存在的危险，而并非研究防止事故发生或控制事故发生的实际措施。它是预测安全状态和事故发生途径的手段，这就要求在进行危险和有害因素辨识时必须要有科学的安全理论作指导，使之能真正揭示系统安全状况、危险和有害因素存在的部位和存在的方式、事故发生的途径及其变化的规律，并予以准确描述，以定性、定量的概念清楚地显示出来，用严密的、合乎逻辑的理论予以解释清楚。

（2）系统性。危险和有害因素存在于生产活动的各个方面，因此要对系统进行全面详细的剖析，研究系统和系统与子系统之间的相关和约束关系，分清主要危险和有害因素及其相关的危险危害。

（3）全面性。辨识危险和有害因素时不要发生遗漏，以免留下隐患，要从厂址、自然条件、贮存运输、建（构）筑物、工艺过程、生产设备装置、特种设备、公用工程、安全设施、安全管理系统和制度等各方面进行分析、辨识；不仅要分析正常生产运转、操作中存在的危险和有害因素，而且还要分析、辨识开车、停车、检修、装置受到破坏及操作失误情况下的危险危害后果。

（4）预测性。对于危险和有害因素，还要分析其触发事件，亦即危险和有害因素出现的条件或设想的事故模式。

2.4.2　危险和有害因素辨识单元划分原则

危险和有害因素辨识单元划分主要是掌握一个不遗漏的原则，通常按生产工序或作业岗位分别进行危险和有害因素辨识。辨识时应重点分析导致事故的直接原因和间接原因，对于可能存在重大危害后果的位置，还应分析设施、装置、设备破坏及操作失误可能产生的危险有害因素。

2.5　固有危险和有害因素辨识

作业场所的固有危险和有害因素主要分为物质固有危险性、工艺固有危险性、设备固有危险性。进行危险和有害因素辨识时应充分考虑其固有的危险性。

（1）物质固有危险性，主要是指许多物质本身就存在有毒、易燃、腐蚀、辐射、自燃等固有危险，同时危险物质的数量、储存方式等也与物质的固有危险密切相关。

（2）工艺固有危险性，主要是指许多工业生产过程中存在高温、高压、高势能等工艺条件。例如，化工工艺生产过程中多存在高温、高压的固有危险，尾矿库多存在高势能的固有危险，冶金行业的电解工序也存在高电压或高电流的固有危害等。

（3）设备固有危险性，主要是指部分工业生产设备存在旋转、往复等运动部件，也有部分设备因工艺要求而存在锐角、狭窄等，这些设备在使用时可能会造成作业人员受到缠绕、挤压、撞击、运动部件破损物伤害等。

2.6 工业生产过程主要危险环境

工业生产过程主要危险环境有火灾危险环境、爆炸危险环境、有毒危险作业场所、粉尘危险作业场所、高温危险作业场所、高处及其他危险作业场所等。

2.6.1 火灾危险环境

火灾危险环境目前常用的分类标准有《建筑设计防火规范》（GB 50016—2014（2018年版））和《爆炸危险环境电力装置设计规范》（GB 50058—2014）。前者着重物质的火灾危险性分析；后者着重的是物质在作业场所的存在状态，在火灾危险环境下的电力装置设计多采用此标准。

2.6.1.1 按照《建筑设计防火规范》分类

根据《建筑设计防火规范》的规定，火灾危险性分为生产的火灾危险性和储存物品的火灾危险性。

A 生产的火灾危险性

生产的火灾危险性根据生产中使用或产生的物质性质及其数量等因素，分为甲、乙、丙、丁、戊类，并应符合表 2-1 的规定。

表 2-1 生产的火灾危险性分类

生产类别	火灾危险性特征	
	项别	使用或产生下列物质的生产
甲	1	闪点小于 28℃的液体
	2	爆炸下限小于 10%的气体，以及受到水或空气中水蒸气的作用，能产生爆炸下限小于 10%气体的固体物质
	3	常温下能自行分解或在空气中氧化能导致迅速自燃或爆炸的物质
	4	常温下受到水或空气中水蒸气的作用，能产生可燃气体并引起燃烧或爆炸的物质
	5	遇酸、受热、撞击、摩擦、催化以及遇有机物或硫黄等易燃的无机物，极易分解引起燃烧或爆炸的强氧化剂
	6	与氧化剂、有机物接触时能引起燃烧或爆炸的物质
乙	1	闪点不小于 28℃，但小于 60℃的液体
	2	助燃气体或爆炸下限不小于 10%的气体
	3	不属于甲类的氧化剂
	4	不属于甲类的化学易燃危险固体

续表 2-1

生产类别	火灾危险性特征	
	项别	使用或产生下列物质的生产
丙	1	闪点不小于 60℃的液体
	2	可燃固体
丁	1	对不燃烧物质进行加工，并在高温或熔化状态下经常产生强辐射热、火花或火焰的生产
	2	利用气体、液体、固体作为燃料或将气体、液体进行燃烧作其他用的各种生产
	3	常温下使用或加工难燃烧物质的生产
戊	1	常温下使用或加工难燃烧物质的生产

同一座厂房或厂房的任一防火分区内有不同火灾危险性生产时，该厂房或防火分区内的生产火灾危险性分类应按火灾危险性较大的部分确定。当符合下述条件之时，可按火灾危险性较小的部分确定。

(1) 在一座厂房中或一个防火分区内存在甲、乙类等多种火灾危险性生产时，如果甲类生产着火后，可燃物质足以构成爆炸或燃烧危险，则该建筑物中的生产类别应按甲类划分；如果该厂房面积很大，其中甲类生产所占用的面积比例小，并采取了相应的工艺保护和防火防爆分隔措施将甲类生产部位与其他区域完全隔开，即使发生火灾也不会蔓延到其他区域时，该厂房可按火灾危险性较小者确定。例如，在一座汽车总装厂房中，喷漆工段占总装厂房的面积比例不足 10%，同时喷漆工段采用防火分隔和自动灭火设施保护，厂房的生产火灾危险性仍可划分为戊类。

(2) 有的生产过程中虽然使用或产生易燃、可燃物质，但是数量少，当气体全部逸出或可燃液体全部汽化也不会在同一时间内使厂房内任何部位的混合气体处于爆炸极限范围内，或即使局部存在爆炸危险、可燃物全部燃烧也不可能使建筑物着火而造成灾害。例如，机械修配厂或修理车间，虽然使用少量的汽油等甲类溶剂清洗零件，但不会因此而发生爆炸，所以该厂房的火灾危险性仍可划分为戊类。又如，某场所内同时具有甲、乙类和丙、丁类火灾危险性的生产或物质，当其中产生或使用的甲、乙类物质的量很小，不足以导致爆炸时，该场所的火灾危险性类别可以按照占主要部分的丙类或丁类火灾危险性确定。

B 储存物品的火灾危险性

储存物品的火灾危险性根据储存物品的性质和储存物品中的可燃物数量等因素，分为甲、乙、丙、丁、戊类，并应符合表 2-2 的规定。

表 2-2 储存物品的火灾危险性分类

仓库类别	项别	储存物品的火灾危险性特征
甲	1	闪点小于 28℃的液体
	2	爆炸下限小于 10%的气体，以及受到水或空气中水蒸气的作用，能产生爆炸下限小于 10%气体的固体物
	3	常温下能自行分解或在空气中氧化能导致迅速自燃或爆炸的物质
	4	常温下受到水或空气中水蒸气的作用，能产生可燃气体并引起燃烧或爆炸的物质
	5	遇酸、受热、撞击、摩擦以及遇有机物或硫黄等易燃的无机物，极易引起燃烧或爆炸的强氧化剂
	6	与氧化剂、有机物接触时能引起燃烧或爆炸的物质

续表 2-2

仓库类别	项别	储存物品的火灾危险性特征
乙	1	闪点不小于 28℃，但小于 60℃的液体
	2	助燃气体或爆炸下限不小于 10%的气体
	3	不属于甲类的氧化剂
	4	不属于甲类的化学易燃危险固体
	5	常温下与空气接触能缓慢氧化，积热不散引起自燃的物品
丙	1	闪点不小于 60℃的液体
	2	可燃固体
丁	1	对不燃烧物质进行加工，并在高温或熔化状态下经常产生强辐射热、火花或火焰的生产
	2	利用气体、液体、固体作为燃料或将气体、液体进行燃烧作其他用的各种生产
	3	常温下使用或加工难燃烧物质的生产
戊	1	常温下使用或加工难燃烧物质的生产

(1) 一个防火分区内存放多种可燃物时，火灾危险性分类原则应按其中火灾危险性大的确定。当数种火灾危险性不同的物品存放在一起时，建筑的耐火等级、允许层数和允许面积均要求按最危险者的要求确定。例如，同一座仓库存放有甲、乙、丙三类物品，仓库就需要按甲类储存物品仓库的要求设计。

(2) 甲、乙类物品和一般物品以及容易相互发生化学反应或者灭火方法不同的物品，必须分间、分库储存，并在醒目处标明储存物品的名称、性质和灭火方法。因此，为了有利于安全和便于管理，同一座仓库或其中同一个防火分区内，应尽量储存一种物品。如有困难，需将数种物品存放在一座仓库或同一个防火分区内时，存储过程中要采取分区域布置，但性质相互抵触或灭火方法不同的物品不允许存放在一起。

2.6.1.2 按照《爆炸危险环境电力装置设计规范》分类

该标准规定火灾危险环境应根据火灾事故发生的可能性、后果、危险程度及物质状态的不同按下列规定进行分区。

(1) 21 区：具有闪点高于环境温度的可燃液体，在数量和配置上能引起火灾危险的环境。

(2) 22 区：具有悬浮状堆积状的可燃粉尘或可燃纤维，虽不可能形成爆炸混合物，但在数量和配置上能引起火灾危险的环境。

(3) 23 区：具有固体状可燃物质，在数量和配置上能引起火灾危险的环境。

该标准规定对于生产、加工、处理、转运或贮存过程中出现或可能出现下列火灾危险物质之时应进行火灾危险环境的电力设计。

(1) 闪点高于环境温度的可燃液体，在物料操作温度高于可燃液体闪点的情况下有可能泄漏但不能形成爆炸性气体混合物的可燃液体。

(2) 不可能形成爆炸性粉尘混合物的悬浮状、堆积状可燃粉尘或可燃纤维以及其他固体状可燃物质。

2.6.2 爆炸危险环境

爆炸危险环境是指在大气条件下，气体、蒸气、薄雾或粉尘可燃物质与空气形成混合物，点燃后，燃烧将传至未燃烧混合物的环境。爆炸危险环境的分类标准为《爆炸危险环境电力装置设计规范》，该标准将爆炸危险环境分为爆炸性气体危险环境和爆炸性粉尘危险环境。

2.6.2.1　爆炸性气体环境

爆炸性气体环境是指在大气条件下，气体、蒸气或雾状的可燃物质与空气形成混合物，点燃后，燃烧将传至未燃烧混合物的环境。

（1）根据爆炸性气体混合物出现的频繁程度和持续时间，爆炸性气体环境可按照下列规定进行分区：

1）存在连续级释放源（即连续出现或长期出现爆炸性气体混合物的环境）的区域可划分为0区。

2）存在第一级释放源（即在正常运行时可能出现爆炸性气体混合物的环境）的区域可划分为1区。

3）存在第二级释放源（即在正常运行时不太可能出现爆炸性气体混合物的环境，或即使出现也仅是短时存在的爆炸性气体混合物的环境）的区域可划分为2区。

4）非0区、1区、2区的可划分为非爆炸危险区域。

① 没有释放源且不可能有可燃物质侵入的区域。

② 可燃物质可能出现的最高浓度不超过爆炸下限值的10%。

③ 在生产过程中使用明火的设备附近，或炽热部件的表面温度超过区域内可燃物质引燃温度的设备附近。

④ 在生产装置区外，露天或开敞设置的输送可燃物质的架空管道地带，但其阀门处按具体情况确定。

同时，爆炸危险区域的划分可根据通风条件调整区域划分：

1）当通风良好时，可降低爆炸危险区域等级；当通风不良时，应提高爆炸危险区域等级。

2）局部机械通风在降低爆炸性气体混合物浓度方面比自然通风和一般机械通风更为有效时，可采用局部机械通风降低爆炸危险区域等级。

3）在障碍物、凹坑和死角处，应局部提高爆炸危险区域等级。

4）利用堤或墙等障碍物，限制比空气重的爆炸性气体混合物的扩散，可缩小爆炸危险区域的范围。

（2）当爆炸危险区域内通风的空气流量能使可燃物质很快稀释到爆炸下限值的25%以下时，可定为通风良好，但应符合下列规定：

1）下列场所可定为通风良好场所：

① 露天场所。

② 敞开式建筑物，在建筑物的壁、屋顶开口，其尺寸和位置保证建筑物内部通风效果等效于露天场所。

③ 非敞开建筑物，建有永久性的开口，使其具有自然通风的条件。

④ 对于封闭区域，每平方米地板面积每分钟至少提供0.3m^3的空气或至少1h换气6次。

2）当采用机械通风时，下列情况可不计机械通风故障的影响：

① 封闭式或半封闭式的建筑物设置备用的独立通风系统。

② 当通风设备发生故障时，有自动报警或停止工艺流程等确保能阻止可燃物质释放的预防措施，或使设备断电的预防措施。

（3）爆炸性气体环境危险区域的划分也因所在场所的不同而有所不同，应按下列要求进行确定：

1）爆炸危险区域的范围应根据释放源的级别和位置、易燃物质的性质、通风条件、障碍物及生产条件、运行经验，经技术经济比较综合确定。

2）建筑物内部宜以厂房为单位划定爆炸危险区域的范围，但也可根据生产的具体情况调整。当厂房内空间大、释放源释放的易燃物质量少时，可按厂房内部空间划定爆炸危险的区域范围，并应符合下列规定：

① 当厂房内具有比空气重的易燃物质时，厂房内通风换气次数不应少于 2 次/h，且换气不受阻碍，厂房地面上高度 1m 以内容积的空气与释放至厂房内的易燃物质所形成的爆炸性气体混合浓度应小于爆炸下限。

② 当厂房内具有比空气轻的可燃物质时，厂房平屋顶平面以下 1m 高度内，或圆顶、斜顶的最高点以下 2m 高度内容积的空气与释放至厂房内的可燃物质所形成的爆炸性气体混合物的浓度应小于爆炸下限。

③ 释放至厂房内的可燃物质的最大量应按一小时释放量的三倍计算，但不包括由于灾难性事故引起破裂时的释放量。

3）当高挥发性液体可能大量释放并扩散到 15m 以外时，爆炸危险区域的范围应划分为附加 2 区。

4）当可燃液体闪点不低于 60℃时，在物料操作温度高于可燃液体闪点的情况下，可燃液体可能泄漏时，其爆炸危险区域的范围宜适当缩小，但不宜小于 4.5m。

（4）使用于特殊环境中的设备和系统可不按照爆炸危险性环境考虑，但应符合下列相应的条件之一：

1）采取措施确保不形成爆炸危险性环境。

2）确保设备在出现爆炸性危险环境时断电，此时应防止热元件引起点燃。

3）采取措施确保人和环境不受试验燃烧或爆炸带来的危害。

4）应由具备下述条件的人员书面写出所采取的措施：

① 熟悉所采取措施的要求、国家现行有关标准以及危险环境用电气设备和系统的使用要求。

② 熟悉进行评估所需的资料。

2.6.2.2 爆炸性粉尘环境

爆炸性粉尘环境是指在大气条件下，粉尘和纤维状的可燃物质与空气形成混合物，点燃后，燃烧将传至未燃烧混合物的环境。

（1）根据爆炸性粉尘混合物出现的频繁程度、持续时间和粉尘层厚度，爆炸性粉尘环境可按照下列规定进行分区：

1）空气中的可燃性粉尘云持续地或长期地或频繁地出现于爆炸性环境中的区域划分为 20 区。

2）在正常运行时，空气中的可燃性粉尘云很可能偶尔出现于爆炸性环境中的区域划分为 21 区。

3）在正常运行时，空气中的可燃粉尘云一般不可能出现于爆炸性粉尘环境中的区域，即使出现，持续时间也是短暂地可划分为 22 区。

4）非 20 区、21 区、22 区的可划分为非爆炸危险区域。

① 装有良好除尘效果的除尘装置，当该除尘装置停车时，工艺机组能联锁停车。

② 设有为爆炸性粉尘环境服务，并用墙隔绝的送风机室，其通向爆炸性粉尘环境的风道设有能防止爆炸性粉尘混合物侵入的安全装置。

③ 区域内使用爆炸性粉尘的量不大，且在排风柜内或风罩下进行操作。

（2）爆炸性粉尘环境危险区域的划分可按粉尘的量、爆炸极限和通风条件确定，并应符合下列要求：

1）在正常运行过程中可燃性粉尘连续出现或经常出现，其数量足以形成可燃性粉尘与空气混合物和/或可能形成无法控制和极厚的粉尘层的场所及容器内部可划分为 20 区。比如粉尘云连续生成的管道、生产和处理设备的内部区域，当粉尘容器外部持续存在爆炸性粉尘环境时可划分为 20 区。

2）正常运行过程中可能出现的粉尘数量足以形成可燃性粉尘与空气混合物但未划入 20 区的场所，包括：与充入或排放粉尘点直接相邻的场所、出现粉尘层和正常操作情况下可能产生可燃浓度的可燃性粉尘与空气混合物的场所。比如与一级释放源相关联，并符合下列规定：

① 含有一级释放源的粉尘处理设备的内部划分为 21 区。

② 由一级释放源形成的设备外部场所，其区域的范围受粉尘量、释放速率、颗粒大小和物料湿度等粉尘参数的限制，并考虑引起释放的条件；对于受气候影响的建筑物外部场所可减小 21 区范围，应按照释放源周围 1m 的距离确定。

③ 当粉尘的扩散受到实体结构的限制时，实体结构的表面可作为该区域的边界。

④ 一个位于内部不受实体结构限制的 21 区应被一个 22 区包围。

⑤ 可结合同类企业相似厂房的实践经验和实际因素将整个厂房划为 21 区。

3）在异常条件下可燃性粉尘云偶尔出现并且只是短时间存在，或可燃性粉尘偶尔出现堆积，或可能存在粉尘层并且产生可燃性粉尘空气混合物的场所可划分为 22 区。比如非连续、一级释放源，应符合下列规定：

① 由二级释放源形成的场所，其区域的范围应受到粉尘量、释放速率、颗粒大小和物料湿度等粉尘参数的限制，并应考虑引起释放的条件。对于受气候影响的建筑物外部场所可减小 22 区范围。22 区的范围应按超出 21 区 3m 及二级释放源周围 3m 的距离确定。

② 当粉尘的扩散受到实体结构的限制时，实体结构的表面可作为该区域的边界。

③ 可结合同类企业相似厂房的实践经验和实际的因素将整个厂房划为 22 区。

④ 如果不能保证排除可燃性粉尘堆积或粉尘层时则应划分为 21 区。

2.6.3　有毒危险作业场所

有毒危险作业场所是指劳动者进行有毒作业的场所。有毒危险作业场所的分级标准为《有毒作业场所危害程度分级》（AQT 4208—2010）。有毒作业场所危害程度分级采用作业场所毒物浓度超标倍数作为分级指标，用 B 表示，包括时间加权平均浓度超标倍数

(B_{TWA})、短时间接触浓度超标倍数(B_{STEL})和最高浓度超标倍数(B_{wc})。

对于只存在一种毒物的作业场所，作业场所中毒物的浓度超标倍数按式(2-1)进行计算。

$$B = \frac{M}{M_r} - 1 \tag{2-1}$$

式中 M——作业场所实际测定的毒物浓度值，mg/m；

M_r——作业场所毒物的职业接触限值，mg/m。

对于存在多种毒物的作业场所，当这些毒物共同作用于同一器官、系统，或具有相似的毒性作用(如刺激作用等)，或已知这些毒物可产生相加作用时，作业场所中毒物的浓度超标倍数按式(2-2)进行计算；若非以上情况，分别计算每种毒物的浓度超标倍数值，并取其最大值作为该作业场所的毒物浓度超标倍数值。

$$B = \left(\frac{M_1}{M_{1r}} + \frac{M_2}{M_{2r}} + \cdots + \frac{M_N}{M_{Nr}}\right) - 1 \tag{2-2}$$

式中 M_1，M_2，…，M_N——作业场所实际测定的各种毒物浓度值，mg/m；

M_{1r}，M_{2r}，…，M_{Nr}——各种毒物相应的职业接触限值，mg/m。

《有毒作业场所危害程度分级》将有毒作业场所危害程度划分为三级：0级、Ⅰ级和Ⅱ级，见表2-3。其中0级表示有毒作业场所危害程度达到标准的要求，Ⅰ级表示超过标准的要求，Ⅱ级表示严重超过标准的要求。

表2-3 有毒作业分级

B的范围	级 别	备 注
$B \leqslant 0$	0	达标
$0 < B \leqslant 3$	Ⅰ	超标
$B > 3$	Ⅱ	严重超标

根据《工作场所有害因素职业接触限值 第1部分：化学有害因素》(GBZ 2.1—2019)对工作场所空气中化学物质容许浓度的要求，对照采用B_{TWA}、B_{STEL}和B_{WC}，分别按照表2-3分别进行分级，并取其中最高的级别作为该有毒作业场所危害程度级别。

2.6.4 粉尘危险作业场所

2.6.4.1 分级依据

粉尘危险作业场所程度分级依据的技术标准为《工作场所职业病危害作业分级》(GBZ/T 229.1—2021)。以粉尘中游离二氧化硅含量、工作场所空气中职业接触比值和劳动者体力劳动强度等要素的权重数作为粉尘作业场所危害程度的分级指标。

(1) 生产性粉尘中游离二氧化硅含量(M)的分级和权重数(W_M)取值列于表2-4。

表2-4 游离二氧化硅含量的分级和权重数取值

游离SO_2含量(M)/%	权重数(W_M)
$M<10$	1
$10 \leqslant M \leqslant 50$	2

续表 2-4

游离 SO_2 含量(M)/%	权重数(W_M)
$50<M\leq 80$	4
$M>80$	6

(2) 工作场所空气中粉尘的职业接触比值(B)分级和权重数(W_B)取值列于表 2-5。

表 2-5　生产性粉尘职业接触比值的分级和权重数取值

接触比值(B)	权重数(W_B)
$B<1$	0
$1\leq B\leq 2$	1
$B>2$	3

(3) 劳动者的体力劳动强度分级和权重数(W_L)取值列于表 2-6。

表 2-6　体力劳动强度的分级和权重数取值

体力劳动强度级别	权重数(W_L)
Ⅰ	1.0
Ⅱ	1.5
Ⅲ	2.0
Ⅳ	2.5

2.6.4.2　分级级别

生产性粉尘作业场所按照危害程度分为 0、Ⅰ、Ⅱ、Ⅲ四个等级,相对无害作业为 0 级、轻度危害作业为Ⅰ级、中度危害作业为Ⅱ级、高度危害作业为Ⅲ级。

2.6.4.3　分级方法与计算

(1) 分级指数 G 按式(2-3)计算:

$$G = W_M \times W_B \times W_L \tag{2-3}$$

式中　G——分级指数;

W_M——粉尘中游离二氧化硅含量的权重数;

W_B——工作场所空气中粉尘职业接触比值的权重数;

W_L——劳动者体力劳动强度的权重数。

(2) 根据分级指数 G,将生产性粉尘作业分为如下四级,见表 2-7。

表 2-7　生产性粉尘作业分级

分级指数(G)	作业级别
0	0 级(相对无害作业)
$0<G\leq 6$	Ⅰ级(轻度危害作业)
$6<G\leq 16$	Ⅱ级(中度危害作业)
>16	Ⅲ级(高度危害作业)

（3）测得生产性粉尘中游离二氧化硅含量、工作场所空气中粉尘的职业接触比值和体力劳动强度分级后，也可直接查阅表 2-8 进行生产性粉尘作业分级。

表 2-8 生产性粉尘作业分级表

游离 SiO_2 含量（M）	体力劳动强度	粉尘的职业接触比值权重数（W_B）						
		<1	1~2	2~4	4~6	6~8	8~16	>16
M<10	Ⅰ	0	Ⅰ	Ⅰ	Ⅰ	Ⅱ	Ⅱ	Ⅲ
	Ⅱ	0	Ⅰ	Ⅰ	Ⅱ	Ⅱ	Ⅱ~Ⅲ	Ⅲ
	Ⅲ	0	Ⅰ	Ⅰ~Ⅱ	Ⅱ	Ⅱ	Ⅲ	Ⅲ
	Ⅳ	0	Ⅰ	Ⅰ~Ⅱ	Ⅱ	Ⅱ~Ⅲ	Ⅲ	Ⅲ
10≤M≤50	Ⅰ	0	Ⅰ	Ⅰ~Ⅱ	Ⅱ	Ⅱ	Ⅲ	Ⅲ
	Ⅱ	0	Ⅰ	Ⅱ	Ⅱ~Ⅲ	Ⅲ	Ⅲ	Ⅲ
	Ⅲ	0	Ⅰ	Ⅱ	Ⅲ	Ⅲ	Ⅲ	Ⅲ
	Ⅳ	0	Ⅰ	Ⅱ~Ⅲ	Ⅲ	Ⅲ	Ⅲ	Ⅲ
50<M≤80	Ⅰ	0	Ⅰ	Ⅱ	Ⅲ	Ⅲ	Ⅲ	Ⅲ
	Ⅱ	0	Ⅰ	Ⅱ~Ⅲ	Ⅲ	Ⅲ	Ⅲ	Ⅲ
	Ⅲ	0	Ⅱ	Ⅲ	Ⅲ	Ⅲ	Ⅲ	Ⅲ
	Ⅳ	0	Ⅱ	Ⅲ	Ⅲ	Ⅲ	Ⅲ	Ⅲ
M>80	Ⅰ	0	Ⅰ	Ⅱ~Ⅲ	Ⅲ	Ⅲ	Ⅲ	Ⅲ
	Ⅱ	0	Ⅱ	Ⅲ	Ⅲ	Ⅲ	Ⅲ	Ⅲ
	Ⅲ	0	Ⅱ	Ⅲ	Ⅲ	Ⅲ	Ⅲ	Ⅲ
	Ⅳ	0	Ⅱ	Ⅲ	Ⅲ	Ⅲ	Ⅲ	Ⅲ

2.6.5 高温危险作业场所

2.6.5.1 分级原则及要求

（1）应对高温作业的健康危害、环境热强度、接触高温时间、劳动强度和工作服装阻热性能等全面评价基础上进行分级。

（2）分级前，通过现场巡查，识别工作场所高温的产生过程、分布范围和采取的控制和防护措施，收集既往热损伤发生和事故资料，确定需要进行分级的作业。作业分级应与日常监测相结合。

（3）对作业分级结果和预防控制措施的效果要定期进行评估，评估结果提示可能与原分级结果不致的，或因生产工艺、原材料、设备等发生改变时应重新进行分级，并提出新的预防控制措施和建议。

（4）分级结果以分级报告书形式表示，报告书内容包括分级依据、分级结果、预防控制措施和建议、效果评价的方法和应告知的对象。

（5）分级报告书应告知用人单位负责人、管理者和相关劳动者。

（6）分级资料应归档保存。

2.6.5.2 分级依据及方法

高温作业分级的依据包括劳动强度、接触高温作业时间、WBGT 指数和服装的阻热性。

（1）高温作业分级时，需确定体力劳动强度分级，体力劳动强度分级按 GBZ/T 189.10 执行。

（2）高温作业分级时，需确定接触高温作业时间，接触高温作业时间以每个工作日累计接触高温作业时间计，单位为分钟（min）。

（3）高温作业分级时，需确定作业环境热强度，即 WBGT 指数。WBGT 指数的测定按 GBZ/T 189.7 执行。

（4）高温作业分级时，需确定劳动者穿着服装的阻热性。长袖衬衫和长裤工作服及纺织材料连裤工作服的绝热系数为 0.6ClO。

（5）根据以上测定评价结果。对照表 2-9 内容进行分级。

2.6.5.3 分级

高温作业按危害程度分为 4 级，即轻度危害作业（Ⅰ级）、中度危害作业（Ⅱ级）、重度危害作业（Ⅲ级）和极重度危害作业（Ⅳ级）（表 2-9）。

表 2-9 高温作业分级

劳动强度（*M*）	接触高温作业时间	WBGT 指数/℃						
		29~30（28~29）	31~32（30~31）	33~34（32~33）	35~36（34~35）	37~38（36~37）	39~40（38~39）	≥41（≥40）
Ⅰ（轻劳动）	60~120	Ⅰ	Ⅰ	Ⅱ	Ⅱ	Ⅲ	Ⅲ	Ⅳ
	121~240	Ⅰ	Ⅱ	Ⅱ	Ⅲ	Ⅲ	Ⅳ	Ⅳ
	241~360	Ⅱ	Ⅱ	Ⅲ	Ⅲ	Ⅳ	Ⅳ	Ⅳ
	≥361	Ⅱ	Ⅲ	Ⅲ	Ⅳ	Ⅳ	Ⅳ	Ⅳ
Ⅱ（中劳动）	60~120	Ⅰ	Ⅱ	Ⅱ	Ⅲ	Ⅲ	Ⅳ	Ⅳ
	121~240	Ⅱ	Ⅱ	Ⅲ	Ⅲ	Ⅳ	Ⅳ	Ⅳ
	241~360	Ⅱ	Ⅲ	Ⅲ	Ⅳ	Ⅳ	Ⅳ	Ⅳ
	≥361	Ⅲ	Ⅲ	Ⅳ	Ⅳ	Ⅳ	Ⅳ	Ⅳ
Ⅲ（重劳动）	60~120	Ⅱ	Ⅱ	Ⅲ	Ⅲ	Ⅳ	Ⅳ	Ⅳ
	121~240	Ⅱ	Ⅲ	Ⅲ	Ⅳ	Ⅳ	Ⅳ	Ⅳ
	241~360	Ⅲ	Ⅲ	Ⅳ	Ⅳ	Ⅳ	Ⅳ	Ⅳ
	≥361	Ⅲ	Ⅳ	Ⅳ	Ⅳ	Ⅳ	Ⅳ	Ⅳ
Ⅳ（极重劳动）	60~120	Ⅱ	Ⅲ	Ⅲ	Ⅳ	Ⅳ	Ⅳ	Ⅳ
	121~240	Ⅲ	Ⅲ	Ⅳ	Ⅳ	Ⅳ	Ⅳ	Ⅳ
	241~360	Ⅲ	Ⅳ	Ⅳ	Ⅳ	Ⅳ	Ⅳ	Ⅳ
	≥361	Ⅳ	Ⅳ	Ⅳ	Ⅳ	Ⅳ	Ⅳ	Ⅳ

2.6.6 高处及其他危险作业场所

凡在坠落高度基准面 2m（含）以上有可能坠落的高处进行的作业，称为高处作业。其中，以作业位置为中心，6m 为半径，划出一个垂直于水平面的柱形空间，此柱形空间内最低处与作业位置间的高差为基础高度。高处作业时可能坠落范围半径与基础高度的关系见表 2-10。

表 2-10 可能坠落范围半径与基础高度的关系

基础高度/m	2~5	5~15	15~30	>30
可能坠落范围半径/m	3	4	5	6

高处作业的分级可依据《高处作业分级》（GB/T 3608—2008）进行，高处作业高度分为2~5m、5~15m、15~30m、30m 以上四个区段，高处作业也分为Ⅰ、Ⅱ、Ⅲ、Ⅳ四级。

直接引起坠落的客观危险因素分为 11 种：

（1）阵风风力五级（风速 8.0m/s）以上。

（2）GBZ/T 229.3—2010 规定的Ⅱ级或Ⅱ级以上的高温作业。

（3）平均气温不高于 5℃的作业环境。

（4）接触冷水温度不高于 12℃的作业。

（5）作业场地有冰、雪、霜、水、油等易滑物。

（6）作业场所光线不足，能见度差。

（7）作业活动范围与危险电压带电体的距离小于表 2-11 的规定。

表 2-11 作业活动范围与危险电压带电体的距离

距离/m	危险电压带电体的电压等级/kV
1.7	≤10
2.0	35
2.5	63~110
4.0	220
5.0	330
6.0	500

（8）摆动，立足处不是平面或只有很小的平面，即任一边小于 500mm 的矩形平面、直径小于 500mm 的圆形平面或具有类似尺寸的其他形状的平面，致使作业者无法维持正常姿势。

（9）GBZ/T 189.10—2007 规定的Ⅲ级或Ⅲ级以上的体力劳动强度。

（10）存在有毒气体或空气中含氧量低于 0.195 的作业环境。

（11）可能会引起各种灾害事故的作业环境和抢救突然发生的各种灾害事故。

不存在列出 11 种客观危险因素中的任一种的高处作业按表 2-12 规定的 A 类法分级，存在列出的一种或一种以上客观危险因素的高处作业按表 2-12 规定的 B 类法分级。

表 2-12 高处作业分级

分类法	高处作业高度 h_W/m			
	$2 \leq h_W \leq 5$	$5 < h_W \leq 15$	$15 < h_W \leq 30$	$h_W > 30$
A	Ⅰ	Ⅱ	Ⅲ	Ⅳ
B	Ⅱ	Ⅲ	Ⅳ	Ⅳ

工业生产过程的危险作业还有缺氧危险作业（如进入有限空间内作业、煤气区域内

作业等）、冷水作业、低温作业、高温液态金属运输作业等。

思考题

2-1 危险和有害因素的定义是什么？
2-2 如何进行危险和有害因素分析？
2-3 危险和有害因素的分类标准是什么？
2-4 火灾危险环境和爆炸危险环境的差别是什么？
2-5 什么是 WBGT 指数？
2-6 高处作业的定义是什么？

3 重大危险源辨识依据

扫码获得数字资源

学习要求

➢ 了解重大危险源的各种辨识依据。

➢ 掌握我国重大危险源的辨识标准。

3.1 国外主要重大危险源辨识标准介绍

重大危险源的辨识工作是工业发展的伴生物，各个国家由于各自工业发展阶段的不同，对重大危险源的系统研究存在较大差异。重大危险源辨识的目的是通过对系统的分析，界定出系统的哪些区域或部分是危险源，判定其危险的性质、危险程度、危险状况、危险源能量、事故触发因素等。通常把可能发生群死群伤或重大财产损失的不可接受风险的所在确定为重大危险源。

3.1.1 英国 ACMH 重大危险源辨识标准

英国是最早系统地研究重大危险设施控制技术的国家。1974 年 6 月，英国发生严重的弗利克斯巴勒爆炸事故后，英国安全与卫生委员会设立了重大危险咨询委员会（ACMH）。1976 年，ACMH 首次提出了重大危险设施标准的建议书，首次建议重大危险源标准为：

（1）可能发生相当于 10t 氯气泄漏事故效应的有毒物质贮存或加工设施。

（2）可能发生相当于 15t 可燃气体或蒸汽火灾爆炸事故效应的可燃物质贮存或加工设施。

（3）贮存或加工 5t 以上性质不稳定、放热反应性高（如环氧乙烷、乙炔和无机过氧化物等）的设施。

（4）具有高压能量的设施，如有 10MPa 以上压力的气相反应工艺过程。

（5）贮存或加工闪点低于 22.8℃、总量超过 10000t 的易燃物质的设施。

（6）贮存或加工总量超过 135t 液氧的设施。

（7）贮存或加工总量超过 5000t 硝酸铵的设施。

（8）贮存或加工的物质若发生火灾事故，其效应相当于 10t 氯气危险性的设施。

1979 年，ACMH 又提出了修改标准，临界量从极毒物质 100g 到一般易燃液体 10000t 不等。ACMH 提出的辨识重大危险源的修改标准，如表 3-1 所示。

ACMH 等机构在重大危险源辨识、评价方面极富成效的工作，促使欧共体在 1982 年 6 月颁布了《工业活动中重大事故危险法令》（82/501/EEC），简称《塞韦索法令》，该法令列出了180种（类）物质及其临界量标准。1996年12月，欧共体通过了82/501/EEC的修正件“Council directive96/82/EC”。修正件的第一部分列出了29种（类）物质及临界量，第二部分列出了10类物质及临界量，临界量从极毒物质甲基异氰酸盐150kg到极易燃液体50000t。如果工厂内某一设施或相互关联的一群设施中聚集了超过临界量的上述物质，则将这一设施或一群设施定义为一个重大危险源。表3-2列出了欧共体用于重大危险源辨识的重点控制危险物质。

表3-1　ACMH辨识重大危险源的修改标准

类　别	临界量	类　别	临界量
第1类：毒物		第4类：其他物质和工艺过程	
毒物光气（phosgene）	2t	上述1~3类未包括的易燃气体	15t
氯气（chlorine）	10t	上述1~3类未包括的易燃液体	20t
丙烯腈（acrylonitrile）	20t	液化石油气（如民用煤气、丙烷、丁烷）	30t
氰化氢（hydrogen cyanide）	20t	0.1MPa下沸点低于0℃，未包括在上述1~3类的液化易燃气体	50t
二硫化碳（carbon disulfide）	20t		
二氧化硫（sulfur dioxide）	20t	闪点低于21℃，未包括在1~3类的易燃液体	10000t
溴（bromine）	40t		
氨（ammonia）	100t	复合化肥	500t
第2类：极毒物质		泡沫塑料	500t
1mg以内能将人致死的极毒液体、气体及固体物质	100g	具有5MPa以上的压力且容积超过200m³高压能量设施	
第3类：高反应性物质			
氢气（hydrogen）	2t		
环氧乙烷（ethylene oxide）	2t		
环氧丙烯（propylene oxide）	2t		
无机过氧化物（organic peroxides）	5t		
硝化火药（nitrocellulose compounds）	50t		
硝酸铵（ammonium nitrate）	500t		
氯酸钠（sodium chlorate）	500t		
液氧（liquid oxygen）	1000t		

表3-2　欧共体用于重大危险源辨识的重点控制危险物质

序号	类　别	物质名称	临界量	物质名称	临界量
1	一般性易燃物质	易燃气体	200t	极易燃液体	50000t
2	特殊易燃物质	氢气	50t	环氧乙烷	50t
3	特殊爆炸性物质	硝铵	2500t	硝化甘油	10t
		梯恩梯	10t	氨气	500t
4	特殊毒性物质	丙烯腈	200t	二氧化硫	250t
		硫化氢	50t	氰化物	20t
		二氧化碳	200t	氟化物	50t
		氯化氢	250t	三氧化硫	75t
5	极毒物质	甲基异氰酸盐	150kg	光气	750kg

为实施《塞韦索法令》，英国、荷兰、德国、法国、意大利、比利时等欧共体成员国都颁布了有关重大危险源控制规程，要求对工厂的重大危险源进行辨识、评价，提出相应的事故预防和应急计划措施，并向主管当局提交详细描述重大危险源状况的安全报告。

根据《塞韦索法令》提出的重大危险源辨识标准，英国已确定了1650个重大危险源，其中200个为一级重大危险源。1985年德国确定了850个重大危险源，其中，60%为化工设施，20%为炼油设施，15%为大型易燃气体、易燃液体储存设施，5%为其他设施。

3.1.2 国外其他重大危险源辨识标准

国际经济合作与发展组织在OECD Council act（88）84中列出了表3-3所示的20种重点控制的危险物质。

表3-3 用于重大危险源辨识的重点控制危险物质

序 号	类 别	物质名称	临界量	物质名称	临界量
1	易燃、易爆或易氧化物质	易燃气体	200t	极易燃液体	50000t
		环氧乙烷	50t	氯酸钠	250t
		硝酸铵	2500t		
2	毒物	氨气	500t	氯气	25t
		氰化物	20t	氟化物	50t
		甲基异氰酸盐	150kg	二氧化硫	250t
		丙烯腈	200t	光气	750t
		甲基溴化物	200t	四乙铅	50t
		乙拌磷	100kg	硝苯硫磷酯	100kg
		杀鼠灵	100kg	涕天威	100kg

国际劳工组织在1988年编写了《重大事故控制实用手册》，在1991年又出版了《重大工业事故的预防》，均对重大危险源的辨识方法及控制措施提出了建议，在1993年通过了《预防重大工业事故公约》。临界量从极毒物质甲基异氰酸盐150kg到极易燃液体50000t。

1992年美国劳工部职业安全卫生管理局（OSHA）颁布了《高度危险化学品处理过程的安全管理》（PSM）标准，该标准定义的处理过程是指涉及一种或一种以上高危险化学物品的使用、贮存、制造、处理、搬运等任何一种活动，或这些活动的结合。该标准提出了138种高度危险化学物质及其临界量，临界量最小为45. 36kg，最大值为6803. 89kg。OSHA估计符合标准要求的重大危险源达10万个左右，要求企业必须完成对规定危险源的分析和评价工作。随后，美国环境保护署（EPA）颁布了《预防化学泄漏事故的风险管理程序》（RMP）标准，对重大危险源的辨识提出了规定，临界量标准最小值226. 80kg，最大值为9071. 85kg。

1996年9月，澳大利亚国家职业安全卫生委员会颁布了重大危险源控制国家标准。澳大利亚各州使用该标准作为控制重大工业危险源的立法依据。该标准定义重大危险源为制造、加工、贮存或处理超过临界量的特定物质的设备或设施。特定物质是指被确认可能引发重大事故的物质。重大危险设备或设施包括危险物质制造厂、加工厂、永久性或暂时性贮库、排列放置场、仓库、运输管路、浮坞结构、码头等。

3.2 国内重大危险源辨识依据概况

《中华人民共和国安全生产法》第117条第2款规定了重大危险源是指长期地或者临时地生产、搬运、使用或者储存危险物品，且危险物品的数量不小于临界量的单元（包括场所和设施）。单元是指一个（套）生产装置、设施或场所，或同属于一个工厂的且边缘距离小于500m的若干个（套）生产装置、设施或场所。结合这一定义，安全领域对重大危险源的辨识依据有不同的解释和定义。目前较为统一的是根据危险物质和临界量来定义的危险化学品重大危险源。其他行业或领域的重大危险源的解释和定义现在还不尽统一。以下介绍几种常用的重大危险源辨识依据。

3.2.1 《危险化学品重大危险源辨识》(GB 18218—2018)

综观各国有关标准，绝大多数国家均是采用限定某种物质及其数量的方法来辨识重大危险源，但是危险物质的临界量有较大区别。这不仅取决于生产水平，还与各个标准的立足点有关。国际劳工组织认为：各国应根据具体的工业生产情况制定适合国情的重大危险源辨识标准。标准的定义应能反映出当地急需解决的问题以及一个国家的工业模式；可能需有一个特指的或是一般类别或是两者兼有的危害物质一览表，并列出每种物质的限额或是允许的数量，设施现场的有害物质超过这个数量，就可以定为重大危害设施。任何标准一览表都必须是明确的和毫不含糊的，以便使雇主能迅速地鉴别出他控制下的哪些设施是在这个标准定义的范围内。要把所有可能会造成伤亡的工业过程都定为重大危害是不现实的。因为由此得出的一览表会太广泛。现有的资源无法满足其要求。标准的定义需要根据经验和对有害物质的了解不断加深进行修改。

我国由于生产技术和规模以及管理水平与国外尚有差距，因此在临界量的确定上目前比国外的相关标准要小。我国这方面的工作于20世纪90年代开始起步，之后对重大危险源涉及物质和物质临界量进行了不断的修改。国家安全科学技术研究中心于2000年提出了《重大危险源辨识》（GB 18218—2018），2009年更新为《危险化学品重大危险源辨识》（GB 18218—2018）。

根据全国化工系统1949~1982年13440个事故案例的统计分析，引起火灾、爆炸和毒物泄漏事故次数超过10次的危险物质是一氧化碳389次、乙炔118次、乙醇23次、二氧化硫17次、三氯化磷10次、甲烷11次、甲醇18次、汽油117次、沥青油11次，苯54次、苯酚13次、氢气46次、氮氢混合气14次、氨（含氨水、氨气、液氨）182次、氯气（含液氯）34次、氯乙烯19次、黄磷53次、硫化氢64次、硫化钠21次。

1997年劳动部牵头组织全国六大城市即北京、上海、天津、青岛、深圳和成都进行了重大危险源的普查试点，普查结果是：储罐区（储罐）危险源的主要危险物资依次是汽油、柴油、液化石油气、重油、润滑油、硫酸、原油、煤油、甲苯和甲醇等；库区（房）危险源的主要危险物资依次是汽油、液化石油气、甲苯、乙醇、丙酮、油漆、润滑油和二甲苯等；生产场所危险源的主要物质依次是：汽油、液化石油气、柴油、硫酸、甲苯、盐酸、乙醇、天那水、二甲苯和液氨等；压力管道的主要危险物质依次是：液化石油气、氯（氯气、液氯）、丙烯、氨（氨气、液氨、氨水）、氢气、天然气等。

《危险化学品重大危险源辨识》（GB 18218—2009）是在 GB 18218—2000 的基础上修订而成的。该标准的名称由《重大危险源辨识》修改为《危险化学品重大危险源辨识》，同时把“术语和定义”章节中的“重大危险源”修改成“危险化学品重大危险源”，并定义为“长期地或临时地生产、加工、使用或储存危险化学品，且危险化学品的数量等于或超过临界量的单元”。本次修改更加明确了该标准的使用范围，从中也可以看出国家安全生产监督管理部门已经从法规的层面上将危险化学品与工程建设这两个领域中“重大危险源”的概念进行了区分。该标准除了更新危险物质的种类和临界量外，还规定了爆炸品易燃气体、毒性气体、易燃液体、易燃固体、易于自燃的物质、遇水放出易燃气体的物质、氧化性物质、有机过氧化物、毒性物质 9 类的临界量。

经过近十年生产实践运用，GB 18218—2009 存在两大问题急需解决。其一原标准关于重大危险源的分类，对单元划分考虑 500m 范围，是对绝对距离范围内的装置、设施、场所划分，这种划分方式不合理，定义相对模糊简单；其二关于危险化学品的实际存在量的计算，到底是按现存量、设施极限量还是按设计最大量确定，存在一定的争议。

为了解决此问题，2018 年 11 月 19 日，国家发布了《危险化学品重大危险源辨识》（GB 18218—2018），将重大危险源分为生产单元和储存单元分别辨识，定义更加科学合理，可操作性增强；明确了危险化学品实际存在量按照设计最大量确定；同时还明确了危险化学品混合物的处理方法（如果混合物与其纯物质属于相同危险类别，则视为纯物质，按混合物整体进行计算；如果混合物与其纯物质不属于相同危险类别，则应按新危险类别考虑临界量）。其主要技术变化如下：一是适用范围中明确厂外运输不包括在辨识范围内；二是修改了危险化学品、危险化学品重大危险源的定义；三是增加了混合物的定义；四是修改了重大危险源分类，分为生产单元重大危险源和储存单元重大危险源；五是修改了危险化学品名称；六是修改了危险化学品分类方法；七是增加了危险化学品实际存在量的确定方式；八是增加了对混合物的辨识要求；九是增加了重大危险源的分级方法。

3.2.2　其他重大危险源辨识标准

部分省份为避免工业生产过程恶性事故和重大社会影响事故的发生，也将其他一些事故隐患定为重大危险源。这些较大涉险事故一般具有以下特征：

（1）涉险 10 人以上（“以上”含本数，下同）的事故。

（2）造成 3 人以上被困或者下落不明的事故。

（3）紧急疏散人员 500 人以上或者住院观察 10 人以上的事故。

（4）因生产安全事故对环境造成严重污染（人员密集场所、生活水源、农田、河流、水库、湖泊等）的事故。

（5）危及重要场所和设施安全（电站、重要水利设施、危化品库、油气站和车站、码头、港口、机场及其他人员密集场所等）的事故。

（6）其他较大涉险事故（如放射源、尾矿库、危险性较大的建筑施工、井下采掘等）。

3.3 各种重大危险源辨识依据的特征分析

3.3.1 各种重大危险源危险物质临界量分析

重大危险源危险物质临界量的确定标准，与一个国家的工业发展水平、安全技术水平、安全管理水平息息相关，即应与一个国家的生产力水平相适应。表3-4列举了主要国家（地区或国际组织）的危险物质临界量。由此表中可以看出，我国危险物质构成重大危险源的临界量大多数小于国外相关法令部分危险物质临界量，这也从另外一个角度说明我国的生产力发展和安全技术水平与西方发达国家仍存在一定差距。

表3-4 GB 18218—2018与国外相关法令部分危险物质临界量对照表

物质名称	临界量/t		
	国际劳工组织	塞韦索法令	GB 18218—2018
易燃液体		50000	5000（W5.4）
氢	50	50	5
环氧乙烷	50	50	10
光气	0.15	0.15	0.3
硝酸铵	2500	2500	200（含可燃物≤0.4%）
氨	500	500	10
硫化氢	20	20	5
氯化氢	250	250	20
氟化氢	50	50	1
丙烯腈	200	200	50
甲基异氰酸酯	0.15	0.15	0.75

3.3.2 国内重大危险源辨识标准特征分析

国内重大危险源辨识标准较为成熟的为危险化学品重大危险源的辨识标准，该类重大危险源的辨识、分级、个体风险和社会风险分析已形成一个相对完整的体系。国内其他领域的重大危险源辨识、分级、管理带有较为明显的行业色彩，这些与我国的管理体制有关。在建筑行业，部分地区根据《危险性较大的分部分项工程安全管理办法》，将建筑行业的重大危险源定义如下：

（1）施工现场开挖深度超过5m（含5m，下同）或者地下室3层以上（含3层），或深度虽未超过5m，但地质条件和周围环境及地下管线极其复杂的基坑、沟（槽）工程。

（2）地下暗挖工程。

（3）水平混凝土构件模板支撑系统高度超过8m，或跨度超过18m，施工总荷载大于重大危险源辨识依据10kN/m^{2}的高大模板工程以及各种工具式模板工程，包括滑模、爬模、大模板等。

（4）30m及以上高处作业。

（5）城市房屋拆迁爆破和其他土石大爆破。

（6）建筑起重机械设备安装装卸。

（7）起重吊装工程。

（8）悬挑式脚手架、高度超过 24m 的落地式钢架脚手架、附着式升降脚手架、吊篮脚手架。

（9）其他专业性强、工艺复杂、危险性大、交叉等易发生重大事故的施工部位及作业活动。

此外，部分省市要求将放射源列为重大危险源。也有部分行业将重点监管的场所定位为“高风险工点”（铁路）、“高风险矿井”（煤矿、非煤矿山）等，其实质与确定为重大危险源性质相同。

思考题

3-1 论述重大危险源辨识与安全管理的关系。

3-2 什么是危险化学品重大危险源，现行辨识标准是什么？

3-3 若要求你对一个百货商场进行重大危险源辨识，应该如何进行？

4 重大危险源辨识与评价

扫码获得数字资源

学习要求

- ➢ 掌握重大危险源辨识单元划分方法。
- ➢ 掌握重大危险源定性评价和定量评价方法。
- ➢ 了解重大危险源个人风险和社会风险分析方法。

4.1 概　　述

20世纪70年代以来，相继发生了意大利塞维索工厂环己烷泄漏、墨西哥城液化石油气爆炸、印度博帕尔农药厂异氰酸甲酯泄漏等与危险化学品有关的恶性重特大工业事故，引起国际社会的高度关注，防范重特大工业事故成为各国特别是发达国家危险化学品安全管理工作的重要任务。发达国家和有关国际组织从立法、管理、技术、制度等多个角度反思本国危险化学品安全管理工作，研究制定防范措施，提出了“重大危害”“重大危害设施（国内通常称为重大危险源）”等概念。各国预防重大事故的实践表明：为了有效预防重大工业事故的发生，降低事故造成的损失，必须建立重大危险源监管制度和监管机制。我国颁布的《安全生产法》和《危险化学品安全管理条例》也从法律、法规层面对重大危险源的监督和管理提出了明确要求。

近年来，我国采取了一系列措施，强化危险化学品安全监管，全国危险化学品安全生产形势呈现稳定好转的发展态势。但由于危险化学品安全生产基础薄弱、企业安全管理水平不高、监管力量不足等原因，危险化学品重特大事故还时有发生，危险化学品领域的安全生产形势依然严峻。如2006年7月28日江苏省盐城市射阳县氟源化工有限公司反应釜爆炸，造成22人死亡、29人受伤。2008年8月26日广西维尼纶集团有限责任公司化工装置爆炸，造成21人死亡、60人受伤。2009年7月15日河南省洛阳市偃师市谷县镇的河南洛染股份有限公司硝化车间爆炸事故，造成7人死亡、9人受伤。2010年7月16日辽宁省大连保税区中石油国际储运有限公司原油罐区输油管道爆炸火灾事故，造成原油大量泄漏。这些重特大危险化学品事故反映出相关企业在重大危险源的安全管理方面存在缺陷，相关监管制度不够规范、完善。

为贯彻落实《安全生产法》《危险化学品安全管理条例》和《国务院关于进一步加强企业安全生产工作的通知》的有关要求，针对当前我国危险化学品重大危险源管理存在的突出问题，2011年国家安全生产监督管理总局令第40号发布，2015年修订《危险化学品重大危险源监督管理暂行规定》。2018年11月19日，市场监管总局、标准委发布2018年第15号公告，批准了《危险化学品重大危险源辨识》（GB 18218—2018）的发布。

重大危险源的评价与企业生产系统（或装置）的安全评价程序基本相同，主要包括前期准备、现场查勘、辨识单元划分、重大危险源辨识、重大危险源分级、危害后果分析、提出安全对策建议、整改复查、报告编制等工作步骤。与企业生产系统（或装置）的安全评价不同之处是，重大危险源的评价重点关注的是企业能够独立构成重大危险源的场所（或装置）的安全状况。生产经营单位的重大危险源评价可单独进行，也可与企业相关的生产装置一同进行。

4.2 资料准备和现场查勘

4.2.1 安全评价的基础资料信息

安全评价的基础资料信息是指与项目安全性和安全评价相关的信息，是被评价对象的信息，只有依据这些信息才能进行安全评价。将这些信息与法律、法规信息对比，是安全评价的核心工作。

对于被评价项目主体生产经营单位来说，生产经营活动的系统中存在着人流、物质流、能量流和管理流，并通过信息流反映出来。

采集安全评价涉及的人、机、物、法、环基础技术资料，可参照下列清单进行收集。

(1) 营业执照，各种许可证复印件和近期安全评价报告。

(2) 单位概况。

1) 基本情况。

2) 生产工艺。

3) 装置、储存设施等基本情况。

4) 重大危险源的区域位置图。

5) 重大危险源事故档案。

(3) 外部环境条件。

1) 所在地的自然条件资料。

2) 周边道路交通和交通管制示意图。

3) 周边的重要场所、基础设施和单位分布情况。

4) 周边 24 小时人口居住和活动分布情况。

(4) 从业人员情况。

1) 主要负责人资格证书及培训考核情况。

2) 安全管理人员资格证书及培训考核情况。

3) 特种作业人员资格证书及培训考核情况。

4) 其他从业人员培训考核情况。

(5) 安全生产管理。

1) 企业安全管理机构设置及职责文件。

2) 重大危险源有关岗位设置及责任制文件。

3) 重大危险源安全生产管理制度。

4) 重大危险源有关岗位操作规程。

5）重大危险源管理档案记录。

6）重大危险源事故应急救援预案：① 应急救援组织或应急救援人员的设置或配备的文件；② 应急救援物资和设施；③ 周围医疗、消防等可支援力量；④ 事故应急预案；⑤ 事故应急预案演练记录。

7）事故管理情况：① 3 年内发生的重大危险源事故调查处理情况报告；② 对发生事故接受教训和整改情况。

（6）与重大危险源相关的主要设备、设施资料。

（7）涉及重大危险源的工艺过程。

（8）危险物料。

1）生产、经营、储存、运输、使用危险物料或处置废弃危险物品明细。

2）生产、经营、储存、运输、使用危险物料或处置废弃危险物品的分布情况。

3）生产、经营、储存、运输、使用危险物料或处置废弃危险物品的安全标签和安全技术说明书。

（9）涉及重大危险源的建（构）筑物资料。

（10）涉及重大危险源的安全防护设施管理。

（11）重大危险源管理资料。

1）已进行的重大危险源申报登记资料和注册文件。

2）已进行的重大危险源检测、评价报告。

3）重大危险源的监控措施。

评价人员在进入企业之前，需要通过企业提供的资料多方位地了解企业生产的相关信息，了解同类企业的信息也会有较多的帮助。应做到有的放矢地进行评价工作。

4.2.2 相关法律、法规、规章、技术标准准备

法律、法规、规章、技术标准信息是安全评价的依据。对于评价中辨识出来的危险和有害因素，要将其控制措施与相关要求进行对照。不符合相关要求的，可以认定危险和有害因素不能被有效控制。对于查找出的“事故隐患”应及时按相关要求完善控制措施。进行相关准备工作时应注意以下几个方面：

（1）法律、法规、规章、技术标准信息是动态变化的，由于时代的变迁、社会的进步、经济实力的增强、技术水平的提高，法律、法规、规章、技术标准将不断修订。安全评价应随之变化，不断更新要求。为此，安全评价时必须关注法律、法规信息，力求用最新的法律、法规指导评价。

（2）采集普遍适用于评价项目的法律信息，主要有《安全生产法》《消防法》《劳动法》《职业病防治法》《特种设备安全法》等。采集普遍适用于评价项目的法规和部门规章信息，主要有《特种设备安全监察条例》《生产安全事故应急条例》《工伤保险条例》《危险化学品安全管理条例》《安全生产许可证条例》《生产安全事故应急预案管理办法》《生产安全事故信息报告和处置办法》《危险化学品目录（2015 版）》《特别管控危险化学品目录（第一版）》《危险化学品重大危险源监督管理暂行规定》《推广先进与淘汰落后安全技术装备目录（2017 年）》《危险化学品企业重大危险源安全包保责任制办法（试行）》《应急管理部关于全面实施危险化学品企业安全风险研判与承诺公告制度的通知》

等。采集相关标准，包括适用的国家标准、地方标准、行业标准和企业标准。

4.2.3 人员、装备准备

安全评价工作由具有与评价项目相关行业背景知识和安全评价资质的人员进行，参加人员应对企业基本信息有所了解并具有某方面的技术专长。

进入现场的装备应根据企业的生产类型和特点而定，常用装备有便携式气体检测报警仪、测距仪、相机、噪声仪、照度仪等。

4.3 重大危险源的现场查勘

4.3.1 现场查勘方法

现场调查分析是安全评价必须进行的工作，是对评价对象进行了解的必要手段。通过调查掌握评价对象的基本工况，如总平面布置、工艺过程、设备设施等，分析和识别找出评价项目的危险和有害因素。调查分析是进行现场勘察、安全检查、检测检验的基础，同时也为安全评价提供素材和依据。

调查分析的关键是在评价范围内尽可能不遗漏重点问题和重点部位，要覆盖评价项目中生产、辅助、存储、运输、试验、销毁、生活等区域。

常用的调查分析方法是现场询问观察法，一般可采用按部门调查、按过程调查、顺向追踪、逆向追溯等方式。这些方式各有利弊，工作中可以根据实际情况灵活应用。

（1）按部门调查。按部门调查也称按“块”调查，是以企业部门（车间）为中心进行调查的方式。一个部门往往涉及并承担多个过程的职能，因此，调查时应以主要职能为主线进行调查。这种方法的优点是调查效率高，缺点是调查内容较分散。

（2）按过程调查。按过程调查也称按“条”调查，是以过程为中心进行调查的方式。一个过程往往涉及多个部门，因此，调查时应以主要职能部门为主线进行调查。这种方法的优点是目标集中，易体现安全管理的符合性，缺点是效率较低。

（3）顺向追踪。顺向追踪也称“归纳”式调查，是顺序调查的方式，从安全管理理念、安全管理制度等文件查到安全管理措施、危险有害因素的实际控制。从每层安全措施或设施对危险有害因素控制失效的可能性，判断事故发生的途径及事故发生的概率。顺向追踪属于“事件树”的逻辑判断方法。这种方法的优点是可系统地了解安全管理的整个内容，可观察到各接口协调的情况，缺点是耗时较长。

（4）逆向追溯。逆向追溯也称“演绎”式调查，是逆向调查的方式，先假设事故发生，从危险有害因素的实际控制、安全管理措施等查到安全管理制度、安全管理理念等文件。从事故形成条件的可能性推出发生事故的原因及概率。逆向追溯属于“事故树”的逻辑判断方法。这种方法的优点是从结果查起，针对性强，易发现问题，但对于问题复杂的情况，需要专业人士进行分析判断。

4.3.2 现场查勘工作程序

（1）前置条件检查。前置条件指在签订评价合同前，评价人员到项目所在地考察评价项目所属行业、项目状况，听取客户对安全评价的要求。应注意可提供的信息资料是否齐全，项目是否存在恶意违规现象。

（2）工况调查。主要了解建设项目的基本情况、项目规模、建立联系和记录企业自述等。

1）基本情况包括企业全称、注册地址、项目地址、建设项目名称、设计单位、施工及安装单位、项目性质、项目总投资额、产品方案、主要供需方、技术保密要求等。

2）项目规模包括自然条件、项目占地面积、建（构）筑面积、生产规模、单体布局、生产组织结构、工艺流程、主要原（材）料耗量、产品规模、物料的储运等。

3）建立联系包括向企业出示安全评价机构资质证书、告知安全评价原则和流程、接受安全评价工作程序、送达并解释资料清单的内容、说明需要企业配合的工作、确定通信方式等。

4）企业自述指在评价过程中应注意了解企业对安全设施的看法和认知程度，对项目中与原设计不一致的单体应充分知晓相应的原因，并重视可能诱发的新的危险和有害因素。

4.3.3 现场查勘的目的

现场查勘的目的是核实危险和有害因素，发现新的危险和有害因素，勘察周边环境的适合性和安全设施的状况。

（1）核实危险和有害因素及分布。从设计文件、原辅料、产品、平面布置、工艺流程等相关资料中获得的危险和有害因素的间接信息，需要评价人员到评价项目现场进行核实。核实的内容主要是危险和有害因素存在的位置、场合或状态，存在的数量、浓度、强度和形式，必要时提出进行检测检验的要求。

（2）发现新的危险和有害因素及其分布。对照规范标准，在评价项目现场查找是否有间接信息中没有提到的危险和有害因素。

（3）查看周边环境，尤其是可能构成重大危险源所在位置的周边环境，了解周边生产经营单位的基本情况，了解常住人口的分布情况等。

（4）勘察安全设施状态。首先检查是否存在安全设施。然后检查安全设施的选择是否正确，安全设施与评价项目的生产系统是否匹配，是否采用了“本质安全的直接设施”或“安全附件间接设施”，是否从预防、控制、减灾上考虑选择安全设施。最后检查安全设施是否处于完好和可用状态。考察安全设施的可靠性和有效性是否能达到保障系统（单元）安全的效果，必要时可以要求提供产品合格证明、定期检定证书、检测检验报告等。通过档案、记录及与现场人员的询问，勘察企业安全管理状况及其落实运行情况。

4.3.4 现场查勘的主要内容

4.3.4.1 安全距离

A 外部安全距离

安全距离主要指安全防护距离。一般认为安全距离是防火间距、卫生防护距离、机械防护安全距离、电气安全距离等安全防护距离的总称。重大危险源的外部安全距离主要是指防火间距，存在毒性气体、粉尘等的生产装置应包括卫生防护距离。

根据《危险化学品安全管理条例》的规定，危险化学品的生产装置和储存数量构成重大危险源的储存设施，与下列场所、区域的距离必须符合国家标准或者国家有关规定：

（1）居住区以及商业中心、公园等人员密集场所。

（2）学校、医院、影剧院、体育场（馆）等公共设施。

（3）饮用水源、水厂以及水源保护区。

（4）车站、码头（依法经许可从事危险化学品装卸作业的除外）、机场以及通信干线、通信枢纽、铁路线路、道路交通干线、水路交通干线、地铁风亭以及地铁站出入口。

（5）基本农田保护区、基本草原、畜禽遗传资源保护区、畜禽规模化养殖场（养殖小区）、渔业水域以及种子、种畜禽、水产苗种生产基地。

（6）河流、湖泊、风景名胜区、自然保护区。

（7）军事禁区、军事管理区。

（8）法律、行政法规规定的其他场所、设施、区域。

目前我国对重大危险源所在地与以上8类地区的距离还没有一个明确和统一的规定。通常在防火间距方面按照《建筑设计防火规范（2018版）》（GB 50016—2014）、《石油化工企业设计防火标准》（GB 50160—2008）、《工业企业总平面设计规范》（GB 50187—2012）、《化工企业总图运输设计规范》（GB 50489—2009）中的相关规定执行。可以进行危害后果定量计算的，安全间距也应参考定量计算的结果。目前我国卫生防护距离归属于环境保护部门进行管理，在卫生防护距离的要求上，应执行国家各类企业卫生防护距离要求的相关标准或采用建设项目已获得政府行政主管部门批复的《环境影响报告》中的卫生防护距离结果。

同时需要注意的是，储存数量构成重大危险源的危险化学品储存设施的选址，应当避开地震活动断层和容易发生洪灾、地质灾害的区域。

B 内部防火间距

重大危险源内部防火间距方面应按照《建筑设计防火规范（2018版）》《石油化工企业设计防火标准》和其他专业标准中的相关规定执行，此处所称的内部防火间距包括重大危险源所在场所内部的防火间距和该场所与周边场所（或生产装置）的防火间距两个部分。

4.3.4.2 生产工艺与设备先进性

重大危险源所在场所的工艺与设备先进性判断的依据主要为《产业结构调整指导目录》（国家发展与改革委员会，2021年本）。该文件将各工业生产领域中的工艺与设备分为鼓励类、限制类、淘汰类三种。鼓励类为国家产业政策鼓励采用的，限制类为已有可以予以保留、但不再允许新项目采用的，淘汰类为应禁止使用的。重大危险源所在场所的工艺与设备应符合以上规定。

4.3.4.3 生产设备检测检验

检测检验就是定量的现场检查，包括压力容器等特种设备检测检验、避雷设施检测检验、静电测试、安全附件（安全阀、压力表等）检测机校准、防爆电器安装检测、安全联锁装置测试、毒物浓度测定、粉尘浓度测定、噪声测定、风速风量测量、电磁场测量、可燃气体报警和有毒气体报警器检定、电离和非电离辐射测定、设备探伤及晶相分析、设备腐蚀速率检测等。

(1) 现场检测。评价人员现场勘察时对所需数据直接检测检验。由于从评价的角度出发，所以获得的数据更加有针对性。现场勘察一般使用便携式工具或仪器。现场勘察经常要用拍照来记录现象，用摄像来记录过程，在防爆区域内使用电子器材可能成为点火源，应使用防爆型装备。

(2) 委托有法定资质的单位进行检测检验。由于评价报告需要采用社会公认的检测数据，因此对国家已有要求的法定检测，要以法定资质检测检验单位的数据为准。以下内容需要法定检测检验：

1) 特种设备检测检验。

2) 职业卫生检测。

3) 避雷设施安装检测。

4) 防爆电器安装检测。

5) 消防检查和检测。

6) 现场检测报警变送器检定。

7) 安全附件检测和校准。

被评价单位按国家相关要求委托有法定资质的单位出具检测检验报告，评价机构应先对这些报告在评价中的“适用性”进行确定（如是否在数据有效期内、检测目的是否与评价要求一致、数据的权威性等），必要时评价机构应亲自或委托有法定资质的单位到评价项目现场验证，然后根据评价需要采纳或部分采纳报告的数据，注明出处，并对采用的“适用性”负责。

4.3.4.4 安全设施运行检查

安全设施设备是指屏蔽危险和有害因素发生事故的预防、控制、救灾设施。安全设施是针对危险和有害因素的，可分为本质安全的直接设施、安全附件的间接设施、预先警告的提示设施、保护自己的个体防护设施4种。考察安全设施设备应从可靠性的角度检查安全设施设备的运行情况，记录设施设备的完好状况和故障率。

《危险化学品安全管理条例》第二十条规定：“生产、储存危险化学品的单位，应当根据其生产、储存的危险化学品的种类和危险特性，在作业场所设置相应的监测、监控、通风、防晒、调温、防火、灭火、防爆、泄压、防毒、中和、防潮、防雷、防静电、防腐、防泄漏以及防护围堤或者隔离操作等安全设施、设备，并按照国家标准、行业标准或者国家有关规定对安全设施、设备进行经常性维护、保养，保证安全设施、设备的正常使用。生产、储存危险化学品的单位，应当在其作业场所和安全设施、设备上设置明显的安全警示标志。”

安全设施设备检查主要包括：

(1) 防火设施检查。检查内容有火灾危险性分类、耐火等级、层数、建筑面积、防火间距、安全疏散、消防给水、灭火器配置等。

(2) 防爆设施检查。除炸药爆炸外，生产企业的爆炸主要指物理爆炸和化学爆炸。

物理爆炸是由系统释放物理能引起的。在物理爆炸的前后，爆炸物质的性质及其化学成分均不变，参与爆炸的物质只是发生物理状态和压力变化。化学爆炸是由物质的化学变化引起的爆炸。物质在短时间内完成化学变化，形成其他物质，同时产生大量气体和能量的现象。

物理爆炸和化学爆炸两者采取的防爆的方法截然不同，前者用严格控制工艺参数（温度、压力、流量等）手段和装置增加安全阀、爆破膜等安全附件来防爆；后者主要的安全措施为用防爆电气设备控制可能产生点火源的电气火花、静电荷累积、雷电火花等。

（3）安全监控系统检查。安全监控系统检查应检查控制的完整性、有效性和合理性，检查参数控制方式选择的合理性以及与工艺过程的匹配性；检查监控设备的完整性和可靠性、监控设备的维护记录、保证监控设备运行的辅助设施；对监控系统操作人员的安全管理检查，包括监控系统操作人员的培训和考核记录、操作规程的制定、设备和人员的管理制度检查、开停机操作规程和日常生产记录以及监控系统应急救援预案。

4.3.4.5　安全管理

（1）安全管理组织和制度检查。应检查评价项目主要负责人是否取得安全培训合格证；是否建立安全管理网络；是否建有安全管理组织（安全科、安环处、安保部等）；是否配备专职安全管理干部（以持证为准），是否有明确的安全管理职责和任务；是否制定了从厂长（或总经理）至基层员工的安全生产责任制；是否承诺认真贯彻《中华人民共和国安全生产法》并实现全员、全面、全过程的安全管理，各岗位是否已建立安全操作规程和相关安全管理制度。

（2）安全生产日常管理检查。

1）检查安全生产日常管理是否采用过程控制管理。

2）检查生产过程中所用的易发生火灾爆炸危险或有毒的原材料是否有生产单位提供的《安全技术说明书》（MSDS）；是否向职工提供所使用的化学原料和辅料的化学物质安全周知卡。

3）检查生产场所是否按照《安全色》（GB 2893—2008）、《安全标志及其使用导则》（GB 2894—2008）和《化学品分类和危险性公示　通则》（GB 13690—2009）设置安全标志。

4）检查涉及危险化学品的区域是否明显划出区域并设立周知牌，是否向进入区域人员告知生产过程中的各种燃烧爆炸及有毒危险物料的危险性（爆炸性、燃烧性、毒性等）；是否为事故应急救援配置了空气呼吸器等防护用品。

（3）安全设施维护。检查对安全专用设备及器材（如消防器材、有毒气体报警仪、可燃气体报警仪、个人防护用品以及安全用具等）是否进行经常性维护、保养，并定期检测；维护、保养、检测是否有记录和责任人签字。

（4）安全培训。检查是否对职工开展安全培训并有培训记录，是否对新员工进行入厂三级教育、日常教育，特种作业人员是否培训合格并持证。

（5）监督与检查。监督与检查是安全管理措施的动态表现。应检查该企业是否进行综合检查、专业检查、季节性检查、节假日检查和日常检查。

（6）事故应急预案与演练。生产经营单位应依据《生产经营单位安全生产事故应急预案编制导则》（GB/T 29639—2020）的要求编制事故应急预案。生产经营单位事故应急预案应包括综合预案、专项预案、现场预案等，应形成综合的应急救援体系。

应急预案生产经营单位应定时进行事故应急预案的演练和更新。应急预案演练的组织者或策划者在确定演练方法时，应考虑以下因素：

1）应急预案和响应程序制定工作的进展情况。

2）本辖区面临风险的性质和大小。

3）本辖区现有应急响应能力。

4）应急演练成本及资金筹措状况。

5）有关政府部门对应急演练工作的态度。

6）应急组织投入的资源状况。

7）国家及地方政府部门颁布的有关应急演练的规定。

无论选择何种演练方法，应急演练方案必须与辖区重大事故应急管理的需求和资源条件相适应。

4.3.5 现场查勘注意事项

（1）注意类比对象的选择。对于评价对象无法进行现场勘察的内容，可以寻找类比对象进行调查。但必须注意类比对象与评价对象之间的偏差，评价结果带有估计的成分。类比对象与评价对象共有的对应点越多，评价结果就越接近真实。因此，评价结果的准确性在很大程度上取决于所选择的类比对象。如果类比对象选择错误，不仅得不到相近于评价对象的评价结果，反而还会误导评价，不能找出评价对象的“事故隐患”，反而误判“事故隐患”。

（2）注意现场勘查的系统性。进行现场查勘时，应关注评价对象的每一处细节，尽量全面了解评价对象的全貌，避免产生盲人摸象类的失误。

（3）注意现场询问观察法与现场检查数据的校核。进行现场查勘时，现场询问观察法是主要的工作方法之一。但是有时企业相关人员存在故意或无意的隐瞒现象，因此询问的结果应与现场查看的情况、相关检测报告及检测结果相互佐证，避免错误。

4.4 重大危险源辨识单元划分

在危险和有害因素分析的基础上，根据评价目标和评价方法的需要，将系统分成有限个确定范围的单元进行评价，该范围称为辨识单元。

辨识单元一般以生产工艺、工艺装置、物料的特点、危险和有害因素的类别与分布有机结合进行划分，还可以按评价的需要将一个辨识单元再划分为若干子评价单元或更细致的单元。

辨识单元的划分有多种方法，需要依据企业的实际情况，按照下述划分原则进行：

（1）生产过程相对独立。

（2）空间位置相对独立。

（3）事故范围相对独立。

（4）具有相对明确的区域界线。

《危险化学品重大危险源辨识》（GB 18218—2018）规定，涉及危险化学品的生产、储存装置、设施或场所，分为生产单元和储存单元。生产单元中，危险化学品的生产、加工及使用等装置及设施，当装置及设施之间有切断阀时，以切断阀作为分隔界限划分为独立的单元。储存单元指用于储存危险化学品的储罐或仓库组成的相对独立的区域。储罐区以罐区防火堤为界限划分为独立的单元，仓库以独立库房（独立建筑物）为界限划分为独立的单元。

4.5 重大危险源的辨识方法

应依据危险化学品的危险特性及数量进行重大危险源辨识，具体见表 4-1 和表 4-2。

表 4-1 危险化学品名称及其临界量

序号	危险化学品名称和说明	别 名	CAS 号	临界量/t
1	氨	液氨，氨气	7664-41-7	10
2	二氟化氧	一氧化二氟	7783-41-7	1
3	二氧化氮		10102-44-0	1
4	二氧化硫	亚硫酸酐	7446-09-5	20
5	氟		7782-41-4	1
6	碳酰氯	光气	75-44-5	0.3
7	环氧乙烷	氧化乙烯	75-21-8	10
8	甲醛（含量大于 90%）	蚁醛	50-00-0	5
9	磷化氢	磷化三氢，膦	7803-51-2	1
10	硫化氢		7783-06-4	5
11	氯化氢（无水）		7647-01-0	20
12	氯	液氯，氯气	7782-50-5	5
13	煤气（CO，CO 和 H_2、CH_4的混合物等）			20
14	砷化氢	砷化三氢，胂	7784-42-1	1
15	锑化氢	三氢化锑，锑化三氢，䏲	7803-52-3	1
16	硒化氢		7783-07-5	1
17	溴甲烷	甲基溴	74-83-9	10
18	丙酮氰醇	丙酮合氰化氢， 2-羟基异丁腈，氰丙醇	75-86-5	20
19	丙烯醛	烯丙醛，败脂醛	107-02-8	20
20	氟化氢		7664-39-3	1
21	1-氯-2,3-环氧丙烷	环氧氯丙烷 （3-氯-1,2-环氧丙烷）	106-89-8	20
22	3-溴-1,2-环氧丙烷	环氧溴丙烷， 溴甲基环氧乙烷，表溴醇	3132-64-7	20
23	甲苯二异氰酸酯	二异氰酸甲苯酯，TDI	26471-62-5	100
24	一氯化硫	氯化硫	10025-67-9	1
25	氰化氢	无水氢氰酸	74-90-8	1
26	三氧化硫	硫酸酐	7446-11-9	75
27	3-氨基丙烯	烯丙胺	107-11-9	20
28	溴	溴素	7726-95-6	20
29	乙撑亚胺	吖丙啶，1-氮杂环丙烷，氮丙啶	151-56-4	20

续表 4-1

序号	危险化学品名称和说明	别 名	CAS 号	临界量/t
30	异氰酸甲酯	甲基异氰酸酯	624-83-9	0.75
31	叠氮化钡	叠氮钡	18810-58-7	0.5
32	叠氮化铅		13424-46-9	0.5
33	雷汞	二雷酸汞，雷酸汞	628-86-4	0.5
34	三硝基苯甲醚	三硝基茴香醚	28653-16-9	5
35	2,4,6-三硝基甲苯	梯恩梯，TNT	118-96-7	5
36	硝化甘油	硝化丙三醇，甘油三硝酸酯	55-63-0	1
37	硝化纤维素 [干的或含水(或乙醇) 小于 25%]	硝化棉	9004-70-0	1
38	硝化纤维素（未改型的， 或增塑的，含增塑剂小于 18%）			1
39	硝化纤维素（含乙醇不小于 25%）			10
40	硝化纤维素（含氮不大于 12.6%）			50
41	硝化纤维素（含水不小于 25%）			50
42	硝化纤维素溶液 （含氮量不大于 12.6%， 含硝化纤维素不小于 55%）	硝化棉溶液	9004-70-0	50
43	硝酸铵（含可燃物大于 0.2%， 包括以碳计算的任何有机物， 但不包括任何其他添加剂）		6484-52-2	5
44	硝酸铵（含可燃物不大于 0.2%）		6484-52-2	50
45	硝酸铵肥料（含可燃物不大于 0.4%）			200
46	硝酸钾		7757-79-1	1000
47	1,3-丁二烯	联乙烯	106-99-0	5
48	二甲醚	甲醚	115-10-6	50
49	甲烷，天然气		74-82-8（甲烷） 8006-14-2 （天然气）	50
50	氯乙烯	乙烯基氯	75-01-1	50
51	氢		1333-74-0	5
52	液化石油气 （含丙烷、丁烷及其混合物）	石油气（液化的）	68476-85-7 74-98-6（丙烷） 106-97-8（丁烷）	50
53	一甲胺	氨基甲烷，甲胺	74-89-5	5
54	乙炔	电石气	74-86-2	1
55	乙烯		74-85-1	50
56	氧（压缩的或液化的）	液氧，氧气	7782-44-7	200
57	苯	纯苯	71-43-2	50

续表 4-1

序号	危险化学品名称和说明	别　名	CAS 号	临界量/t
58	苯乙烯	乙烯苯	100-42-5	500
59	丙酮	二甲基酮	67-64-1	500
60	2-丙烯腈	丙烯腈，乙烯基氰，氰基乙烯	107-13-1	50
61	二硫化碳		75-15-0	50
62	环己烷	六氢化苯	110-82-7	500
63	1,2-环氧丙烷	氧化丙烯，甲基环氧乙烷	75-56-9	10
64	甲苯	甲基苯，苯基甲烷	108-88-3	500
65	甲醇	木醇，木精	67-56-1	500
66	汽油（乙醇汽油、甲醇汽油）		86290-81-5（汽油）	200
67	乙醇	酒精	64-17-5	500
68	乙醚	二乙基醚	60-29-7	10
69	乙酸乙酯	醋酸乙酯	141-78-6	500
70	正己烷	己烷	110-54-3	500
71	过乙酸	过醋酸，过氧乙酸，乙酰过氧化氢	79-21-0	10
72	过氧化甲基乙基酮（有效氧含量介于10%~10.7%，含A型稀释剂不小于48%）		1338-23-1	10
73	白磷	黄磷	12185-10-3	50
74	烷基铝	三烷基铝		1
75	戊硼烷	五硼烷	19624-22-7	1
76	过氧化钾		17014-71-0	20
77	过氧化钠	双氧化钠，二氧化钠	1313-60-6	20
78	氯酸钾		3811-04-9	100
79	氯酸钠		7775-09-9	100
80	发烟硝酸		52583-42-3	20
81	硝酸（发红烟的除外，含硝酸大于70%）		7697-37-2	100
82	硝酸胍	硝酸亚氨脲	506-93-4	50
83	碳化钙	电石	75-20-7	100
84	钾	金属钾	7440-09-7	1
85	钠	金属钠	7440-23-5	10

表 4-2 未在表 4-1 中列举的危险化学品类别及其临界量

类别	符号	危险性分类及说明	临界量/t
健康危害	J（健康危害性符号）		
急性毒性	J1	类别 1，所有暴露途径，气体	5
	J2	类别 1，所有暴露途径，固体、液体	50
	J3	类别 2 和类别 3，所有暴露途径，气体	50
	J4	类别 2 和类别 3，吸入途径，液体（沸点不大于 35℃）	50
	J5	类别 2，所有暴露途径，液体（除 J4 外）、固体	500
物理危险	W（数据危险性符号）	不稳定爆炸物 1.1 项爆炸物	1
爆炸物	W1.1		
	W1.2	1.2、1.3、1.5、1.6 项爆炸物	10
	W1.3	1.4 项爆炸物	50
易燃体	W2	类别 1 和类别 2	10
气溶胶	W3	类别 1 和类别 2	150（净重）
氧化性气体	W4	类别 1	50
易燃液体	W5.1	类别 1 类别 2 和类别 3，工作温度高于沸点	10
	W5.2	类别 2 和类别 3，具有引发重大事故的特殊工艺条件包括危险化工工艺、爆炸极限范围或附近操作、操作压力大于 1.6MPa 等	50
	W5.3	不属于 W5.1 或 W5.2 的其他类别 2	1000
	W5.4	不属于 W5.1 或 W5.2 的其他类别 3	5000
自反应物质和混合物	W6.1	A 型和 B 型自反应物质和混合物	10
	W6.2	C 型、D 型、E 型自反应物质和混合物	50
有机过氧化物	W7.1	A 型和 B 型有机过氧化物	10
	W7.2	C 型、D 型、E 型、F 型有机过氧化物	50
自燃液体和自燃固体	W8	类别 1 自燃液体 类别 1 自燃固体	50
氧化性固体和液体	W9.1	类别 1	50
	W9.2	类别 2 和类别 3	200
易燃固体	W10	类别 1 易燃固体	200
遇水放出易燃气体的物质和混合物	W11	类别 1 和类别 2	200

危险化学品重大危险源可分为生产单元危险化学品重大危险源和储存单元危险化学品重大危险源。生产单元、储存单元内存在危险化学品的数量等于或超过表 4-1、表 4-2 规定的临界量，即被定为重大危险源。单元内存在的危险化学品的数量根据危险化学品种类的多少区分为以下两种情况：

（1）生产单元、储存单元内存在的危险化学品为单一品种时，该危险化学品的数量即为单元内危险化学品的总量，若等于或超过相应的临界量，则定为重大危险源。

（2）生产单元、储存单元内存在的危险化学品为多品种时，按下式计算，若满足下式，则定为重大危险源：

$$S = q_1/Q_1 + q_2/Q_2 + \cdots + q_n/Q_n \geqslant 1$$

式中　S——辨识指标；

q_1，q_2，…，q_n——每种危险化学品的实际存在量，t；

Q_1，Q_2，…，Q_n——与每种危险化学品相对应的临界量，t。

危险化学品储罐以及其他容器、设备或仓储区的危险化学品的实际存在量按设计最大量确定。对于危险化学品混合物，如果混合物与其纯物质属于相同危险类别，则视混合物为纯物质，按混合物整体进行计算。如果混合物与其纯物质不属于相同危险类别，则应按新危险类别考虑其临界量。

4.6　重大危险源的分级

根据《危险化学品重大危险源监督管理暂行规定》（2015 年修订）的规定，重大危险源根据其危险程度，分为一级、二级、三级和四级，一级为最高级别。分级方法如下所示：

单元内各种危险化学品实际存在（在线）量与其在《危险化学品重大危险源辨识》（GB 18218—2018）中规定的临界量的比值，经校正系数校正后求和得 R，R 即为分级指标。

$$R = \alpha\left(\beta_1 \frac{q_1}{Q_1} + \beta_2 \frac{q_2}{Q_2} + \cdots + \beta_n \frac{q_n}{Q_n}\right)$$

式中　q_1，q_2，…，q_n——每种危险化学品实际存在（在线）量，t；

Q_1，Q_2，…，Q_n——与各危险化学品相对应的临界量，t；

β_1，β_2，…，β_n——与各危险化学品相对应的校正系数；

α——该危险化学品重大危险源厂区外暴露人员的校正系数。

根据单元内危险化学品的类别不同，设定校正系数 β 值。在表 4-3 范围内的危险化学品，其 β 值按表 4-3 确定；未在表 4-3 范围内的危险化学品，其 β 值按表 4-4 确定。

表 4-3　校正系数 β 取值

危险化学品类别	毒性气体	爆炸品	易燃气体	其他类危险化学品
β	见表 4-2	2	1.5	1

表 4-4　常见毒性气体校正系数 β 值取值

毒性气体名称	一氧化碳	二氧化硫	氨	环氧乙烷	氯化氢	溴甲烷	氯
β	2	2	2	2	3	3	4
毒性气体名称	硫化氢	氟化氢	二氧化氮	氰化氢	碳酰氯	磷化氢	异氰酸甲酯
β	5	5	10	10	20	20	20

根据重大危险源的厂区边界向外扩展 500m 范围内常住人口数量，按照表 4-5 设定暴露人员校正系数 α 值。

表 4-5 校正系数 α 取值

厂外可能暴露人员数量	α	厂外可能暴露人员数量	α
100 人以上	2.0	1~29 人	1.0
50~99 人	1.5	0 人	0.5
30~49 人	1.2		

根据计算出来的 R 值，按表 4-6 确定危险化学品重大危险源的级别。

表 4-6 危险化学品重大危险源级别和 R 值的对应关系

危险化学品重大危险源级别	R 值	危险化学品重大危险源级别	R 值
一级	$R\geqslant 100$	三级	$50>R\geqslant 10$
二级	$100>R\geqslant 50$	四级	$R<10$

4.7 重大危险源的评价方法

对重大危险源进行评价时，评价人员可根据具体的场所特性采用不同的评价方法。选用的评价方法均应包括定性评价和定量评价。

（1）定性评价。定性安全评价方法主要是根据经验和直观判断能力，对生产系统的工艺、设备、设施、环境、人员和管理等方面的状况进行定性分析，安全评价的结果是一些定性的指标。例如，是否达到了某项安全指标、事故类别和导致事故发生的因素等。定性安全评价方法有安全检查表、专家现场询问观察法、因素图分析法、事故引发和发展分析、作业条件危险性评价法（格雷厄姆-K 金尼法或 LEC 法）、故障类型和影响分析、危险可操作性研究等。

（2）定量评价。定量安全评价方法是运用基于大量的实验结果和广泛的事故统计资料分析获得的指标或规律（数学模型），对生产系统的工艺、设备、设施、环境、人员和管理等方面的状况进行定量的计算，安全评价的结果是一些定量的指标。例如，事故发生的概率、事故的伤害（或破坏）范围、定量的危险性、事故致因因素的事故关联度或重要度等。

按照安全评价给出的定量结果的类别不同，定量安全评价方法还可以分为概率风险评价法、伤害（或破坏）范围评价法和危险指数评价法。

4.8 重大危险源危害后果分析

重大危险源的危害后果分析属于重大危险源定量评价的范畴，目前成熟的安全领域的危害后果定量计算方法均适用，如蒸气云爆炸模型、池火灾模型、重气扩散模型、冲击波超压模型等。这些数学模型多数以传热、传质、物质爆炸等理论为基础建立，使用时应注意应用前提、限制条件和单位换算。同时对于复杂系统或较复杂的计算过程应注意借助计算机进行辅助计算。

《危险化学品重大危险源监督管理暂行规定》（2015 年修订）第十四条规定，通过定量风险评价确定的重大危险源的个人和社会风险值，不得超过个人（见表 4-7）和社会可容许风险限值标准。

4.8.1 可容许个人风险标准

个人风险是指因危险化学品重大危险源各种潜在的火灾、爆炸、有毒气体泄漏事故造成区域内某一固定位置人员的个体死亡概率，即单位时间内（通常为年）的个体死亡率。通常用个人风险等值线表示。

个人风险容许标准（LSIR）表明危险源附近的目标人群是否可暴露于某一风险水平之上。通常给出可容许风险的上限和下限值。上限是可容许基准，风险值高于可容许基准必须进行整改；下限是可忽略基准，风险值低于可忽略基准，则可根据事故的优先顺序进行改善。个人风险容许标准的正确主要基于目标人群的聚集程度、对风险的敏感性、暴露的可能性、撤离的难易程度等。不同目标人群的可接受风险不同。危险化学品单位周边重要目标和敏感场所承受的个人风险应满足表 4-7 中可容许风险标准要求。

表 4-7 可容许个人风险标准

危险化学品单位周边重要目标和敏感场所类别	可容许风险/a^{-1}
高敏感场所（如学校、医院、幼儿园、养老院等）； 重要目标（如党政机关、军事管理区、文物保护单位等）； 特殊高密度场所（如大型体育场、大型交通枢纽等）	$<3\times10^{-7}$
居住类高密度场所（如居民区、宾馆、度假村等）； 公众聚集类高密度场所（如办公场所、商场、饭店、娱乐场所等）	$<1\times10^{-6}$

例如：对一个 100m^3液氨储罐底部发生直径 50mm 小孔泄漏事故场景进行个人风险分析，所采用的个人风险计算模型如图 4-1 所示。

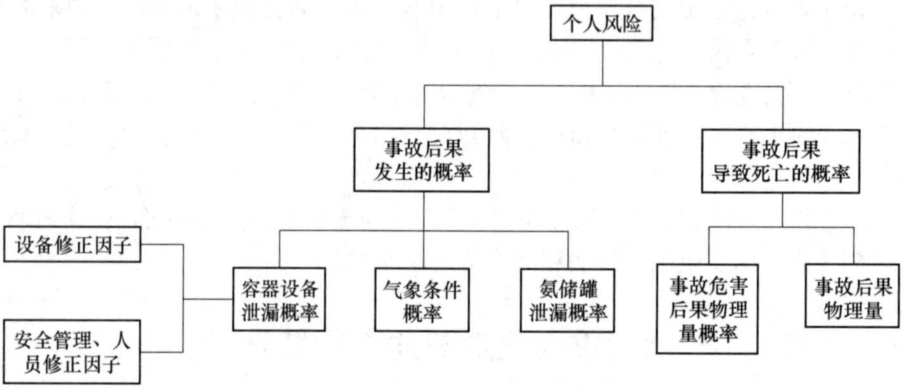

图 4-1 个人风险的计算模型

对于区域内的危险化学品重大危险源所在位置——氨储罐，其在区域内某一空间地理坐标为（x，y）处产生的个人风险可由下式计算：

$$R(x,\ y) = \sum_{n=1}^{n}\sum_{w=1}^{w}\sum_{i=1}^{i} F_{n,0}F_{\mathrm{E}}F_{\mathrm{M}}P_{w}P_{i}V(x,\ y)$$

式中 $R(x,\ y)$ ——氨储罐所在位置处产生的个人风险；

$F_{n,0}$——第 n 个容器设备泄漏事件发生的原始概率，本次评价时氨储罐泄漏事件发生的原始概率取 10^{-6}/a；

F_E——设备修正系数，由于企业按期进行强制检验，其修正系数取 1；

F_M——安全管理、人员修正系数，企业安全管理和教育体系较为完整，其系数取 0.95；

P_w——气象条件系数，本次评价时考虑最大危险，即静风条件的情况，气象条件系数取 1；

P_i——氨储罐泄漏概率，取 10^{-2}/a；

$V(x, y)$——氨储罐所在位置处引起的个人死亡的概率；

n——容器设备泄漏事件的个数，本评价仅取 1 个氨储罐进行，故取 1；

w——气象条件个数，本评价为简化计算过程仅考虑风向单因素，故取 1；

i——泄漏源个数，本次评价取 1。

通过计算机数值模拟，可得到氨储罐泄漏个人风险等值线图，由图可以判断出氨储罐泄漏的个人风险是否为可接受。

4.8.2 可容许社会风险标准

社会风险是指能够引起不小于 N 人死亡的事故累积频率（F），也即单位时间内（通常为年）的死亡人数。通常用社会风险曲线（F-N 曲线）表示。

可容许社会风险标准采用 ALARP（as low as reasonable practice）原则作为可接受原则。ALARP 原则通过两个风险分界线将风险划分为 3 个区域，即：不可容许区、尽可能降低区（ALARP）和可容许区。

（1）若社会风险曲线落在不可容许区，除特殊情况外，该风险无论如何不能被接受。

（2）若社会风险曲线落在可容许区，风险处于很低的水平，该风险是可以被接受的，无需采取安全改进措施。

（3）若社会风险曲线落在尽可能降低区，则需要在可能的情况下尽量减少风险，即对各种风险处理措施方案进行成本效益分析等，以决定是否采取这些措施。

通过定量风险评价，危险化学品重大危险源产生的社会风险应满足图 4-2 中可容许社会风险标准要求。

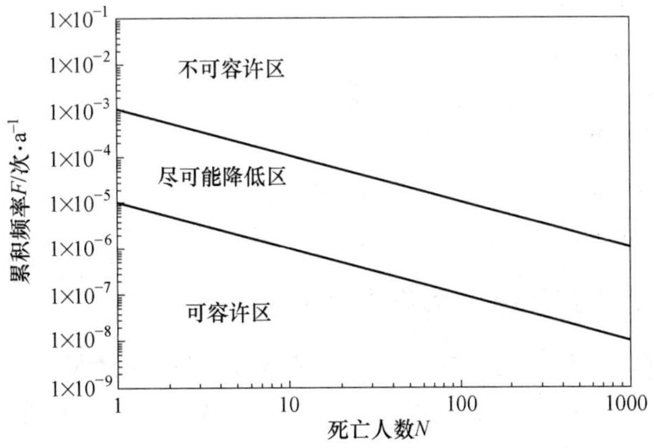

图 4-2 可容许社会风险标准（F-N）曲线

4.9　重大危险源评价报告编制

4.9.1　重大危险源安全评价报告主要内容

重大危险源安全评价报告目前还没有统一的格式要求，总体原则是应满足《安全评价通则》（AQ 8001—2007）和《危险化学品重大危险源辨识》（GB 18218—2018）的相关要求。重大危险源安全评价报告应包括以下主要内容：

（1）安全评价的目的、依据、范围和程序。

（2）危险化学品重大危险源的基本情况。

（3）评估单元的划分。

（4）评价方法的选择。

（5）危险化学品重大危险源辨识和升级。

（6）事故发生的可能性及危害程度。

（7）风险分析。

（8）可能受事故影响的周边场所、人员情况。

（9）安全管理措施、安全技术和监控措施。

（10）事故应急。

（11）安全对策措施建议。

（12）安全评价结论。

4.9.2　重大危险源安全状态确认方面的主要内容

重大危险源安全状态确认方面主要应包括以下内容：

（1）地理位置与周围环境安全性分析。

（2）内部平面布置安全性分析。

（3）工艺过程可靠性分析。

（4）设备可靠性分析。

（5）自动控制可靠性分析。

（6）公用工程可靠性分析。

（7）消防设施可靠性分析。

（8）职业危害和个体防护措施可靠性分析。

（9）安全管理措施的可靠性分析。

（10）重大事故隐患控制措施的有效性分析。

（11）应急救援预案的配套完整性、适用性和有效性分析。

4.9.3　评价报告提出安全对策措施的注意事项

基于对存在的隐患进行分析，评价人员归纳整理出将风险控制在可以接受的水平，必须消除的事故隐患，有针对性地提出相应的安全对策措施。所提出的对策措施应有针对性和可操作性。安全对策措施的基本要求为：

（1）能消除或减弱生产过程中产生的危险、危害。

（2）处置危险有害物，并降低到国家规定的限值内。

（3）预防生产装置失灵和操作失误产生的危险、危害。

（4）能有效地预防重大事故和职业危害的发生。

（5）发生意外事故时，能为遇险人员提供自救和互救条件。

提出安全对策措施应遵循的原则有：

（1）安全技术措施等级顺序。当安全技术措施与经济效益发生矛盾时，应优先考虑安全技术措施的要求，使生产设备本身具有本质安全性能，不出现任何事故和危害。若不能或不能完全实现直接安全技术措施，必须为生产设备设计出一种或多种安全防护装置，最大限度地预防、控制事故或危害的发生。当间接安全技术措施也无法实现或实施时，必须采用检测报警装置、警示标志等措施，警告、提醒从业人员注意，以便采取相应的对策措施或紧急撤离危险场所。若间接、指示性安全技术措施仍然不能避免事故、危害发生，则应采用安全操作规程、安全教育、培训和个体防护用品等措施来规定人的行为和人与机（物）接触的规则，预防、减弱系统的危险、危害程度。

（2）具体原则。

1）消除。通过合理的设计和科学的管理，尽可能从根本上消除危险和有害因素。如采用无害化工艺技术，在生产中以无害物质代替有害物质，实现自动化、遥控作业等。

2）预防。当消除危险和有害因素有困难时，可采取预防性技术措施，预防危险、危害的发生。如使用安全屏障、漏电保护装置、安全电压、熔断器、防护罩、负荷限制器、行程限制器、制动设施等。

3）减弱。在无法消除危险和有害因素以及难以预防的情况下，可采取降低危险和危害的措施。如加设局部通风排毒装置，生产中以低毒性物质代替高毒性物质，采取降温措施，设置避雷、消除静电、减振、消声等装置。

4）隔离。在无法消除、预防和减弱的情况下，应将从业人员与危险和有害因素隔开，将不能共存的物质分开。如遥控作业、安全罩、隔离屏、隔离操作室、安全距离、事故发生时的自救装置（如防护服、各类防毒面具）等。

5）联锁。当操作者失误或设备运行一旦达到危险状态时，应通过联锁装置终止危险、危害的发生。

6）警告。在易发生故障和危险性较大的地方，应设置醒目的安全色、安全标志；必要时设置声、光或声光组合报警装置。

安全对策措施应具有针对性、可操作性和经济合理性。

（1）针对性。针对性指针对不同行业的特点和评价得到的主要危险和有害因素及其后果，提出对策措施。

由于危险和有害因素及其后果具有隐蔽性、随机性、交叉影响性，因此对策措施不仅要针对某项危险和有害因素单独地采取措施，而且还应为使系统达到安全的目的，采取优化组合的综合措施。

（2）可操作性。提出的措施是设计单位、建设单位、生产经营单位进行设计、生产、管理的重要依据，因而对策措施在经济、技术、时间上应是可行的，能够落实和实施。此外，应尽可能具体指明对策措施所依据的法规、标准，说明应采取的具体的对策措施，以便于应用和操作，不宜笼统地以“按某某标准有关规定执行”作为对策措施提出。

（3）经济合理性。其指不应超越国家、建设项目、生产经营单位的实际经济水平和技术水平，按过高的安全要求提出安全对策措施。即在采用先进技术的基础上，考虑进一步发展的需要，以安全法规、标准和规范为依据，结合评价对象的经济、技术状况，使安全技术装备水平与工艺装备水平相适应，求得经济、技术、安全的合理统一。

评价报告所提出的安全对策措施应符合国家有关法规、标准及设计规范的规定。在安全评价时，针对已辨识出来的危险和有害因素以及对应的危险源，要严格按国家有关法规、安全标准和行业设计的安全要求对照分析；对未设置安全设施、安全设施失效或安全设施不满足安全要求的危险和有害因素以及对应的危险源，要指出“事故隐患”种类和名称且附相关依据的条文，并提出设置或改进“安全设施”的安全对策措施，使其符合安全指标。

必须说明，安全对策措施达到国家有关法规、标准及设计规范是最低要求，若有行业标准或企业标准应该以后者为准，达不到行业标准或企业标准，即使满足国家标准也不能判定符合标准。重大危险源安全评价要注意属地管理原则，注意当地的地方行政文件以及这些文件引用的标准，因为这是最实际、最具体的要求，而且比国家标准严格得多。如果部分地方标准低于国家标准（在规定上不允许，但实际上却存在），评价应该以国家标准为最低限，不能低于国家标准的要求。

外资企业引用外国标准，在评价时建议视同企业标准，外国标准高于国家标准的条款可以参照，外国标准低于国家标准时，按国家标准执行，不能低于国家标准的要求。

4.9.4 评价结论注意事项

关于评价结论，应注意：

（1）列出评价对象存在的危险和有害因素的种类及其危险危害程度。

（2）明确危险化学品重大危险源辨识及分级结果。

（3）明确符合性分析结果。

（4）明确事故后果预测分析结果。

（5）明确风险分析结果。

（6）明确重大危险源风险可接受程度。

也就是说，评价结论应明确指出项目安全状态水平，并简要说明。通常的评价结论有符合安全要求、基本符合安全要求、不符合安全要求三种。

思考题

4-1 重大危险源辨识的前期准备有哪些？

4-2 重大危险源辨识现场查勘的主要内容是什么？

4-3 企业甲与企业乙相邻，甲、乙企业之间有围墙相隔（见图4-3）。甲企业有生产装置A，生产装置A中危化品A的物质量见表4-8。乙企业有生产装置B、C、D，乙企业各装置危化品的物质量见表4-8。请根据所给出的图表回答以下问题：

（1）判断装置AB、BD、BC相互间距的性质。

（2）按照《危险化学品重大危险源辨识》（GB 18218—2018），讨论性地判断企业甲与企业乙是否构成危险化学品重大危险源。

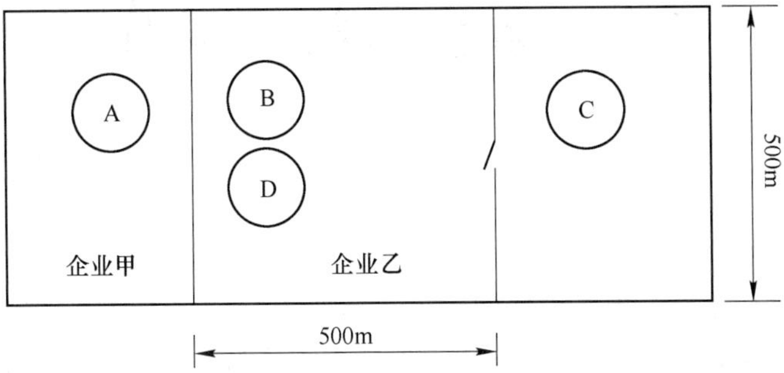

图 4-3 甲、乙企业位置示意图

表 4-8 甲、乙企业各装置危化品的物质量

生产装置名称	装置内危化品名称	装置内危化品在线量/t	单独构成危险化学品重大危险源的临界量/t
A	A	300	200
B	B	100	200
C	C	10	50
D	D	200	500

4-4 如何编写重大危险源评价结论？

4-5 某生产场所分布有甲醇罐区、液氨罐区、硝酸罐区和煤气罐区，各装置的相互间隔小于500m，现已知有液氨200t、硝酸500t、甲醇400t、煤气4t，该场所是否构成危险化学品重大危险源？如果是，判断其危险化学品重大危险源等级。

5 重大事故后果分析

扫码获得数字资源

学习要求

➤ 掌握重大事故危害后果分析的程序。

➤ 掌握重大事故危害后果分析的数学模型和计算方法。

重大事故是指生产运行中突然发生重大泄漏、火灾或爆炸，其中涉及一种或多种有害物质，并给现场人员、公众或环境造成即刻的或延迟的严重危害的事件。

事故后果分析的目的是定量描述一个可能发生的事故将造成的人员伤亡、财产损失和环境污染情况。分析结果为企业或企业主管部门提供关于重大事故后果的信息，为企业决策者和设计者提供关于采取何种防护措施的信息，如防火系统、报警系统或减压系统等的信息，以达到减轻事故影响的目的。另外，事故后果分析是安全评价的组成部分，也是编制应急响应预案的依据。

火灾、爆炸、中毒是常见的重大事故，可能造成严重的人员伤亡和巨大的财产损失，影响社会安定。本章重点介绍有关火灾、爆炸和中毒事故后果分析（热辐射、爆炸波、中毒)，在分析过程中要运用数学模型。通常一个复杂的问题或现象用数学来描述，模型往往是在一系列的假设前提下按理想的情况建立的，有些模型经过小型试验的验证，有的则可能与实际情况有较大出入，但对事故后果评价来说是可参考的。

5.1 后果分析的一般程序与分析模式

5.1.1 后果分析程序

后果分析程序如下：

（1）划分独立功能单元。划分原则：包含重大危险源；空间上相对独立；泄漏物料与其他单元隔离，如有紧急切断阀、有液位或压力控制的自动阀、有清晰明确信号遥控的阀、同一堤坝内的储罐应作为一个单元考虑。

（2）计算单元中有害物质存量。根据工艺流程和设备参数计算单元中有害物质的存量，并记录物质的种类、相态、温度、压力、体积或质量等。对于连续的流动系统需要估算。

（3）找出设备的典型故障。将设备划分为10类：管道、挠性连接、过滤器、阀、压力容器/反应器、泵、压缩机、贮罐（常压条件)、贮槽（加压或冷冻)、放空燃烧管/排气管，分析可能存在的典型故障，每种设备只考虑少数几种情况。

（4）计算泄漏量。分析故障可能造成瞬时的或连续的泄漏，计算泄漏量或泄漏流量。

（5）计算后果。分析泄漏后可能造成的火灾、爆炸等后果，选择合适的模型计算事故对生产现场内或现场外的影响。

（6）整理结果。将计算结果整理成表格，并在单元平面图上画出影响范围。

5.1.2 后果分析所需参数

后果分析需要的参数有：

（1）有害物质的参数，包括有害物质的相态、最大质量或体积、温度、压力、密度，还有热力学性质如沸点、汽化热、燃烧热、热容等，有害与毒性参数等。

（2）设备的参数，包括工艺流程、设备类型、设备的可能故障与泄漏位置、泄漏口形状与尺寸等。

（3）现场情况与气象情况，包括设备布置，人员分布，资金密度，设备地理位置，堤坝高度面积，常年主导风向、平均风速、大气稳定情况、日照情况，地形情况，地面粗糙度，建筑、树木高度等。

并不是所有参数都与模型计算有关，但关注这些情况可使分析结果更符合实际。

5.1.3 后果分析模式选择

泄漏后果与泄漏物质的相态、压力、温度、可燃性、毒性等性质密切相关。在后果分析中考虑的泄漏物质主要有以下四种类型：常压液体、加压液化气体、低温液化气体、加压气体。

泄漏的危险物质的性质不同，其泄漏后果也不相同，分析过程如图 5-1 所示。

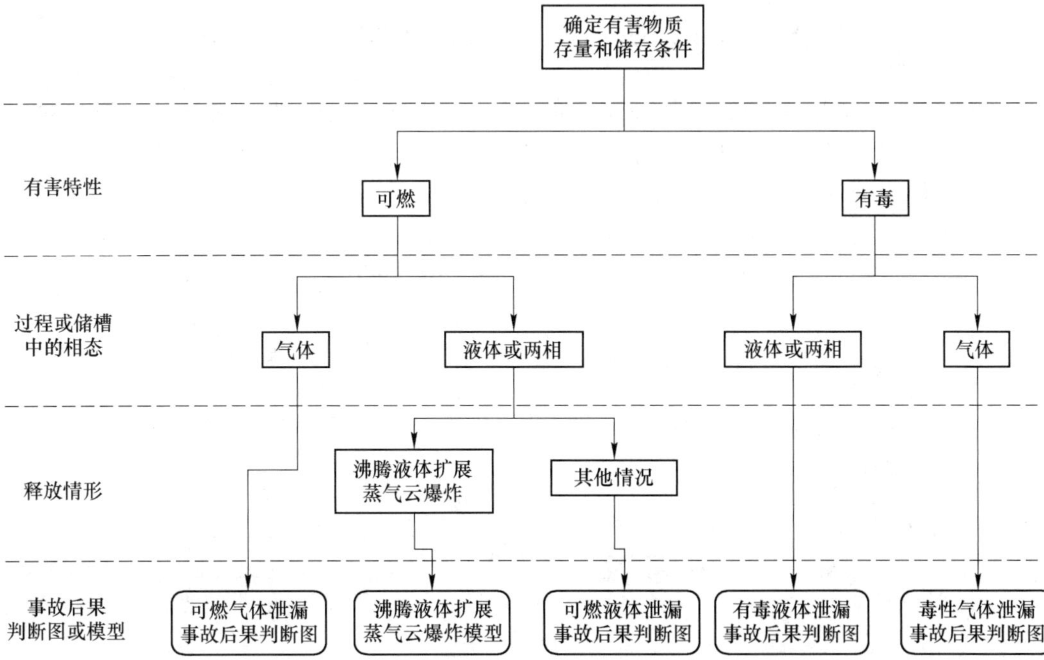

图 5-1 泄漏事故后果判断图

（1）可燃气体泄漏。可燃气体泄漏后与空气混合达到燃烧极限，遇到引火源就会发生燃烧或爆炸。泄漏后发火时间不同，泄漏后果也不相同。

1）立即发火。可燃气体泄漏后立即被点燃，发生扩散燃烧，产生喷射性火焰或形成火球，影响范围较小。

2）滞后发火。可燃气体泄漏后与周围空气混合形成可燃云团，遇到引火源发生爆燃或爆炸，破坏范围较大。

可燃气体泄漏事故后果判断如图 5-2 所示。

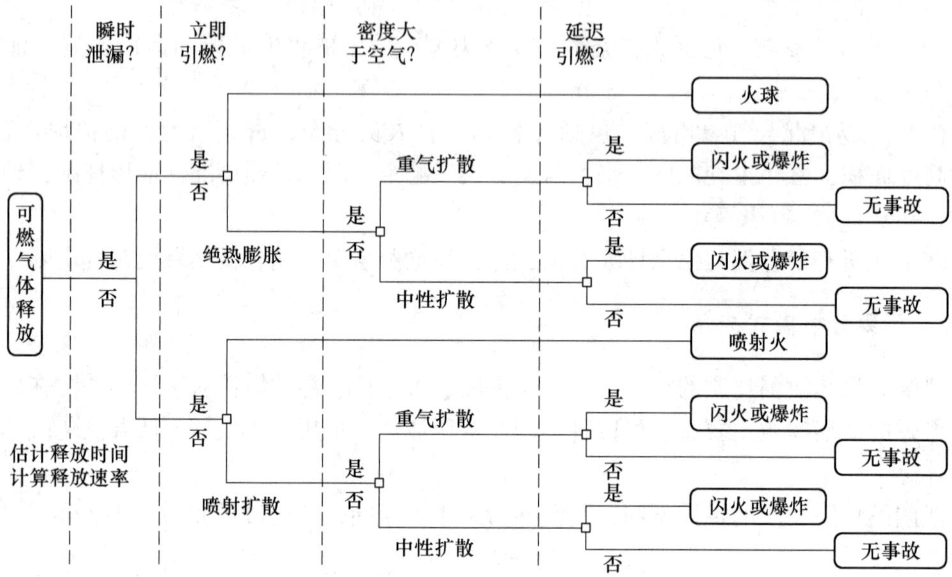

图 5-2　可燃气体泄漏事故后果判断图

（2）有毒气体泄漏。有毒气体泄漏后形成云团，在空气中扩散，有毒气体形成的浓密云团将笼罩很大范围，所以影响范围大。

有毒气体泄漏事故后果判断如图 5-3 所示。

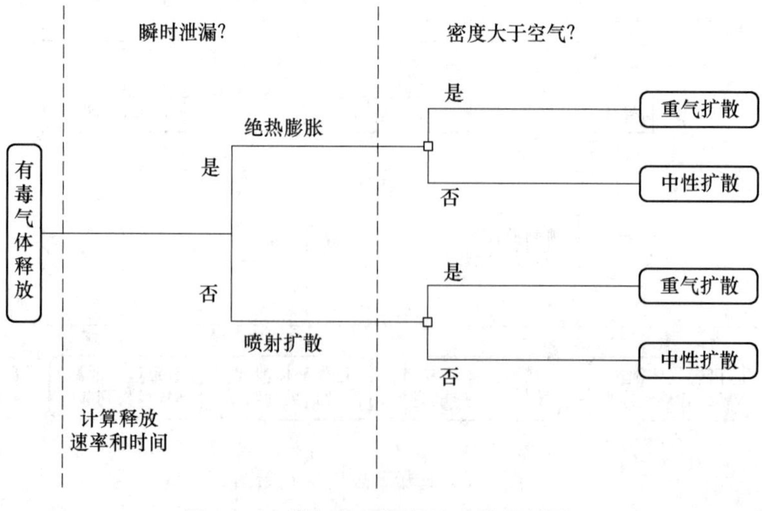

图 5-3　有毒气体泄漏事故后果判断图

(3) 液体泄漏。在一般情况下，泄漏的液体在空气中蒸发而形成气体，泄漏后果取决于液体蒸发生成的气体量。液体蒸发生成的气体量与泄漏液体种类有关。

1）常温常压液体泄漏。液体泄漏后聚集在防液堤内或地势低洼处形成液池，液体表面发生缓慢蒸发。

2）加压液化气体泄漏。液体在泄漏瞬间迅速汽化蒸发。没来得及蒸发的液体形成液池，吸收周围热量继续蒸发。

3）低温液体泄漏。液体泄漏后形成液池，吸收周围热量蒸发，液体蒸发速度低于液体泄漏速度。

可燃液体泄漏、有毒气体泄漏、气体或两相泄漏、可燃与有毒液体泄漏事故后果判断，如图 5-4、图 5-5 所示。

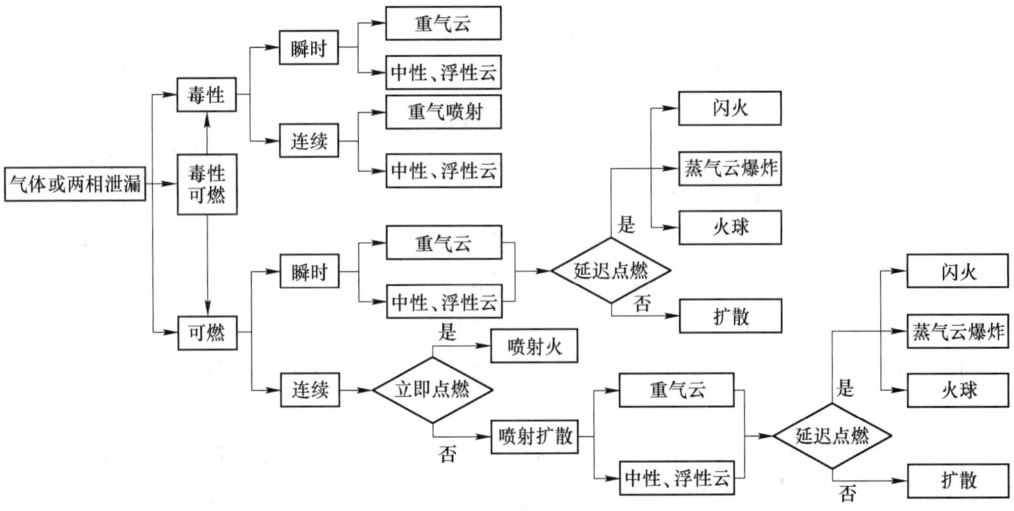

图 5-4 气体或两相泄漏事故后果判断图

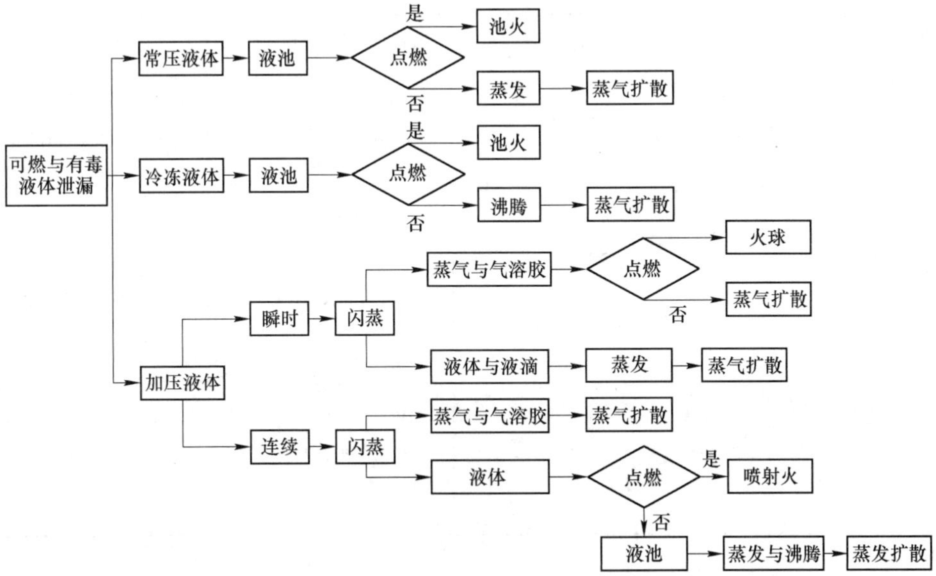

图 5-5 可燃与有毒液体泄漏事故后果判断图

无论是气体泄漏还是液体泄漏，泄漏量都是决定泄漏后果严重程度的主要因素，而泄漏量又与泄漏时间有关。因此，控制泄漏措施是应该尽早地发现泄漏并且尽快地阻止泄漏。通过人员巡回检查可以发现较严重的泄漏；利用泄漏检测仪器、气体泄漏检测系统可以发现各种泄漏；利用停车或关闭遮断阀，停止向泄漏处供料可以控制泄漏。一般来说，与监控系统连锁的自动停车速度快；仪器报警后由人工停车的速度较慢，需 3~15min。

5.2 泄　　漏

5.2.1 泄漏设备及损坏尺寸

泄漏指装有介质的密闭容器、管道或装置，因密封性破坏，出现的非正常的介质向外泄放或渗漏的现象。火灾和因有毒气体引起的中毒事故都与物质的泄漏有直接关系。泄漏按泄漏介质的性质不同可分为气体泄漏、液体泄漏和固体泄漏；按泄漏机理的不同可分为界面泄漏、渗透泄漏和破坏性泄漏；按泄漏部位的不同可分为密封体泄漏、关闭体泄漏和本体泄漏。造成泄漏的原因有：

（1）机械加工的结果。机械产品的表面存在各种缺陷和形状及尺寸偏差。因此，在机械零件连接处不可避免地会产生间隙造成泄漏。

（2）密封体两侧存在压力差，工作介质就会通过间隙而泄漏。

消除或减少任一因素就可以阻止或减少泄漏。就一般设备而言，减小或消除间隙是阻止泄漏的主要途径。

根据各种设备泄漏情况分析，工厂（特别是化工厂）中易发生泄漏的设备可分为表 5-1 所示 10 类典型设备：管道、挠性连接、过滤器、阀、压力容器及反应器、泵、压缩机、储罐（常压条件）、储槽（加压或冷冻）、放空燃烧管和排气管。

表 5-1　10 类典型设备泄漏及损坏尺寸

典型设备	示例图	典型损坏	可能损坏的尺寸
管道	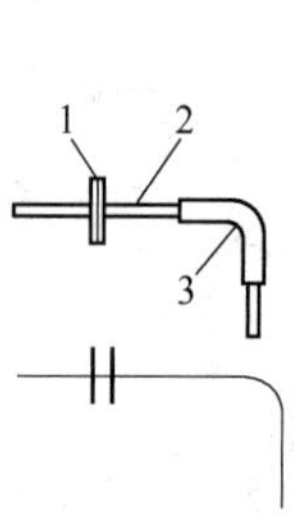	1—法兰泄漏	20%管径
		2—管道泄漏	100%或 20%管径
		3—焊缝失效	100%或 20%管径

续表 5-1

典型设备	示 例 图	典型损坏	可能损坏的尺寸
挠性连接	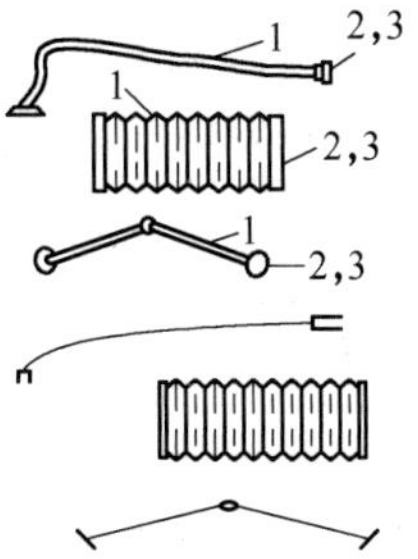	1—破裂泄漏	20%管径
		2—接头泄漏	20%管径
		3—连接装置损坏	100%管径
过滤器	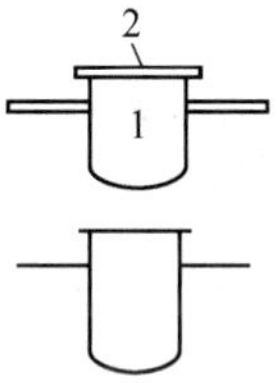	1—破裂泄漏	20%管径
		2—接头泄漏	20%管径
阀	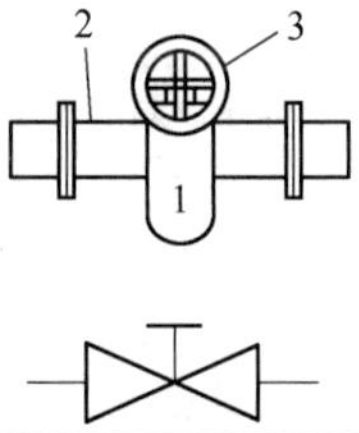	1—阀室泄漏	100%或 20%管径
		2—阀盖泄漏	20%管径
		3—阀杆损坏	20%管径
压力容器及反应器	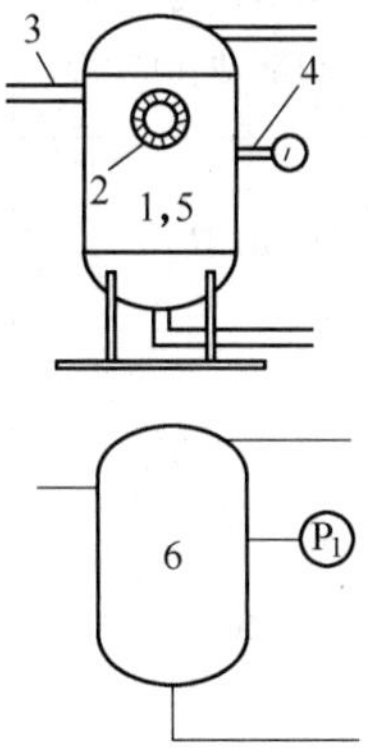	1—容器泄漏	全部破裂
		2—人孔盖泄漏	100%最大管径
		3—喷嘴损坏	20%开口直径
		4—仪表管道破裂	100%管径
		5—内部爆炸	100%或 20%管径
		6—容器破裂	全部破裂
泵	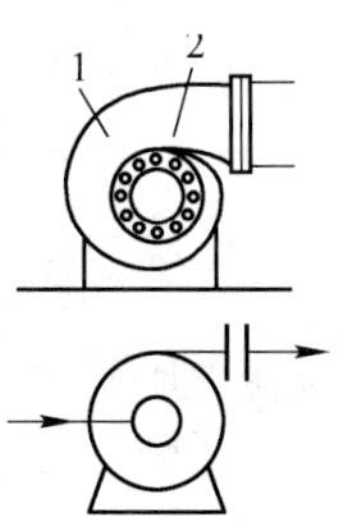	1—泵壳损坏	100%或 20%管径
		2—密封泄漏	20%管径

续表 5-1

典型设备	示 例 图	典型损坏	可能损坏的尺寸
压缩机	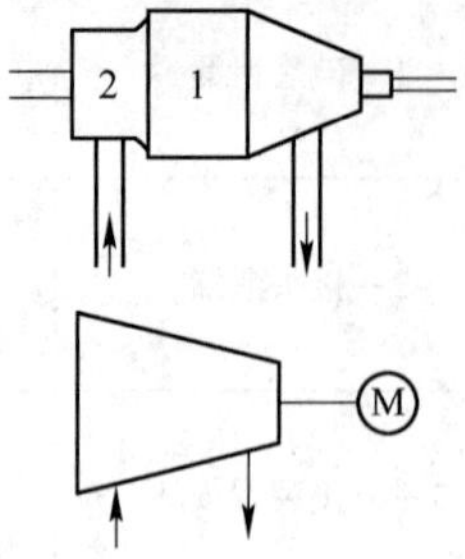	1—泵壳损坏	100%或 20%管径
		2—密封泄漏	20%管径
储罐（常压条件）	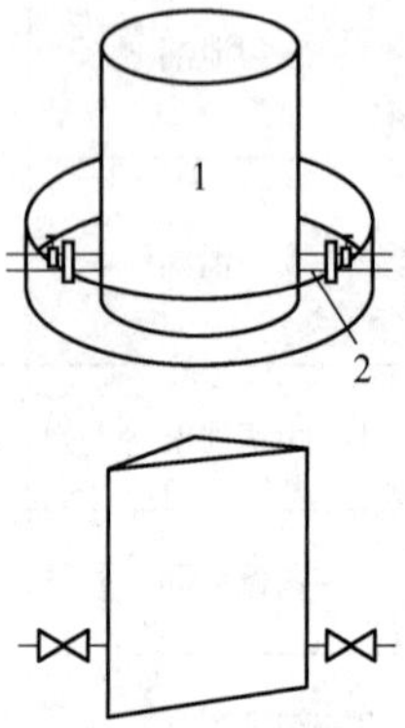	1—容器损坏	100%
		2—连接泄漏	100%或 20%管径
储槽（加压或冷冻）	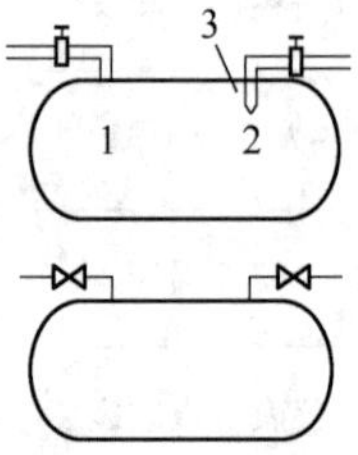	1—沸腾液体扩展蒸气云爆炸（仅非地埋情况）	全部破裂（点燃）
		2—破裂	全部破裂
		3—焊缝失效	100%或 20%管径
放空燃烧管和排气管	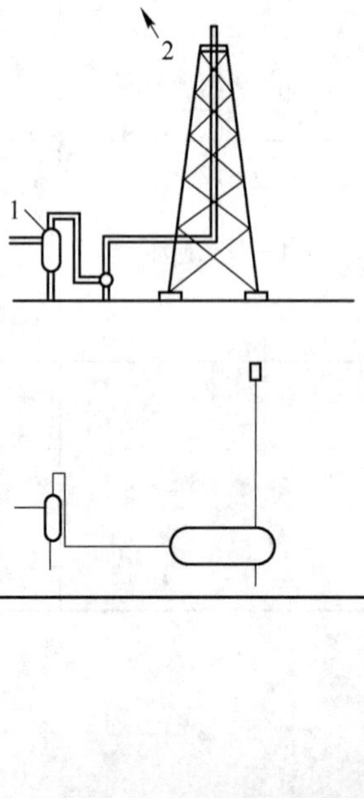	1—歧管或分离鼓泄漏	100%或 20%管径全部破裂
		2—超规范排放	估算

5.2.2 泄漏量的计算

当发生泄漏的设备的裂口规则、裂口尺寸已知，泄漏物的热力学、物理化学性质及参数可查到时，可以根据流体力学中有关方程计算泄漏量。当裂口不规则时，采用等效尺寸代替，考虑泄漏过程中压力变化等情况时，往往采用经验公式计算泄漏量。

5.2.2.1　液体泄漏量

单位时间内液体泄漏量即泄漏速度，可根据伯努利（Bernoulli）方程计算：

$$Q = C_d A\rho\sqrt{\frac{2(p-p_0)}{\rho}+2gh} \tag{5-1}$$

式中　Q——液体泄漏流量，kg/s；

C_d——排放系数，按表 5-2 取值；

A——泄漏口面积，m^2；

ρ——泄漏液体密度，kg/m^3；

p——容器内介质压力，Pa；

p_0——环境压力，Pa；

g——重力加速度，9.8m/s^2；

h——泄漏口上液位高度（见图 5-6），m。

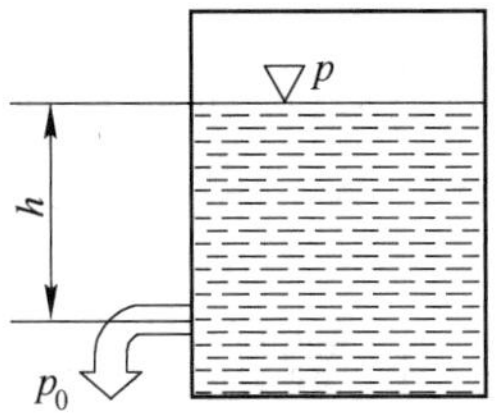

图 5-6　液体泄漏流量计算示意图

式（5-1）表明，常压下液体泄漏速度取决于裂口之上液位的高低；非常压下液体泄漏速度主要取决于设备内物质压力与环境压力之差。通常将式（5-1）计算的值作为初始流量，也是最大流量。

表 5-2　液体排放系数 C_d

雷诺数 Re	泄漏口形状		
	圆形（多边形）	三角形	长条形
>100	0.65	0.60	0.55
≤100	0.50	0.45	0.40

5.2.2.2　过热液体泄漏量

当设备中液体是过热液体，即液体沸点低于周围环境温度时，液体从裂口喷出后部分液体闪蒸，汽化热来自液体本身，剩余液体将降温至其常压沸点。在这种情况下，泄漏时直接蒸发的液体所占百分比，即闪蒸液体分数 F_V 为：

$$F_V = \frac{c_p(T-T_b)}{H_v} \tag{5-2}$$

式中　F_V——闪蒸液体分数（F_V>0.2 时不形成液池，F_V<0.2 时可以假定带走液体与 F_V 呈线性关系，F_V=0 时无液体被带走，F_V=0.1 时 50%液体被带走）；

c_p——液体比定压热容，J/(kg·K)；

T——液体温度，K；

T_b——液体常压沸点，K；

H_v——常压沸点下的汽化热，J/kg。

5.2.2.3 气体泄漏

气体从设备的裂口泄漏时，其泄漏速度与空气的流动状态有关，因此，首先要判断泄漏时气体流动是属于亚声速流动还是属于声速流动，前者称为次临界流，后者称为临界流。

当式（5-3）成立时，气体流动属于亚声速流动：

$$\frac{p_0}{p} > \left(\frac{2}{\gamma + 1}\right)^{\frac{\gamma}{\gamma-1}} \tag{5-3}$$

当式（5-4）成立时，气体流动必属于声速流动：

$$\frac{p_0}{p} \leqslant \left(\frac{2}{\gamma + 1}\right)^{\frac{\gamma}{\gamma-1}} \tag{5-4}$$

式（5-3）和式（5-4）中，γ 为绝热指数，即比定压热容 c_p 与比定容热容 c_V 之比：

$$\gamma = \frac{c_p}{c_V}$$

气体符合理想气体状态方程，则根据伯努利方程可推导气体泄漏公式如下：

$$Q = C_d pA \sqrt{\frac{2\gamma}{\gamma - 1} \frac{M}{RT}\left[\left(\frac{p_0}{p}\right)^{\frac{2}{\gamma}} - \left(\frac{p_0}{p}\right)^{\frac{\gamma+1}{\gamma}}\right]} \tag{5-5}$$

式中 C_d——排放系数，通常取 1.0；

γ——绝热指数，是比定压热容与比定容热容的比值；

M——气体的摩尔质量，kg/mol；

R——气体常数，8.314J/(mol·K)；

T——容器内气体温度，K。

（1）气体流动的阻塞：气体内部压力增大，气体泄漏流速加快；在一般情况下，泄漏气体的运动速度只能达到声速。

（2）临界压力：泄漏气体的运动速度达到声速时的压力。

$$p_c = p_0 \left(\frac{\gamma + 1}{2}\right)^{\frac{\gamma}{\gamma-1}}$$

（3）声速流：压力高于临界压力。

$$Q = C_d pA \sqrt{\frac{\gamma M}{RT}\left(\frac{2}{\gamma + 1}\right)^{\frac{\gamma+1}{\gamma-1}}}$$

（4）亚声速流：压力低于临界压力。用式（5-5）计算。

许多气体的绝热指数在 1.1～1.4 之间（见表 5-3），则相应的临界压力只有 0.17～0.19MPa，因此多数事故的气体泄漏是声速流。

表 5-3 几种气体的绝热指数和临界压力

物质	丁烷	丙烷	二氧化硫	甲烷	氨	氯	一氧化碳	氢
γ	1.10	1.13	1.29	1.31	1.31	1.36	1.40	1.41
p_c/MPa	0.171	0.173	0.183	0.184	0.184	0.187	0.190	0.190

注：泄漏流量仍然随容器中介质压力的增加而增加。

5.2.2.4 两相泄漏

如果容器中的过热液体泄漏前通过较长的管道（$L/D>12$）就会产生两相泄漏，可用下述简化方法计算。

假设系统中出口临界压力和上游压力比为0.55，则：

$$p_c = 0.55p$$

泄漏两相中闪蒸液体分数 F_V 按式（5-2）计算，两相流中气相和液相混合物的平均密度：

$$\rho = \frac{1}{\dfrac{F_V}{\rho_g} + \dfrac{1 - F_V}{\rho_1}}$$

则两相流排放泄漏流量为：

$$Q = C_d A \sqrt{2\rho(p - p_c)}$$

式中 C_d——两相流泄漏系数，一般取0.8。

闪蒸比例可按式（5-2）计算：$F_V>1$，应按气体泄漏计算；F_V较小，可以简单地按液体泄漏计算。

5.3 蒸发与绝热膨胀

5.3.1 液体的扩展与蒸发

液体泄漏后沿地面一直流到低洼处或人工边界，如堤坎、岸墙，形成液池。如果泄漏的液体挥发度较低，则液池中液体蒸发量较少，不易形成气团。如果泄漏液体是挥发性的液体或低沸点的液体，泄漏后液体蒸发量大，大量蒸气在液池上面形成蒸气云。

液体离开裂口后不断蒸发，当液体蒸发速度与泄漏速度相等时，液池中的液体量将维持不变。

5.3.1.1 液体的扩展

A 液池形状

物质泄漏后在地面上形成液池。由于液体的自由流动特性，液池会在地面上蔓延。图5-7显示了周围不存在任何障碍物时，液池在地面上的蔓延过程。在这种情况下，液池起初是以圆形在地面上蔓延。但是，即使泄漏点周围不存在任何障碍物，液池也不会永远蔓延下去，而是存在一个最大值，即液池有一个最小厚度。对于低黏性液体，不同的地面类型，液池的最小厚度是不一样的。表5-4给出了最小液池厚度和地面类型之间的关系。

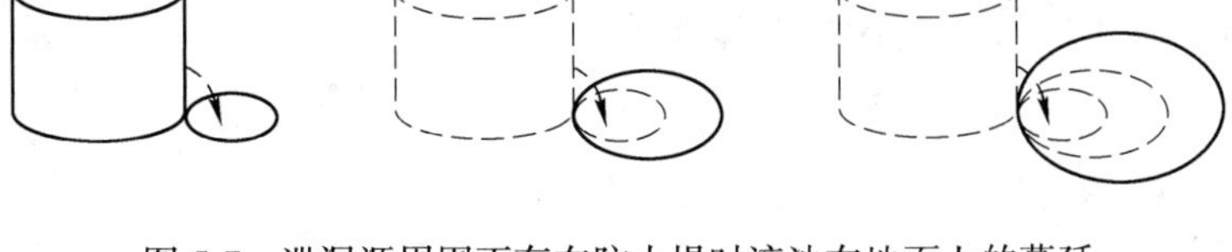

图5-7 泄漏源周围不存在防火堤时液池在地面上的蔓延

表 5-4 不同地面的最小液池厚度

地面性质	最小液池厚度/m	地面性质	最小液池厚度/m
草地	0.020	混凝土地面	0.005
粗糙地面	0.025	平静的水面	0.0018
平整地面	0.010		

液池面积 S 与最小液池厚度 H_{min} 的关系如下：

$$S=\frac{V}{H_{min}}=\frac{m}{H_{min}\rho}$$

在实际情况中，泄漏点周围都或多或少存在着障碍物，如防火堤。如果周围存在障碍物，则液池在地面上的蔓延要复杂一些。开始阶段，液池如同周围不存在防火堤一样以圆形向周围蔓延。遇到防火堤后，液池停止径向蔓延，同时液池形状发生改变。之后，随着泄漏的不断进行，液池围绕储罐蔓延，直至包围整个储罐，随后液面开始上升，其蔓延的动态过程如图 5-8 所示。

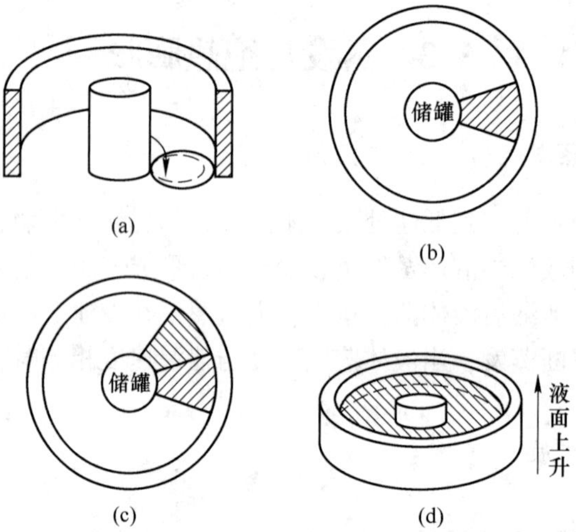

图 5-8 泄漏源周围存在防火堤时液池在地面上的蔓延

（a）泄漏液体还没有蔓延到防火堤；（b）泄漏液体蔓延到防火堤，液池形状改变；（c）泄漏液体围绕储罐蔓延；（d）泄漏液体包围储罐，液面开始上升

B 液池面积

如果泄漏的液体已经达到人工边界，则液池面积即为人工边界围成的面积。如果泄漏的液体没有到达人工边界，可以假定液体以泄漏点为中心呈扁圆形沿光滑的地表向外扩散，这时液池半径 r 可按下述两种情况计算。

（1）瞬间泄漏（泄漏时间不超过 30s）时。

$$r=\left(\frac{t}{\beta}\right)^{\frac{1}{2}}$$

$$\beta = \left(\frac{\pi\rho}{8gm}\right)^{\frac{1}{2}}$$

式中 r——液池半径，m；

t——泄漏时间，s；

ρ——液体密度，g/m^3；

g——重力加速度，m/s^2；

m——泄漏质量，kg。

（2）连续泄漏（泄漏持续 10min 以上）时。

$$r = \left(\frac{t}{\beta}\right)^{\frac{3}{4}}$$

$$\beta = \left(\frac{\pi\rho}{32gm}\right)^{\frac{1}{3}}$$

其他形状液池应化为等面积圆，其直径为：

$$D = \left(\frac{4S}{\pi}\right)^{\frac{1}{2}}$$

式中 S——其他形状液池面积。

5.3.1.2 液体的蒸发

（1）吸收地面热蒸发。液体泄漏后，在地面上边蔓延边蒸发。低温液体或闪蒸后剩余的液体，主要吸收地面热量进行蒸发，蒸发速率：

$$m = \frac{\lambda_s(T_a - T_b)}{H_v\ (\pi a_s t)^{\frac{1}{2}}}$$

式中 m——蒸发速率，$kg/(m^2 \cdot s)$；

λ_s——表面热导率，$W/(m \cdot K)$；

a_s——热扩散率，m^2/s；

T_a——环境温度，K；

T_b——液体沸点，K；

t——蒸发时间，s。

表 5-5 给出了不同表面的热导率及热扩散率。

表 5-5 不同表面的热导率及热扩散率

表 面	热导率/$W \cdot (m \cdot K)^{-1}$	热扩散率/$m^2 \cdot s^{-1}$
混凝土	1.1	1.29×10^{-7}
土地（8%水）	0.9	4.3×10^{-7}
干砂	0.3	2.3×10^{-7}
湿砂土地	0.6	3.3×10^{-7}
砂砾地	2.5	11.0×10^{-7}

（2）风引起质量转移。根据扩散通量正比于液池表面饱和蒸气浓度与其在大气中的本底浓度之差，忽略本底浓度并结合理想气体状态方程，可以得到液体蒸发速度公式：

$$m = \frac{kp_s M}{RT_a}$$

式中 m——蒸发速度，kg/(m^2 · s)；
k——扩散传质系数，m/s；
p_s——液体饱和蒸气压，Pa；
M——摩尔质量，kg/mol。

传质系数也可简单计算：

$$K = 0.002u$$

式中 u——1m 高处风速，m/s。

（3）考虑了大气稳定度的蒸发计算公式。

$$m = a\left(\frac{p_s M}{R\,T_a}\right) u^{\frac{2-n}{2+n}}\ r^{\frac{4+n}{2+n}}$$

式中，n 和 a 的取值见表 5-6。

表 5-6 n、a 取值表

稳定条件	n	a
不稳定	0.2	3.846×10^{-3}
中性	0.25	4.685×10^{-3}
稳定	0.3	5.285×10^{-3}

（4）美国环保署使用的蒸发计算公式。

$$m = \frac{10.40u^{0.78}M^{0.667}p}{RT}$$

式中 p——液体在池温度下的蒸气压，kP$_a$；
T——池中液体温度，K；
R——气体常数，82.05atm · cm^3/(mol · K)。

5.3.2 喷射扩散

气体泄漏时从裂口射出形成气体射流。在一般情况下，泄漏的气体的压力高于周围环境大气压力，温度低于环境温度。在进行射流计算时，应该以等效裂口直径来计算。等效裂口直径与实际裂口直径的关系为：

$$D_{eq} = D\sqrt{\frac{\rho_0}{\rho}}$$

式中 D_{eq}——等效裂口直径，m；

D——计算泄漏流量用裂口直径，m；

ρ_0——气体刚流出时对环境空气的相对密度；

ρ——气体在环境条件下对环境空气的相对密度。

如果气体泄漏瞬间便达到周围环境的温度、压力，即 $\rho_0=\rho$，则等效裂口直径等于裂口直径，$D=D_{eq}$。喷射轴线上距喷射孔 x 处的浓度 $C(x)$ 为：

$$C(x)=\frac{\dfrac{b_1+b_2}{b_1}}{0.32\dfrac{x}{D_{eq}}\dfrac{\rho}{\rho_0^{1/2}}+1-\rho} \tag{5-6}$$

式中，b_1、b_2为分布函数。

$$b_1=50.5+48.2\rho-9.95\rho^2$$
$$b_2=23.0+41.0\rho$$

如果把式（5-6）写成 x 是 $C(x)$ 的函数形式，则给定某浓度值 $C(x)$，可以计算出具有该浓度的点到孔口的距离 x。垂直于喷射轴的水平面上的浓度分布由式（5-7）给出：

$$\frac{C_{x,\ y}}{C}=\mathrm{e}^{-b_2\left(\frac{y}{x}\right)^2} \tag{5-7}$$

随着与孔口距离的增加，射流轴线上的一点的气体运动速度降低，直到等于周围的风速时为止，此后的气体运动就不再符合射流规律了。在后果分析时需要计算出射流轴线上速度等于周围风速的临界点以及该点处的气体浓度（临界浓度）。射流轴线上沿轴的喷射速度分布由式（5-8）计算：

$$\frac{u_x}{u_0}=\frac{\rho_0}{\rho}\frac{b_1}{4}\left(0.32\frac{x}{D_{eq}}\frac{\rho}{\rho_0}+1-\rho\right)\left(\frac{D_{eq}}{x}\right)^2 \tag{5-8}$$

式中 u_x——喷射轴上距喷射孔 x 处的喷射速度，m/s；

u_0——喷射初速度，m/s，等于气体泄漏时流经裂口时的速度，可按式（5-9）计算：

$$u_0=\frac{Q}{C_d\rho_0\pi\left(\dfrac{D}{2}\right)^2} \tag{5-9}$$

当临界点处的临界体积分数小于允许速度时，只需要按射流扩散分析泄漏扩散；当临界点处临界体积分数大于允许体积分数时，还需要进一步研究泄漏气体此后在大气中扩散的情况。

5.3.3 绝热膨胀

闪蒸的液体或压缩气体瞬时释放后，假定泄漏物与周围环境之间没有热交换，属于绝热扩散过程。泄漏的气体（或蒸气）呈半球形向外扩散，假定气云是呈包含两个区间的半球状，内层“核”具有均匀的浓度，包含 50%的泄漏质量，外层浓度呈高斯分布，具有另外50%的泄漏量。

这种双层云团扩散假定分两步：

第一步，气体或气溶胶膨胀到压力降至大气压，在膨胀过程中气团获得动能，称为膨胀能。

第二步，在膨胀能作用下气团进一步扩张，推动空气紊流混合进入气团。

假设第二阶段持续到核的扩张速度降到某给定值时结束。第一步膨胀到大气压，膨胀能 E 是始态能量和末态能量的差，减去对大气所做的功：

$$E = c_V(T_1 - T_2) - p_a(V_2 - V_1)$$

式中 p_a——大气压力，Pa；

V_2——气体或气溶胶膨胀到压力降至大气压时的体积，m^3；

V_1——气体或气溶胶膨胀前体积，m^3；

T_1——始态温度，K；

T_2——末态温度，K；

c_V——气体或气溶胶的等压热容，J/K。

第二步空气紊流混合，紊流扩散系数 K_d 按式（5-10）计算：

$$K_d = 0.0137\, V_{g0}^{1/3}\, E^{1/2} \left(\frac{V_{g0}^{1/3}}{tE^{1/2}}\right)^{1/4} \tag{5-10}$$

式中 V_{g0}——标准状态下气体的体积。

内核半径和内核浓度随时间的变化可按式（5-11）和式（5-12）计算：

$$r_c = 1.36\,(4K_d t)^{1/2} \tag{5-11}$$

$$c_c = \frac{0.0478V_{g0}}{(4K_d t)^{3/2}} \tag{5-12}$$

当内核扩张速度（dr_c/dt）降至给定值时第二阶段结束。临界速度的选择是任意的，通常的推荐值是1m/s。

选定此速度再结合扩散能以及内核半径、内核浓度与时间的关系，可以得到第二阶段结束时的内核半径和浓度：

$$r_{ce} = 0.08837E^{0.3}V_{g0}^{1/3}$$

$$c_{ce} = 172.95E^{-0.9}$$

扩散第二阶段结束时，半球形气团的半径按式（5-13）计算：

$$r_{pe} = 1.456r_{ce} \tag{5-13}$$

计算气团密度时，需先计算气团中空气质量。根据气团半径 r_{pe} 可知气团体积 V_c，根据式（5-14）求气团中空气质量 m_a：

$$V_c = \frac{m_a}{\rho_a} + \frac{m}{\rho_g} \tag{5-14}$$

式中　ρ_a——空气的密度，kg/m^3；

ρ_g——云团的密度，kg/m^3；

m_a——气团中空气质量，kg。

则气团密度 ρ_c 为：

$$\rho_c = \frac{m_a + m}{V_c}$$

5.4　气云在大气中的扩散

液体、气体泄漏后在泄漏源附近扩散，在泄漏源上方形成气云，气云将在大气中进一步扩散，影响广大区域。因此，气云在大气中的扩散是重大事故后果分析的重要内容。

气云在大气中的扩散情况与气云自身性质有关。根据气云密度与空气密度的大小关系，气云可分为重气云、中性气云和轻气云三类。如果气云密度显著大于空气密度，气云将受到方向向下的重力作用，这样的气云称为重气云。如果气云密度显著小于空气密度，气云将受到方向向上的浮力作用，这样的气云称为轻气云。如果气云密度与空气密度相当，气云将不受明显的浮力作用，这样的气云称为中性气云。轻气云和中性气云统称为非重气云。

当气云密度小于空气密度时，气云将向上扩散而不会影响下面的居民；当气云密度大于空气密度时，气云将沿着地面扩散，给附近人员带来严重的危害。如果泄漏物质易燃、易爆，则局部空间的体积分数很容易达到燃烧、爆炸范围之内，且维持时间较长，增大了发生燃烧、爆炸的可能性。

根据物质泄漏后形成的气云的物理性质的不同，描述气云扩散的模型可分为重气扩散模型和非重气扩散模型两种。

5.4.1　重气扩散

危险物质泄漏后会由于以下三个方面的原因而形成比空气重的气体：

（1）泄漏物质的摩尔质量比空气大，如氯气等物质。

（2）由于储存条件或者泄漏的温度比较低，泄漏后的物质迅速闪蒸，而来不及闪蒸的液体泄漏后形成液池，其中一部分液态介质以液滴的方式雾化在蒸气介质中，达到气液平衡。因此泄漏的物质在泄放初期，形成夹带液滴的混合蒸气云团，使蒸气密度高于空气密度，如液化石油气等。

（3）泄漏物质与空气中的水蒸气发生化学反应导致生成物质的密度比空气大。

判断泄漏后的气体是否为重气，可以用 R_i 来判断，它表示质点的湍流作用导致的重力加速度的变化值与高度为 h 的云团由于周围空气对其剪切作用而产生的加速度的比值，其表达式为：

$$R_i = (\rho - \rho_a)gh/(\rho_a^2 \cdot v)$$

式中 ρ , ρ_a ——云团和空气的密度，kg/m^3；

g——重力加速度，m/s^2；

v——空气对云团的剪切力产生的摩擦速度，m/s。

通常定义一个临界 R_{i0}，当 R_i 超过 R_{i0} 时，即认为该扩散物质为重气。R_{i0} 的选取具有很大的不确定性，其值一般取 10。

5.4.1.1 重气扩散模型研究

（1）经验模型。经验模型即 BM 模型，它是根据一系列重气扩散的实验数据绘制成的图表。Hanna 等人对其进行了无因次处理并拟合成解析公式，发现能与 Britter 和 McQuaid 绘制的试验曲线吻合得较好。该模型具有简单、易用的特点。

（2）一维模型。该类模型主要包括用于重气瞬时泄漏的箱模型和连续泄漏的板块模型，重气形成后会由于重力的作用在近地面扩散，一维模型认为其扩散过程包括如下几个阶段：

1）重力沉降阶段。由于重气的密度比周围空气的密度大，因此重气泄漏后，云团的顶部会由于重力的作用而下陷，从而导致云团径向尺寸增大，高度减小。

2）重气扩散向非重气扩散转换阶段。在此阶段，云团会发生空气卷吸，空气卷吸的过程就是云团稀释冲淡的过程。空气卷吸分为顶部空气卷吸和侧面空气卷吸，总的空气卷吸质量等于两者之和。试验以及模型的预测结果表明：与顶端空气卷吸质量比较，侧面空气卷吸的质量可以忽略。在此阶段除了由于卷吸空气的进入而导致云团的体积、质量发生变化外，云团还会与周围环境发生热量交换从而导致云团温度的变化。

3）被动扩散阶段。此阶段由于云团的密度接近或者小于空气，受浮力的影响，云团向高处扩散。判断的准则为前述的 R_i 准则。此后其扩散模拟采用高斯模型进行计算。

（3）三维流体力学模型。该类模型是基于计算流体力学（CFD）的数值方法，以纳维方程为理论依据，结合一些初始和边界条件，加上数值计算理论和方法，从而预报真实过程各种场的分布。该方法在原理上具有可以模拟任何复杂情况下的重气扩散过程的能力，克服了一维模型中辨识和模拟重气的下沉、空气的卷吸等各种物理效应时所遇到的许多问题。目前 CFD 的数值方法主要是对重气扩散的湍流模拟。重气扩散过程发生在大气边界层内，尤其是靠近地面的底层，即近地层，而大气边界层研究的主要是湍流输送的问题。比较成熟的湍流模拟模型有 k-ε 模型，国内外不同的学者对该模型均做过不同的修正。

（4）浅层模型。由于一维模型基于很多理想化的假设导致结果不能够很好地反映重气扩散的动态过程，而三维模型计算又过于复杂，因此产生了浅层模型。该类模型克服了一维模型的缺点，同时保留了三维模型能够准确模拟扩散过程中各种场变化的优点。典型的浅层模型为 SLAB、TWODEE 模型，它们能够模拟连续泄漏以及瞬时泄漏的重气扩散过程。

5.4.1.2 重气扩散影响因素

影响重气扩散的因素很多，根据泄漏的实际情况以及国内外的研究现状，归纳如下：

（1）初始释放状态。初始释放状态包括泄漏物质的存储相态、存储的压力与温度、存储容器的填充程度、泄漏源在存储容器上的位置、泄漏的面积、泄漏形式（瞬时泄漏或连续泄漏）、泄漏物质的密度等，这些因素均会影响重气在大气中的扩散。例如，泄漏物质是加压液化储存还是常态储存直接决定了泄漏物质在扩散过程中与外界环境的热量交换；泄漏形式是瞬时泄漏还是连续泄漏导致所使用的重气扩散的模型不同；泄漏物质的密度直接影响泄漏物质是否为重气的判断，同时影响由重气转变为非重气的时间。

（2）环境风速与风向。风速对重气扩散的影响是复杂的。不同高度的风速是不断变化的，风速的增大会加剧重气和空气之间的传热和传质，使得重气的扩散加剧。风速对扩散气云的迎风面和背风面的影响也不一样。风速越大，风对重气云团的平流输送作用加剧，同时紊流扩散作用增大，导致重气云团的体积分数下降，下风向处气体体积分数降低，重气与周围空气的热量交换加剧。实验结果表明：风速较大时，下风向各处气体体积分数较小；风速较小时，下风向各处气体体积分数较大。对于倾斜表面的重气扩散，风向平行于斜面与风向平行于水平地面时的扩散情况也是不一样的。

（3）地表粗糙度。重气在扩散过程中，若遇到障碍物，风场结构会发生变化，使重气扩散情况复杂，特别是当泄漏源在障碍物的背风面时，低压会发生回流，导致重气在泄漏源附近的体积分数高，不利于其扩散。研究表明，不同类型的障碍物导致地表粗糙度不同，对重气扩散的影响也不同。

（4）空气湿度。空气湿度对扩散的影响主要表现在两个方面：

1）空气湿度影响空气的密度，进而影响扩散气云转变为重气的时间。

2）空气湿度影响气云与外界环境之间的热量交换。

（5）大气温度与稳定度。重气扩散过程中会卷吸大量的空气，因此存在其与空气之间的热量交换。空气的温度直接影响重气云团的温度以及其转变为非重气的时间。大气稳定度与气温的垂直分布有关，不同温度层的重气云团的状态不同。一般来说，对于近地源，不稳定条件是有利的，可以加速重气的扩散；而对于高架源，不稳定条件是不利的，因为重气容易扩散到地面附近积聚。

（6）地面坡度。当重气在有坡度的斜面上扩散时，其情况比平坦地形上的重气扩散要复杂得多。实验结果表明：坡度对重气扩散具有重要的影响，不同的坡度对扩散的影响不同。对于瞬时扩散，坡度越大，云团到达同一地点的时间越短，云团在斜面上的停留时间越短。同时气云在斜坡上顺风和逆风扩散的状态也是不同的。关于斜坡上重气扩散的风向问题目前国内外没有研究，多数情况只是假设重气在斜坡上顺风扩散。

（7）太阳辐射。重气在扩散过程中与卷吸的空气地面发生热量交换的同时，太阳的热辐射也对其产生影响。太阳热辐射影响泄漏物质的蒸发量进而影响重气扩散时的体积分数。太阳辐射强，蒸发量多，重气体积分数高，扩散所需要的时间长。

5.4.2 非重气扩散

非重气云的空中扩散过程可用高斯（GAUSS）模型描述。泄漏气体或气体与空气混合后的密度接近空气密度时，重力下沉与浮力上升作用可以忽略，扩散主要是由空气的湍流决定。在假设均匀湍流场的条件下，有害物质在扩散截面的浓度分布呈高斯分布，所以称为高斯扩散。

高斯模型包括高斯烟羽模型和高斯烟团模型。烟羽模型适用于连续点源的泄漏扩散，烟团模型适用于瞬时点源的泄漏扩散。

高斯扩散模型建立较早，模型简单，实验数据充分，应用非常广泛。在重气泄漏场合，可以先使用重气模型，当湍流扩散起主要作用时，再改用高斯扩散模型。

5.4.2.1 扩散方程和基本条件

A 扩散基本方程

在均匀流场中，根据菲克定律和质量守恒，可以建立有害气体的三维扩散基本方程：

$$\frac{\partial C}{\partial t}=E_{t,x}\frac{\partial^2 C}{\partial x^2}+E_{t,y}\frac{\partial^2 C}{\partial y^2}+E_{t,z}\frac{\partial^2 C}{\partial z^2}-u_x\frac{\partial C}{\partial x}-u_y\frac{\partial C}{\partial y}-u_z\frac{\partial C}{\partial z}-KC$$

式中 C——有害物质质量浓度，kg/m³；

t——扩散时间，s；

$E_{t,x}$，$E_{t,y}$，$E_{t,z}$——x，y，z 方向上的湍流扩散系数，常数；

u_x，u_y，u_z——x，y，z 方向上的平均风速，m/s；

K——衰减系数，常数。

B 瞬时泄漏扩散方程

$$\frac{\partial C}{\partial t}+u_x\frac{\partial C}{\partial x}=E_{t,x}\frac{\partial^2 C}{\partial x^2}+E_{t,y}\frac{\partial^2 C}{\partial y^2}+E_{t,z}\frac{\partial^2 C}{\partial z^2}$$

在大气场中，只考虑 x 方向风速，风向与 x 轴一致，即 $u_x=0$，$u_y=0$；忽略地面吸收等造成的有害物质衰减，即 $K=0$。

有风时：

$$\frac{\partial C}{\partial t}=E_{t,x}\frac{\partial^2 C}{\partial x^2}+E_{t,y}\frac{\partial^2 C}{\partial y^2}+E_{t,z}\frac{\partial^2 C}{\partial z^2} \tag{5-15}$$

无风时：

$$u_x\frac{\partial C}{\partial x}=E_{t,y}\frac{\partial^2 C}{\partial y^2}+E_{t,z}\frac{\partial^2 C}{\partial z^2} \tag{5-16}$$

式（5-15）说明有风条件下稳态时某位置的质量浓度不随时间变化；在风向上的湍流扩散可以忽略。

5.4.2.2 无边界点源模型

A 瞬时点源扩散

无风条件下的瞬时点源扩散模型为：

$$\frac{\partial C}{\partial t}=E_{t,x}\frac{\partial^2 C}{\partial x^2}+E_{t,y}\frac{\partial^2 C}{\partial y^2}+E_{t,z}\frac{\partial^2 C}{\partial z^2}$$

先考虑沿 x 方向的一维扩散：

$$\frac{\partial C}{\partial t}=E_{t,x}\frac{\partial^2 C}{\partial x^2}$$

初始条件：$t=0$ 时，$x=0$ 处，$C\to\infty$；$x\neq0$ 处，$C\to0$。

边界条件为：$t\to\infty$ 时，$C\to0$，$-\infty<x<+\infty$。

解得：

$$C(x,t)=\frac{1}{2(\pi E_{t,x}t)^{1/2}}\exp\left(-\frac{x^2}{4E_{t,x}t}\right)$$

源强为 Q 时的浓度分布为：

$$C(x,t)=\frac{Q}{2(\pi E_{t,x}t)^{1/2}}\exp\left(-\frac{x^2}{4E_{t,x}t}\right)$$

三维时：

$$C(x,y,z,t)=\frac{Q}{8(\pi^3E_{t,x}E_{t,y}E_{t,z}t^3)^{1/2}}\exp\left[-\frac{1}{4t}\left(\frac{x^2}{E_{t,x}}+\frac{y^2}{E_{t,y}}+\frac{z^2}{E_{t,z}}\right)\right]$$

令 $\sigma_x^2=2E_{t,x}t$，则

$$C(x,y,z,t)=\frac{Q}{(2\pi)^{3/2}\sigma_x\sigma_y\sigma_z}\exp\left[-\left(\frac{x^2}{2\sigma_x^2}+\frac{y^2}{2\sigma_y^2}+\frac{z^2}{2\sigma_z^2}\right)\right]$$

式中 σ_x，σ_y，σ_z——下风向、横风向和竖直风向的扩散系数，m。

有风时，气云中心按风速运动，坐标变换即得：

$$C(x,y,z,t)=\frac{Q}{(2\pi)^{\frac{3}{2}}\sigma_x\sigma_y\sigma_z}\exp\left[-\left(\frac{(x-\bar{u}_xt)^2}{2\sigma_x^2}+\frac{y^2}{2\sigma_y^2}+\frac{z^2}{2\sigma_z^2}\right)\right]$$

式中 $\bar{u}_x$——环境平均风速，m/s。

B 连续点源

有风条件下连续点源扩散的浓度分布为：

$$C(x,y,z)=\frac{Q}{4\pi x(E_{t,y}E_{t,z})^{1/2}}\exp\left[-\frac{\bar{u}_x}{4x}\left(\frac{y^2}{E_{t,y}}+\frac{z^2}{E_{t,z}}\right)\right]$$

令

$$\sigma_x^2=2E_{t,x}t=\frac{2E_{t,x}x}{\bar{u}_x}$$

$$\sigma_y^2=2E_{t,y}t=\frac{2E_{t,y}x}{\bar{u}_x}$$

$$\sigma_z^2=2E_{t,z}t=\frac{2E_{t,z}x}{\bar{u}_x}$$

则

$$C(x,y,z)=\frac{Q}{2\pi\bar{u}_x\sigma_y\sigma_z}\exp\left[-\left(\frac{y^2}{2\sigma_y^2}+\frac{z^2}{2\sigma_z^2}\right)\right]$$

5.4.2.3 有界点源扩散

一般把地面视为镜子一样可以完全反射有害物质，如图 5-9 所示。有害物质的实际浓度为由真实源计算的浓度和由与真实源对称的虚源计算的浓度之和。

A 高架连续点源

设泄漏源有效高度为 H，取其在地面投影为坐标原点，x 轴指向风向，如图 5-10 所示。考虑地面反射作用，可得高架连续点源泄漏的浓度分布：

$$C(x,y,z;H)=\frac{Q}{2\pi\bar{\mu}\sigma_y\sigma_z}\left\{\exp\left[-\frac{(z-H)^2}{2\sigma_z^2}\right]+\exp\left[-\frac{(z+H)^2}{2\sigma_z^2}\right]\right\}$$

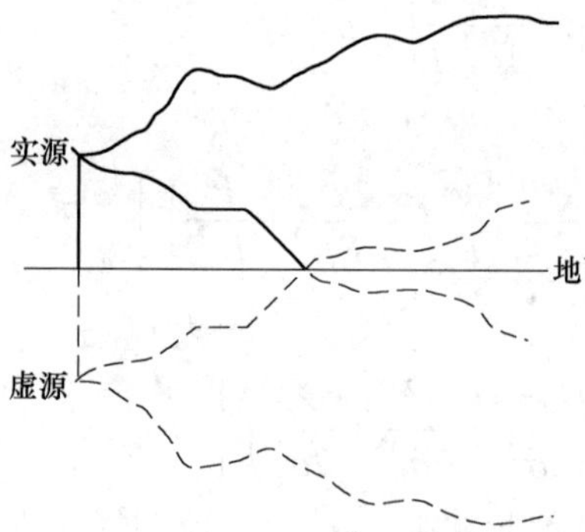

图 5-9　有界点源反射图

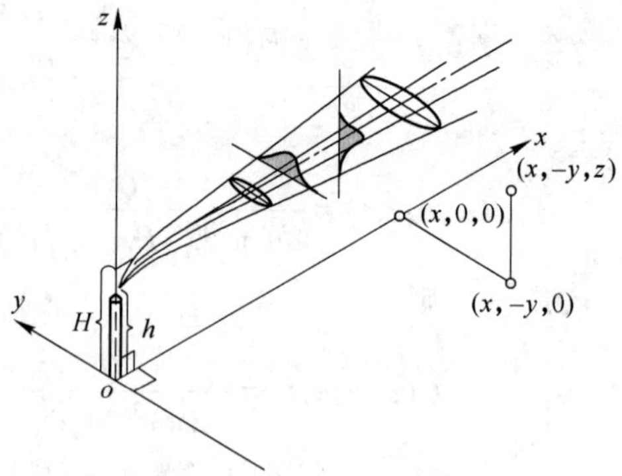

图 5-10　坐标示意图

高架连续源地面浓度，即当 $z=0$ 时：

$$C(x,y,0;H)=\frac{Q}{\pi\bar{\mu}\sigma_y\sigma_z}\exp\left(-\frac{y^2}{2\sigma_y^2}\right)\exp\left(-\frac{H^2}{2\sigma_z^2}\right)$$

高架连续点源地面轴向浓度，即当 $y=0$、$z=0$ 时：

$$C(x,0,0;H)=\frac{Q}{\pi\bar{\mu}\sigma_y\sigma_z}\exp\left(-\frac{H^2}{2\sigma_z^2}\right)$$

高架连续点源的地面最大浓度：

$$C_{\max}=\frac{2Q}{\pi e\bar{\mu}H^2}\cdot\frac{\sigma_z}{\sigma_y}$$

即当 $y=0$、$z=0$ 时，假设 $\sigma_y=\sigma_z=$ 常数，求导并令其等于 0，可得：

$$\sigma_{z|x=x_{\max}}=\frac{H}{\sqrt{2}}$$

地面连续点源扩散模式，即当 $H=0$ 时：

$$C(x,y,z;0)=\frac{Q}{\pi\bar{\mu}\sigma_y\sigma_z}\left\{\exp\left[-\frac{(z-H)^2}{2\sigma_z^2}\right]+\exp\left(-\frac{z^2}{2\sigma_z^2}\right)\right\}$$

地面连续点源轴线的浓度，即当 $y=0$、$z=0$、$H=0$ 时：

$$C(x,0,0;0)=\frac{Q}{\pi\bar{\mu}\sigma_y\sigma_z}$$

B　高架瞬时点源

设释放源有效高度为 H，取释放源在地面投影为坐标原点，进行坐标变换并考虑地面的反射作用，则可将无边界瞬时点源扩散模型转换为高架瞬时点源模型。

无风时：

$$C(x,y,z,t)=\frac{Q}{(2\pi)^{\frac{3}{2}}\sigma_x\sigma_y\sigma_z}\exp\left(-\frac{x^2}{2\sigma_x^2}-\frac{y^2}{2\sigma_y^2}\right)\left[-\exp\frac{(z-H)^2}{2\sigma_z^2}-\exp\frac{(z-H)^2}{2\sigma_z^2}\right]$$

有风时：

$$C(x,y,z,t)=\frac{2Q}{(2\pi)^{\frac{3}{2}}\sigma_x\sigma_y\sigma_z}\exp\left[-\left(\frac{(x-\bar{\mu}_x t)^2}{2\sigma_x^2}+\frac{y^2}{2\sigma_y^2}+\frac{z^2}{2\sigma_z^2}\right)\right]$$

地面源，$H=0$：

$$C(x,y,z,t)=\frac{2Q}{(2\pi)^{\frac{3}{2}}\sigma_x\sigma_y\sigma_z}\exp\left[-\left(\frac{x^2}{2\sigma_x^2}+\frac{y^2}{2\sigma_y^2}+\frac{z^2}{2\sigma_z^2}\right)\right]$$

5.4.2.4　大气稳定度与扩散参数

A　大气稳定度分级

（1）帕斯奎尔（Pasquil）分级法。帕斯奎尔根据观测的风速、云量、云状和日照等天气资料，将大气的扩散能力分为六个稳定度级别，见表 5-7。吉福德（Gifford）在此基础上建立了扩散系数与下风向距离的函数关系，并绘成 *P-G* 曲线图。根据大气稳定度级别查图即可知道扩散参数。

表 5-7　大气稳定度级别划分表

地面风速 /m·s^{-1}	白天太阳辐射			阴天的白天或夜间	有云的夜间	
	强	中	弱		薄云遮天或低云不小于 5/10	云量不大于 4/10
<2	A	A-B	B	D		
2~3	A-B	B	C	D	E	F
3~5	B	B-C	C	D	D	E
5~6	C	C-D	D	D	D	D
>6	C	0	D	D	D	D

注：1. A—极不稳定，B—不稳定，C—弱不稳定，D—中性，E—弱稳定，F—稳定。

2. A-B 按 A、B 数据内插。

3. 规定日落前 1h 至日出后 1h 为夜间。

4. 不论什么天气状况，夜晚前后各 1h 算中性。

5. 仲夏晴天中午为强日照，寒冬中午为弱日照（中纬度）。

6. 云量：目视估计云蔽天空的分数。观测时，将天空划分为 10 份，为之遮蔽的分数即为云量，无云则为 0。

这种稳定度级别的划分方法不很严格，对同一天气状况，不同的人可能选用不同的稳定度级别。因此，不少人提出了改进方法，如我国的 GB/T 3840—1991。

（2）P-T 法。P-T 法是特纳尔（Turner）提出的一套根据太阳高度角和云高、云量确定太阳辐射等级，再由辐射等级和 10m 高处风速确定稳定度级别的方法。

B　扩散参数的表示

扩散参数和下风向距离的关系以函数形式表示使用比较方便，幂函数形式是一种常用的表示方法，式中扩散参数系数见表 5-8。

$$\sigma_y=ax^b \qquad \sigma_x=cx^d$$

表 5-8　世界银行推荐的扩散参数系数表

稳定度	系　数			
	a	*b*	*c*	*d*
A	0.527	0.865	0.28	0.90
B	0.371	0.866	0.23	0.85
C	0.209	0.897	0.22	0.80
D	0.123	0.905	0.20	0.76

续表 5-8

稳定度	系　　数			
	a	*b*	*c*	*d*
E	0. 098	0. 902	0. 15	0. 73
F	0. 065	0. 902	0. 12	0. 67

5. 4. 2. 5　计算示例

用高斯连续地面点源模型计算丙烷泄漏扩散情况，泄漏质量流量为 1kg/s。

将扩散系数代入高斯连续地面点源模式，得到下风向任意点浓度的计算式，给定浓度可求相应坐标。图 5-11 是采用 Mathematica 绘制的等浓度图，图中三条曲线从内到外依次为爆炸下限（41g/m^3）、中度危害浓度（18g/m^3）和最高允许浓度（1g/m^3）。

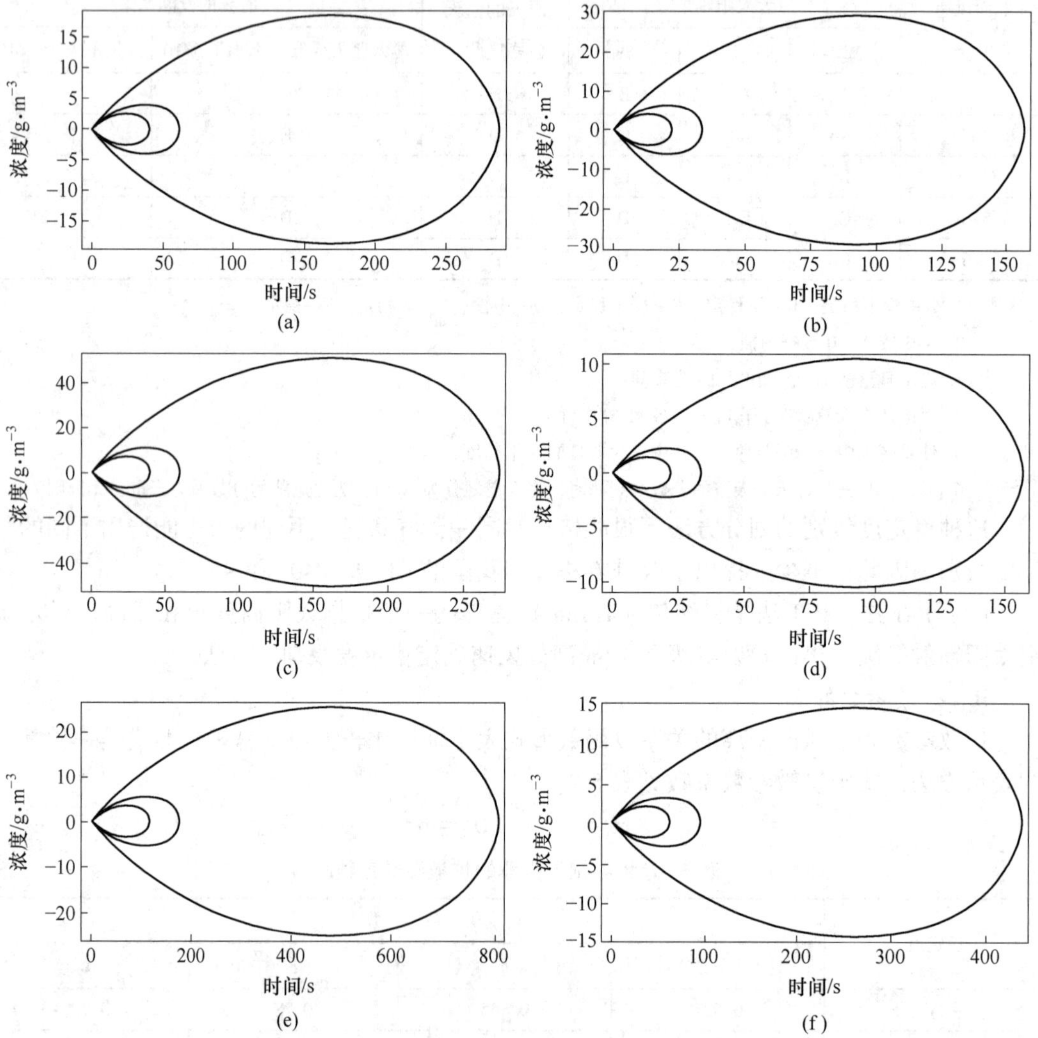

图 5-11　丙烷蒸气扩散等浓度图

（a）大气稳定度 A 级，风速 1m/s；（b）大气稳定度 A 级，风速 3m/s；
（c）大气稳定度 D 级，风速 1m/s；（d）大气稳定度 D 级，风速 3m/s；
（e）大气稳定度 F 级，风速 1m/s；（f）大气稳定度 F 级，风速 3m/s

5.5 火灾事故后果分析

易燃、易爆的液体、气体泄漏后遇到引燃源就会被点燃而燃烧。它们被点燃后的燃烧方式如下：

(1) 池火。液体泄漏后在地面或水面燃烧。

(2) 喷射火。气体从裂口喷出后立即燃烧，如同火焰喷射器。

(3) 火球，又称沸腾液体扩展蒸气云爆炸。压力容器内液化气体过热使容器爆炸，内容物泄漏并被点燃，产生强大的火球；泄漏的可燃气云或蒸气与空气混合后被点燃，发生预混燃烧。

(4) 突发火。泄漏的可燃气体在空气中扩散后发生的滞后燃烧，不产生冲击波。

火灾通过热辐射的方式影响周围环境。热辐射的后果一般用热辐射通量与热辐射强度来衡量。热辐射通量（简称热通量）是指单位时间、单位面积发射或接收的热量，通常以 q 表示。热辐射强度（简称热强度）是指热通量与热通量作用时间的乘积，通常以 I 表示。

当火灾产生的热辐射强度足够大时，可使周围的物体燃烧或变形。强烈的热辐射可能烧伤、烧死人员，造成财产损失。热辐射造成伤害或损坏的情况取决于热辐射强度，并有相应的损失等级，见表 5-9。

表 5-9 不同热辐射强度造成的伤害和损失

热辐射通量/$kW \cdot m^{-2}$	对设备的损坏	对人的伤害
37.5	操作设备全部损坏	1%死亡/10s
25	在无火焰、长期辐射时，木柴燃烧的最小能量	重大损伤/10s 100%死亡/1min
12.5	有火焰时，木柴燃烧、塑料熔化的最小能量	一度烧伤/10s 1%死亡/1min
4.0		20s 以上感觉疼痛
1.5		长期辐射无不舒服

5.5.1 热辐射破坏准则

常见的热辐射破坏准则可以归纳为热通量准则、热强度准则及热通量-热强度准则。

(1) 热通量准则。热通量准则以热通量作为衡量目标是否被破坏的参数。目标接收到的热通量不小于临界热通量，目标被破坏；否则，目标不被破坏。该准则适用范围为热通量作用的时间比目标达到热平衡所需要的时间长。

(2) 热强度准则。热强度准则以目标接收到的热强度作为目标是否被破坏的唯一参数。目标接收到的热强度不小于临界热强度时，目标被破坏；否则，目标不被破坏。该准则适用范围为作用于目标的热通量持续时间非常短，以至于目标接收到的热量来不及散失掉。

(3) 热通量-热强度准则。当热通量准则或热强度准则的适用条件均不具备时，应该使用热通量-热强度准则。热通量-热强度准则认为，目标能否被破坏不能由热通量或热强度一个参数决定，而必须由它们的组合来决定。

如果以热通量 q 和热强度 I 分别作为横坐标和纵坐标，那么，目标破坏的临界状态对应 q-I 平面有一条临界曲线，如图 5-12 所示。

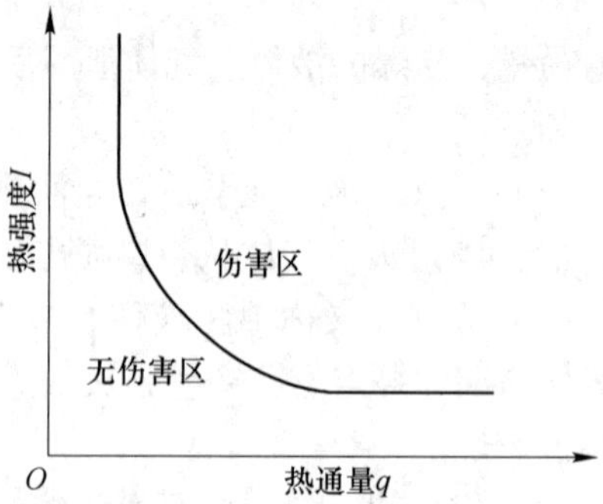

图 5-12 热通量-热强度曲线

5.5.2 池火

可燃性液体泄漏后流到地面形成液池，或流到水面并覆盖水面，遇到引火源燃烧而形成池火，如泄漏到地面上、堤坝内液体的燃烧，敞开的容器内液体的燃烧，水面上液体燃烧等。

池火模型一般按圆形液面计算，所以其他形状的液池应换算为等面积的圆池。

无边界阻挡的连续泄漏，随着液池面积扩大燃烧速度加快，当燃烧速度等于泄漏速度时，液池直径达到最大。

最大直径可按式（5-17）计算。

$$D = \sqrt[2]{\frac{Q}{\pi m_f}} \tag{5-17}$$

式中 D——液池直径，m；

Q——液体泄漏流量，kg/s；

m_f——液体单位面积燃烧速率，kg/(m^2·s)。

5.5.2.1 液体燃烧速率

不考虑液池大小对燃烧速率的影响时，常采用式（5-18）和式（5-19）计算液体单位面积燃烧速率。

当液池中可燃物沸点高于环境温度时：

$$m_f = \frac{cH_c}{c_p(T_b - T_a) + H_v} \tag{5-18}$$

当液体沸点低于环境温度时：

$$m_f = \frac{cH_c}{H_v} \tag{5-19}$$

式中 m_f——液体单位面积燃烧速率，kg/(m^2·s)；

c——常数，0.001kg/(m^2·s)；

H_c——液体燃烧热，J/kg；

H_v——液体在常压沸点下的汽化热，J/kg；

c_p——液体的比定压热容，J/(kg·K)；

T_b——液体的沸点，K；

T_a——环境温度，K。

5.5.2.2 池火高度

无风时：

$$H = 42D\left(\frac{m_f}{\rho_a\sqrt{gD}}\right)^{0.61} \tag{5-20}$$

有风时：

$$H' = 55D\left(\frac{m_f}{\rho_a\sqrt{gD}}\right)^{0.67}\left(\frac{u}{u_c}\right)^{-0.21} \tag{5-21}$$

式中 ρ_a——空气密度，kg/m^3；

g——重力加速度，$9.8m/s^2$；

u——10m 高处风速，m/s；

u_c——特征风速。

如果 $u < u_c$，则 u/u_c 取 1。式（5-20）和式（5-21）表明，液池直径越大，火焰越高；有风时虽然火焰高度有所减小，但是火焰向下风方向倾斜，加重了下风方向的热辐射危害，还可能危及附近高大设备。

如图 5-13 所示，火焰在风作用下向下风扩展，风向上直径为：

$$D' = 1.5D\left(\frac{u^2}{gD}\right)^{0.069}$$

风向上直径 D' 与原液池直径 D 之差称为后拖量。

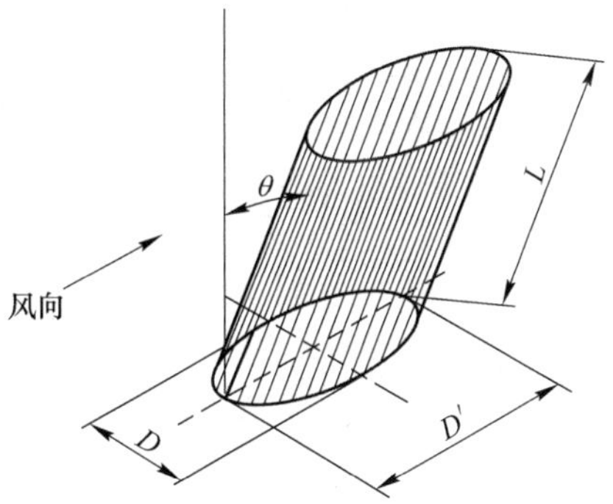

图 5-13 火焰在风作用下扩展

火焰倾斜角可以按式（5-22）计算：

$$\frac{\tan\theta}{\cos\theta} = 0.666\left(\frac{u}{gD}\right)^{0.333}\left(\frac{uD}{\nu}\right)^{0.117} \tag{5-22}$$

式中 ν——空气运动黏度，m^2/s；

θ——火焰倾角，(°)。

火焰倾角也可用以下简单关系式进行计算：

$$\cos\theta = \begin{cases} 1 & u/u_c < 1 \\ (u/u_c)^{-0.5} & u/u_c \geqslant 1 \end{cases}$$

5.5.2.3 热辐射通量

液池周围距池中心 x 处的热辐射通量为：

$$q = Ev_F\tau$$

式中 q——接受点热辐射通量，W/m^2；

E——池火表面热辐射通量，W/m^2；

v_F——几何视角因子；

τ——大气透射率。

（1）表面热辐射通量 E。假设燃料燃烧的能量从圆柱状池火焰的侧面和上面均匀向外辐射，则池火焰表面热辐射能量为：

$$E = \frac{0.25\pi D^2 f m_f H_c}{0.25\pi D^2 + \pi DL}$$

式中 f——热辐射系数，范围为 0.13 ~ 0.35，保守取值 0.35。

考虑黑烟以及一氧化碳、水蒸气等，火焰表面热辐射能量可按式（5-23）计算：

$$E = E_f e^{-0.12D} + E_s(1 - e^{-0.12D}) \tag{5-23}$$

式中 E_f——火焰可见部分最大发射能量，取 $140kW/m^2$；

E_s——火焰黑烟部分最大发射能量，取 $20kW/m^2$。

式（5-23）适用于含大量黑烟的碳氢化合物燃烧的情况。

（2）几何视角因子 v_F。v_F 指辐射接受面从辐射表面接收到的辐射量占总辐射量的比率。图 5-14 显示了 dA_1 与 dA_2 两个微面之间的辐射关系。

$$v_{FdA_1 \to dA_2} = \int_{A_1} \frac{\cos\beta_1 \cos\beta_2}{\pi r^2} dA_1$$

$$v_F = \frac{1}{\pi} \frac{a}{b} \frac{a^2 + b^2 + 1}{\sqrt{a^2 + (b+1)^2}\sqrt{a^2 + (b-1)^2}} \times \arctan\left[\frac{a^2 + (b+1)^2}{a^2 + (b-1)^2}\right]^{1/2}\left(\frac{b-1}{b+1}\right)^{1/2} + \frac{1}{b}\arctan\frac{a}{b^2 - 1} - \frac{a}{b}\arctan\left(\frac{b-1}{b+1}\right)^{1/2}$$

$$a = 2L/D, \ b = 2x/D$$

L、x、D 之间关系见图 5-15。

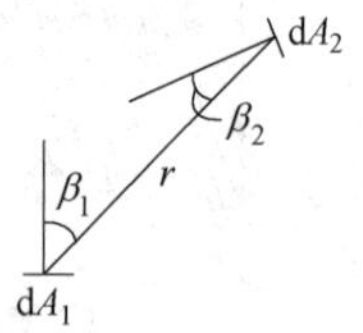

图 5-14 dA_1 与 dA_2 两个微面之间的辐射交换

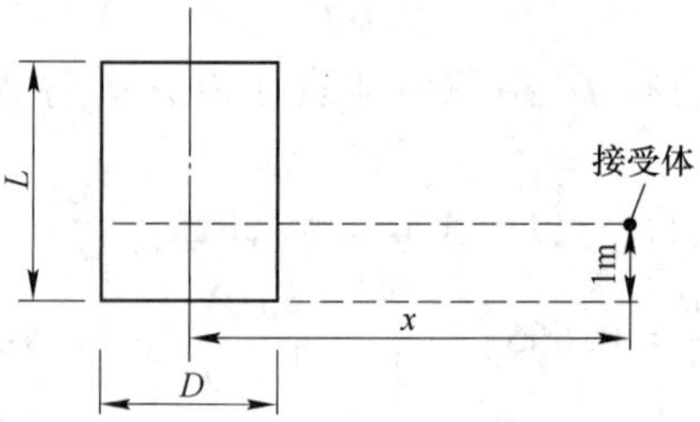

图 5-15 L、x、D 关系图

（3）大气透射率 τ。考虑水蒸气、二氧化碳等对热辐射的吸收，常用的一种计算方法是：

$$\tau = 1 - 0.058\ln x \tag{5-24}$$

另一种常用计算公式是

$$\tau = 1.11x^{-0.09} \tag{5-25}$$

式（5-24）和式（5-25）的计算结果非常接近。作为保守的估计，取 $\tau = 1$ 也可。

对于点源模型，即假设全部热量由池中心点发出，则热辐射通量为：

$$q = \frac{f m_f H_c \tau}{4\pi x^2} \tag{5-26}$$

使用式（5-26）时通常可假定大气透射率为 1。

5.5.3 喷射火

高压气体从裂口高速喷出后被点燃，就形成喷射火（见图 5-16）。喷射火的长度可以认为是喷口到燃烧浓度下限的长度。

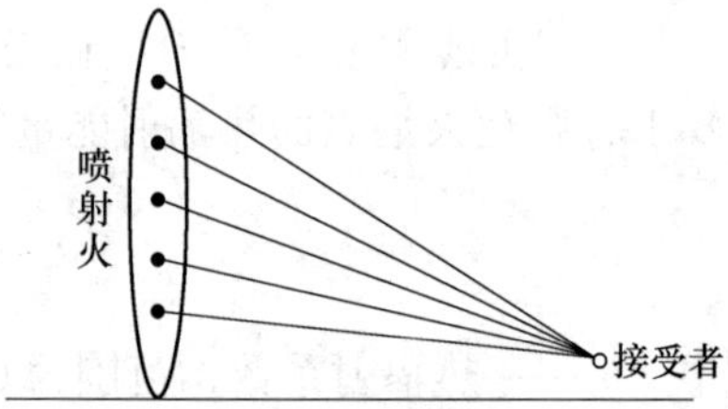

图 5-16 喷射火

喷射火的热量认为是从中心轴线上一系列相等的辐射源发出，每一点源的热通量为：

$$E = fQH_c/n$$

式中 f——燃烧效率因子，取 0.35；

n——假设的点源数；

Q——泄漏流量，kg/s。

则点源距离 x_i 处某点接收的热辐射通量为：

$$q_i = \frac{x_p E}{4\pi x_i^2}$$

式中 x_p——发射因子，取 0.2。

总热通量是各点辐射的和：

$$q = \sum_{i=1}^{n} q_i$$

注意：

(1) 辐射点源的数目可以任意选取，但对于后果分析来说，取 5 点即可。

(2) 该模型没有考虑风的影响，因为一般喷射速度比风速大得多。

(3) 在低压喷射时，风速的影响比较明显，在下风向接受热量会更多。

(4) 如果风使喷射火焰偏离了轴线，则该模型不适用。

5.5.4 火球

当压力容器在外界热量的作用下槽壁强度下降并突然破坏，储存的过热液体或液化气体突然释放并被点燃，形成巨大火球。火球也称为沸腾液体扩展蒸气爆炸。火球的危害主要是热辐射而不是爆炸冲击波，强烈的热辐射可能造成严重的人员伤亡和财产损失。

火球直径： $D = 5.8W^{1/3}$

火球持续时间： $t = 0.45W^{1/3}$

式中 W——火球中消耗的可燃物的质量，kg。

对于单罐储存，W 取罐容量的 50%；对于双罐储存，W 取罐容量的 70%；对于多罐储存，W 取罐容量的 90%。

火球在燃烧时一般会升离地面，其高度也有模型描述，保守的估计可以认为火球没有离开地面。其他常见模型见表 5-10。

表 5-10 常见火球模型

模型	$D = aW^b$		$t = cW^d$	
	a	b	c	d
Lihou 和 Maund	5.8	3.51	0.33	0.32
Roberts	6.48	0.33	0.45	0.33
Pietersen，TNO	5.88	0.325	0.825	0.33
Williamson 和 Mann	5.33	0.333	1.09	0.26
Moorhouse 和 Pritchard	5.28	0.327	1.09	0.167

续表 5-10

模 型	$D = aW^b$		$t = cW^d$	
	a	b	c	d
Hasegawa 和 Sato	6.28	0.277	1.1	0.327
Fay 和 Lews	6.36	0.33	2.53	0.097
Lihou 和 Maund	5.45	0.325	2.57	0.17
Raj P K	28	0.333	1.34	0.167

距火球在地面投影处 x 的热辐射通量为：

$$q = Ev_{\mathrm{F}}\tau$$

火球表面热辐射通量为：

$$E = \frac{fWH_{\mathrm{c}}}{\pi D^2 t}$$

上式实际是假定火球在持续时间内辐射热量恒定不变。

f 是燃烧辐射分数，是容器压力的函数：

$$f = f_1 p^{f_2}$$

式中 f_1，f_2——常数，$f_1 = 0.27$，$f_2 = 0.32$；

p——容器内压力，MPa。

在没有可靠数据时，f 可取 0.3。

视角因子 v_{F}（见图 5-17）考虑最简单、最保守的情况：

$$v_{\mathrm{F}} = \frac{D^2}{4l^2}$$

所以

$$q = \frac{fWH_{\mathrm{c}}t}{4\pi t(h^2 + x^2)} \tag{5-27}$$

忽略火球高度有：

$$q = \frac{fWH_{\mathrm{c}}t}{4\pi t x^2}$$

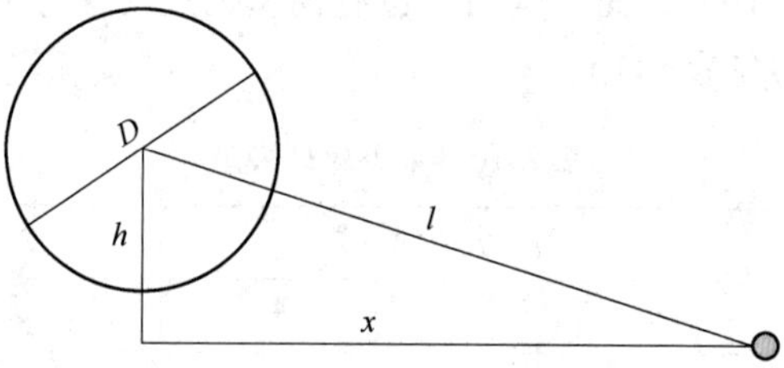

图 5-17 视角因子示意图

5.5.5 闪火

闪火是可燃蒸气云的非爆炸燃烧；燃烧速度虽然很快，但比爆炸慢得多；危害主要是热辐射而没有冲击波。

一般认为蒸气云浓度在气体爆炸上、下限之间的范围为闪火范围。

闪火的热辐射也可以采用适当的模型描述，但考虑到蒸气云本身的形状已经难以确定，而闪火持续时间又很短，因此一般后果分析可不考虑其热辐射效应，只考虑闪火范围内的伤害。有关闪火的后果分析研究还很不充分，一般可认为闪火范围内的室外人员将全部烧死，建筑物内将有部分人被烧死。在缺乏资料时，可以认为室内的死亡率为 0。

5.5.6 热辐射伤害概率模型

热辐射伤害也常用概率模型描述。概率（P_r）与伤害百分率（D）的关系为：

$$D = \int_{\infty}^{P_r-5} \exp\left(-\frac{u^2}{2}\right) du$$

具体应用时，可以参考表 5-11 进行换算。

表 5-11 概率与伤害百分率的换算

D/%	P_r									
	0	1	2	3	4	5	6	7	8	9
0		2.67	2.95	3.12	3.25	3.36	3.45	3.52	3.59	3.66
10	3.72	3.77	3.82	3.87	3.92	3.96	4.01	4.05	4.08	4.12
20	4.16	4.19	4.23	4.26	4.29	4.33	4.36	4.39	4.42	4.45
30	4.48	4.50	4.53	4.56	4.59	4.61	4.64	4.67	4.69	4.72
40	4.75	4.77	4.80	4.82	4.85	4.87	4.90	4.92	4.95	4.97
50	5.00	5.03	5.05	5.08	5.10	5.13	5.15	5.18	5.20	5.23
60	5.25	5.28	5.31	5.33	5.36	5.39	5.41	5.44	5.47	5.50
70	5.52	5.55	5.58	5.61	5.64	5.67	5.71	5.74	5.77	5.81
80	5.84	5.88	5.92	5.95	5.99	6.04	6.08	6.13	618	6.23
90	6.28	6.34	6.41	6.48	6.55	6.64	6.75	6.88	7.05	7.33
99		0.1	0.2	0.3	0.4	0.5	0.6	0.7	0.8	0.9
		7.37	7.41	7.46	7.51	7.58	7.65	7.75	7.88	8.09

表 5-11 中，第一行和第一列的数值为伤害百分率，伤害百分率=（百位数×10+个位数）×100%，比如伤害百分率为 22%时，可以把 22%看做 20%+2%，然后第一列中 20%所在的行与第一行中 2%所在的列交叉读数，即可得到伤害百分率为 22%时的概率值 P_r 为 4.23。反过来，$P_r=5$ 时，伤害百分率为 50%。

当伤害百分率>99%时，读数方法以伤害百分率 99.9%为例，可以把 99.9%看做 99%+0.9%，然后 99%所在的行与 0.9%所在的列交叉读数，即可得到伤害百分率为 99.9%时的概率值 P_r 为 8.09。

（1）皮肤裸露时的死亡概率：

$$P_r = -36.38 + 2.56\ln(tq^{\frac{4}{3}}) \tag{5-28}$$

（2）有衣服保护时（20%皮肤裸露）的死亡概率：

$$P_r = -37.23 + 2.56\ln(tq^{\frac{4}{3}}) \tag{5-29}$$

（3）有衣服保护时（20%皮肤裸露）的二度烧伤概率：

$$P_r = -43.14 + 3.0188\ln(tq^{\frac{4}{3}}) \quad (5\text{-}30)$$

（4）有衣服保护时（20%皮肤裸露）的一度烧伤概率：

$$P_r = -39.83 + 3.0188\ln(tq^{\frac{4}{3}}) \quad (5\text{-}31)$$

式中　t——裸露时间，s；

　　q——热辐射通量，W/m^2。

后果分析时取值：

（1）暴露时间。对于火球，采用火球持续时间；对于池火和喷射火，可取30s或40s。

（2）伤害百分率。通常都按50%伤害百分率计算。例如按50%死亡率划定死亡范围，该范围表明范围内、外死亡人数各占一半，也可以认为死亡范围内人员全部死亡，范围外无一人死亡。

5.6　爆炸后果分析

5.6.1　爆炸伤害准则

爆炸伤害准则有：

（1）超压准则。超压准则认为爆炸波对目标造成伤害是由爆炸波超压唯一决定的，只有当爆炸波超压大于某一临界值时，爆炸波才会对目标造成一定伤害。很明显，超压准则没有考虑正相持续时间。理论和实验都表明，爆炸破坏效应不仅与爆炸超压有关，而且也与超压持续时间有关，持续时间越长则破坏越大。尽管如此，由于爆炸波超压容易测量和估计，因此超压准则是衡量爆炸破坏效应最常用的准则。

（2）冲量准则。冲量准则是指爆炸波能否对目标造成伤害，完全取决于爆炸波冲量大小，如果冲量大于临界值，则目标被破坏。但是，有一点是明显的，对于一个很小的超压，作用时间再长也不会产生任何伤害。因此，仅考虑冲量也是不完全的。

（3）超压-冲量准则。超压-冲量准则综合考虑了超压和冲量两个方面，如果超压和冲量的共同作用满足某一临界条件，目标就被破坏。超压-冲量准则可以用下式表示：

$$(\Delta p - p_{cr})(I - I_{cr}) = C$$

式中　Δp——超压，MPa；

　　p_{cr}——临界超压，MPa；

　　I——冲量，Pa·s；

　　I_{cr}——临界冲量，Pa·s；

　　C——常数。

5.6.2　凝聚相爆炸伤害模型

冲击波波阵面上的超压与产生冲击波的能量有关，同时也与距离爆炸中心的远近有关。冲击波的超压与爆炸中心距离的关系为：

$$\Delta p \propto R^{-n}$$

式中 Δp——冲击波波面上的超压，MPa；

R——距爆炸中心的距离，m；

n——衰减系数。

衰减系数在空气中随着超压的大小而变化，在爆炸中心附近内为 2.5~3；当超压在 0.1~1MPa 时，$n=2$；当超压小于 0.1MPa 时，$n=1.5$。

实验数据表明，不同数量的同类炸药发生爆炸时，如果距离爆炸中心的距离 R 之比与炸药量 q 三次方根之比相等，则所产生的冲击波超压相同，用式（5-32）表示：

$$\frac{R}{R_0}=\left(\frac{q}{q_0}\right)^{\frac{1}{3}}=\alpha \tag{5-32}$$

则

$$\Delta p=\Delta p_0 \tag{5-33}$$

式中 R——目标与爆炸中心的距离，m；

R_0——目标与 1000kg TNT 爆炸中心的距离，m；

Δp——目标处的超压，MPa；

Δp_0——基准目标处的超压，MPa；

q——爆炸时产生冲击波所消耗的能量折合为能释放相同能量的 TNT 炸药的质量，kg；

q_0——基准爆炸能量折合为能释放相同能量的 TNT 炸药的质量，kg；

α——炸药爆炸试验的模拟比。

则式（5-33）也可写为：

$$\Delta p(R)=\Delta p_0(R/\alpha)$$

如 $q_0=1000$kg TNT 炸药爆炸时，超压为 0.018MPa 的距离 $R_0=60$m，则 $q=1$kg TNT 炸药爆炸时，超压 0.018MPa 的距离 $R=6$m。

将爆炸物换算为具有相等能量的 TNT（q），TNT 能量按 4500kJ/kg 计算。

求 R 处超压：利用 1000kg TNT 当量的爆炸冲击波超压坐标图（图 5-18）上的坐标曲线，由 $R_0=R/\alpha$ 查 R_0 相应的超压即得。

求给定的 R 值：查表 5-12 超压相应的 R_0，则 $R=R_0\alpha$。

破坏后果可从超压表 5-13 和表 5-14 中查得。

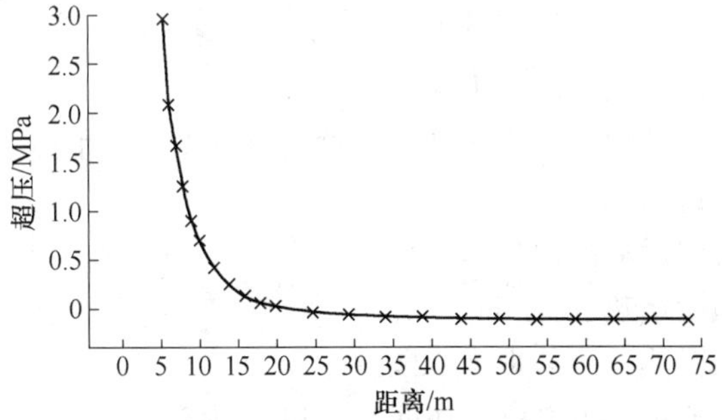

图 5-18 1000kg TNT 当量的爆炸冲击波超压坐标图

表 5-12 1000kg TNT 爆炸时的冲击波超压

R_0/m	5	6	7	8	9	10	12
Δp_0/MPa	2.94	2.06	1.67	1.27	0.95	0.76	0.50
R_0/m	14	16	18	20	25	30	35
Δp_0/MPa	0.33	0.235	0.17	0.126	0.079	0.057	0.043
R_0/m	40	45	50	55	60	65	70
Δp_0/MPa	0.033	0.027	0.0235	0.0205	0.018	0.016	0.0143

表 5-13 冲击波超压对人体的伤害作用

超压 Δp /MPa	伤害作用	伤害距离 R /m	超压 Δp /MPa	伤害作用	伤害距离 R /m
0.02~0.03	轻微作用	3.6~4.1	0.05~0.10	听觉器官损伤或骨折	2.4~3.1
0.03~0.05	内脏严重损伤	3.1~3.6	>0.1	大部分人员死亡	<2.4

表 5-14 冲击波超压对建筑物的破坏作用

超压 Δp /MPa	伤害作用	伤害距离 R /m	超压 Δp /MPa	伤害作用	伤害距离 R /m
0.005~0.006	门窗玻璃部分破碎	6.2~6.6	0.06~0.07	木建筑厂房房柱折断，房架松动	2.7~2.9
0.006~0.015	受压面的门窗玻璃大部分破碎	4.6~6.2	0.07~0.10	砖墙倒塌	2.4~2.7
0.015~0.02	窗框破坏	4.2~4.6	0.10~0.20	防震钢筋混凝土破坏，小房屋倒塌	1.9~2.4
0.02~0.03	墙裂缝	3.6~4.2	0.20~0.30	大型钢架结构破坏	1.7~1.9
0.04~0.05	墙大裂缝	3.1~3.3			

5.6.3 蒸气云爆炸伤害模型——TNT 当量法

将参与爆炸的可燃气体释放的能量折合为能释放相同能量的 TNT 炸药的量，这样，就可以利用有关 TNT 爆炸效应的实验数据预测蒸气云爆炸效应。

$$W_{TNT} = \frac{\alpha\beta W_f Q_f}{Q_{TNT}}$$

式中 W_{TNT}——蒸气云的 TNT 当量，kg；

α——蒸气云的效率因子，表明参与爆炸的可燃气体的分数，一般取 3%或 4%；

β——常数，地面爆炸时取 1.8；

W_f——蒸气云中燃料的总质量，kg；

Q_f——蒸气的燃烧热，MJ/kg；

Q_{TNT}——TNT 的爆热，一般取 4.52MJ/kg。

爆炸中心与给定超压间的距离可以按式（5-34）计算：

$$x = 0.3967 W_{TNT}^{\frac{1}{3}} \exp[3.5031 - 0.7241\ln\Delta p + 0.0398(\ln\Delta p)^2] \quad (5\text{-}34)$$

式中 x——距离，m；

Δp——超压，PSI。

爆炸性蒸气体积很大，显然不能用点源描述，因此，TNT 当量法产生误差是很自然的。

TNT 当量法的主要限制是：高估了近场处的超压，低估了远场的破坏效应。

5.6.4 爆炸伤害模型

爆炸伤害超压致死的概率模型为：

$$P_r = 2.47 - 1.37\ln\Delta p \tag{5-35}$$

式中 P_r——概率；

Δp——超压，Psi。

$P_r=5$ 时的死亡率为 50%，根据式（5-35）可求出相应的超压为 13.1Psi（90.4kPa）。

下面是常用的一个根据超压-冲量准则和概率模型得到的死亡半径公式：

$$R_{0.5} = 13.6\left(\frac{W_{TNT}}{1000}\right)^{0.37}$$

本模型认为该爆炸区域内的人员如缺少防护，则被认为将无例外地蒙受严重伤害或死亡，其内径为零，外径记作 $R_{0.5}$，表示外圆周处人员因冲击波作用导致肺出血而死亡的概率为 50%。

财产损失半径按下式计算：

$$R = \frac{4.6W_{TNT}^{\frac{1}{3}}}{\left[1+\left(\frac{3175}{W_{TNT}}\right)^2\right]^{1/6}}$$

5.6.5 物理爆炸后果分析

物理爆炸如压力容器破裂时，气体膨胀所释放的能量（即爆破能量）不仅与气体压力和容器的容积有关，而且与介质在容器内的物性相态有关。有的介质以气态存在，如空气、氧气、氢气等，有的介质以液态存在，如液氨、液氯等液化气体、高温饱和水等。容积与压力相同而相态不同的介质，在容器破裂时产生的爆破能量也不同，爆炸过程也不完全相同，其能量计算公式也不同。

5.6.5.1 压缩气体与水蒸气容器爆破能量

当压力容器中介质为压缩气体，即以气态形式存在而发生物理爆炸时，其释放的爆破能量为：

$$E_g = \frac{pV}{k-1}\left[1-\left(\frac{0.1013}{p}\right)^{\frac{k-1}{k}}\right]\times 10^3 \tag{5-36}$$

式中 E_g——气体爆破能量，kJ；

p——容器内气体的绝对压力，MPa；

V——容器容积，m^3；

k——气体的等熵指数，即气体的比定压热容与比定容热容的比值。

常用气体的等熵指数数值见表5-15。

表5-15　常用气体的等熵指数

气体名称	空气	氮	氧	氢	甲烷	乙烷	乙烯	丙烷	一氧化碳
k 值	1.4	1.4	1.397	1.412	1.316	1.18	1.22	1.13	1.395
气体名称	二氧化碳	一氧化氮	二氧化氮	氨气	氯气	过热蒸气	饱和蒸气	氢氰酸	
k 值	1.295	1.4	1.31	1.32	1.35	1.3	1.135	1.31	

从表5-15可看出，空气、氮、氧、氢、一氧化碳、一氧化氮等气体的等熵指数均为1.4或近似1.4，如用 $k=1.4$ 代入式（5-36）中，得到气体的爆破能量为：

$$E_g = 2.5pV\left[1 - \left(\frac{0.1013}{p}\right)^{0.2857}\right] \times 10^3$$

令 $C_g = 2.5p\left[1 - \left(\frac{0.1013}{p}\right)^{0.2857}\right] \times 10^3$，则可简化为：

$$E_g = C_g V$$

式中　C_g——常用压缩气体爆破能量系数，kJ/m^3。

压缩气体爆破能量系数 C_g 是压力 p 的函数，各种常用压力下的气体爆破能量系数见表5-16。

表5-16　常用压力下的气体容器爆破能量系数（$k=1.4$ 时）

压力 p/MPa	0.2	0.4	0.6	0.8	1.0	1.6	2.5
爆破能量系数 $C_g/kJ\cdot m^{-3}$	2×10^2	4.6×10^2	7.5×10^2	1.1×10^3	1.4×10^3	2.4×10^3	3.9×10^3
压力 p/MPa	4.0	5.0	6.4	15.0	32	40	
爆破能量系数 $C_g/kJ\cdot m^{-3}$	6.7×10^3	8.6×10^3	1.1×10^4	2.7×10^4	6.5×10^4	8.2×10^4	

如将 $k = 1.135$ 代入式（5-36）可得干饱和蒸气容器爆破能量为：

$$E_g = 7.4pV\left[1 - \left(\frac{0.1013}{p}\right)^{0.1189}\right] \times 10^3 \tag{5-37}$$

式(5-37)计算水蒸气的爆破能量，因为没有考虑水蒸气干度的变化及其他因素影响，所以存在较大的误差，但它可以不用查对热力性质而直接计算，可对危险性评价提供参考。

各种常用压力下的干饱和水蒸气容器爆破能量系数见表5-17，常压下的干饱和蒸气容器的爆破能量可按式(5-38)计算：

$$E_s = C_s V \tag{5-38}$$

式中　E_s——水蒸气的爆破能量，kJ；
　　V——水蒸气的体积，m^3；
　　C_s——干饱和水蒸气爆破能量系数，kJ/m^3。

表5-17　常用压力下干饱和水蒸气容器爆破能量系数

压力 p/MPa	0.3	0.5	0.8	1.3	2.5	3.0
爆破能量系数 $C_s/kJ\cdot m^{-3}$	4.37×10^2	8.31×10^2	1.5×10^3	2.75×10^3	6.24×10^3	7.77×10^3

5.6.5.2 介质全部为液体时的爆破能量

通常用液体加压时所做的功作为常温液体压力容器爆炸时释放的能量。

$$E_1 = \frac{(p-1)^2 V \beta_t}{2}$$

式中 E_1—— 常温液体压力容器爆炸时释放的能量，kJ；

p—— 液体的绝对压力，Pa；

V—— 容器的容积，m^3；

β_t—— 液体在压力 p 和温度 t 下的压缩系数，Pa^{-1}。

5.6.5.3 液化气体与高温饱和水的爆破能量

液化气体和高温饱和水一般在容器内以气液两态存在，当容器破裂发生爆炸时，除了气体的急剧膨胀做功外，还有过热液体激烈的蒸发过程。在大多数情况下，这类容器内的饱和液体占容器介质重量的绝大部分，它的爆破能量比饱和气体要大得多，一般计算时不考虑气体膨胀做的功。过热状态下液体在容器膨胀破裂时释放出爆破能量可以按下式计算：

$$E = [(H_1 - H_2) - (s_1 - s_2)T_1]W$$

式中 E——过热状态下液体的爆破能量，kJ；

H_1——爆炸前液化液体的焓，kJ/kg；

H_2——在大气压力下饱和液体的焓，kJ/kg；

s_1——爆炸前液化液体的熵，kJ/(kg·℃)；

s_2——在大气压力下饱和液体的熵，kJ/(kg·℃)；

T_1——介质在大气压力下的沸点，K；

W——饱和液体的质量，kg。

高温饱和水容器的爆破能量按式（5-39）计算：

$$E_w = C_w V \tag{5-39}$$

式中 E_w——高温饱和水容器的爆破能量，kJ；

V——容器内饱和水所占的容积，m^3；

C_w——高温饱和水爆破能量系数，kJ/m^3，其值见表 5-18。

表 5-18 常用压力下饱和水爆破能量系数

压力 p/MPa	0.3	0.5	0.8	1.3	2.5	3.0
爆破能量系数 $C_s/kJ \cdot m^{-3}$	2.38×10^4	3.25×10^4	4.56×10^4	6.35×10^4	9.56×10^4	1.06×10^5

5.6.5.4 物理爆炸后果计算

压力容器爆破时，爆破能量在向外释放时以冲击波能量、碎片能量和容器残余变形能量三种形式表现出来。根据介绍，后两者所消耗的能量只占总爆破能量的3%～15%，也就是说，大部分的能量是产生空气冲击波。

计算压力容器爆破时对目标的伤害、破坏作用，可按下列程序进行。

(1) 先根据容器内所装介质的特性，算出其爆破能量 E。

(2) 将爆破能量 E 转化为 TNT 当量 W_{TNT}。其关系为：

$$W_{TNT}=\frac{E}{Q_{TNT}}=\frac{E}{4520}$$

（3）求出爆炸的模拟比，即

$$\alpha=0.1W_{TNT}^{\frac{1}{3}} \tag{5-40}$$

（4）求出在 1000kg TNT 爆炸试验中的相当距离 R_0，即 $R_0=R/\alpha$。

（5）根据 R_0 值求出距离为 R_0 处的超压 Δp_0（中间值用插入法），此即所求距离为 R 处的超压。

（6）根据超压 Δp，求出冲击波对人员和建筑物的伤害和破坏作用。或者比较粗略地计算物理危害半径。

重大死亡半径：

$$R_{重死}=2.28\left(\frac{E}{Q_{TNT}}\right)^{\frac{1}{3}}$$

死亡半径：

$$R_{死亡}=3.25\left(\frac{E}{Q_{TNT}}\right)^{\frac{1}{3}}$$

重伤半径：

$$R_{重伤}=4.25\left(\frac{E}{Q_{TNT}}\right)^{\frac{1}{3}}$$

轻伤半径：

$$R_{轻伤}=5.6\left(\frac{E}{Q_{TNT}}\right)^{\frac{1}{3}}$$

5.7 中　　毒

有毒物质泄漏后生成有毒蒸气云，它在空气中飘移、扩散，直接影响现场人员并可能波及居民区。大量毒物短时间内经皮肤、黏膜、呼吸道、消化道等途径进入人体，使机体受损并发生功能障碍，称之为急性中毒。慢性中毒是指毒物在不引起急性中毒的剂量条件下，长期反复进入机体所引起的机体在生理、生化及病理学方面的改变，出现临床症状、体征的中毒状态或疾病状态。事故后果分析中一般只考虑急性中毒。

急性中毒表现在四个方面：

（1）刺激。呼吸系统、皮肤、眼睛等可以感觉到刺激，一些物质在低浓度时就产生刺激，这样可以提醒人们寻求防护。

（2）麻醉在医学中指的是主动使患者整体或者局部暂时失去知觉，以达到无痛的目的进行手术治疗，会有剂量和作用时间的要求。而在此处强调的是麻醉剂对人的影响，如果剂量小的话，未必会使人失去痛觉或者知觉，但一定会影响其反应能力。

（3）窒息。大多数气体由于取代了空气中的氧气而造成人的窒息。有些物质，如一氧化碳，可以置换血液中的氧从而阻止氧进入人体组织。

（4）系统损害。有些物质能损害人体器官，其损害可能是暂时的，也可能是永久的。

毒物对人员的危害程度取决于毒物的性质、浓度和人员与毒物接触的时间等因素。有毒物质泄漏初期，其毒气形成气团密集在泄漏源周围，随后由于环境温度、地形、风力和湍流等影响气团飘移、扩散，范围变大，浓度减小。在后果分析中，往往不考虑毒物泄漏的初期情况，即工厂范围内的情况，而主要计算毒气团在空气中飘移、扩散的范围、浓度和接触毒物的人数等。其计算方法常用概率函数法。

5.7.1 描述毒物泄漏后果的概率函数法

概率函数法是通过人们在一定时间内接触一定浓度毒物造成影响的概率来描述毒物泄漏后果的一种方法。暴露于有毒有害物质气团下，无任何防护的人员，因物质毒性而导致死亡的概率有直接关系，按表 5-11 取值，或按下式估算：

$$P_E = 0.5 \times \left[1 + erf\left(\frac{Y-5}{\sqrt{2}}\right)\right] \quad (Y \geqslant 5\text{ 时}) \tag{5-41}$$

$$P_E = 0.5 \times \left[1 - erf\left(\frac{|Y-5|}{\sqrt{2}}\right)\right] \quad (Y < 5\text{ 时}) \tag{5-42}$$

式中　P_E——人员吸入毒性物质而导致急性死亡的概率；

Y——中间量，量纲 1，可采用下式估算：

$$Y = A + B\ln(c^n t) \tag{5-43}$$

A，B，n——与毒性物质有关的参数，见表 5-19；

c——接触的质量浓度，mg/m^3；

t——接触 c 质量浓度的时间，min。

表 5-19　一些常见毒物性质的有关参数

物质名称	A	B	n
丙烯醛	-4.1	1	1
丙烯腈	-8.6	1	1.3
烯丙醇	-11.7	1	2
氨	-15.6	1	2
甲基谷硫磷	-4.8	1	2
溴	-12.4	1	2
一氧化碳	-7.4	1	1
氯	-6.35	0.5	2.75
环氧乙烷	-6.8	1	1
氯化氢	-37.3	3.69	1
氰化氢	-9.8	1	2.4
氟化氢	-8.4	1	1.5
硫化氢	-11.5	1	1.9
溴甲烷	-7.3	1	1.1
异氰酸甲酯（Methyl isocyanate）	-1.2	1	0.7
二氧化氮	-18.6	1	3.7

续表 5-19

物 质 名 称	A	B	n
对硫磷 Parathion	-6.6	1	2
光气	-10.6	2	1
磷酰胺酮（Phosphamidon）	-2.8	1	0.7
磷化氢	-6.8	1	2
二氧化硫	-19.2	1	2.4
四乙基铅（Tetraethy lead）	-9.8	1	2

注：单位为 mg/m^3，有毒物质接触时间单位为 min，以上数据来源于 TNO 紫皮书（Guidelines for quantitative）。

使用概率函数表达式时，必须计算评价点的毒性负荷（$c^n t$），因为在一个已知点，毒物的毒性、浓度随着气团的稀释而不断变化，瞬时泄漏就是这种情况。确定毒物泄漏范围内某点的毒性负荷时，可先把气团经过该点的时间划分为若干区段，计算每个区段内该点的毒物浓度，得到各时间区段的毒性负荷，然后再求出总毒性负荷。

$$总毒性负荷 = \Sigma\ 时间区段内毒性负荷 \tag{5-44}$$

通常，人们接触毒物的时间不会超过30min。因为在这段时间里人们可以逃离现场或采取保护措施。

当毒物连续泄漏时，某点的毒物浓度在整个云团扩散期间没有变化。当设定某死亡率时，由表 5-11 查出相应的概率值 Y，根据式（5-45）可计算出 c 值：

$$c^n t = e^{\frac{\gamma - A}{B}} \tag{5-45}$$

按扩散公式可以进一步算出中毒范围。

如果毒物泄漏是瞬时的，则有毒气团通过某点的毒物浓度是变化的。此时，考虑浓度的变化情况，计算出气团通过该点的毒性负荷及该点的概率值 Y，然后查表 5-11 就可得出相应的死亡率。

5.7.2 有毒液化气体容器破裂时的毒害区估算

液化介质在容器破裂时会发生蒸气爆炸。当液化介质为有毒物质（如液氯、液氨、二氧化硫、氢氰酸等）时，爆炸后若不完全燃烧，便会造成大面积的毒害区域。

设有毒液化气体质量为 $W(\mathrm{kg})$，容器破裂前器内温度为 $t(℃)$，液体介质比定压热容为 $c_p(\mathrm{kJ/(kg \cdot ℃)})$。当容器破裂时，若全部液体降温至标准沸点 $t_0(℃)$，则放出热量为：

$$Q_{放热} = Wc_p(t - t_0)$$

设这些热量全部用于容器内液体的蒸发，且汽化热为 $H_v(\mathrm{kJ/kg})$，则其蒸发量为：

$$W' = \frac{Q}{H_v} = \frac{W c_p(t - t_0)}{H_v} \tag{5-46}$$

若介质的相对分子质量为 M_r，则在沸点下蒸发蒸气的体积 $V_g(\mathrm{m^3})$ 为：

$$V_g = \frac{22.4W'}{M_r}\frac{273 + t_0}{273} = \frac{22.4Wc_p(t - t_0)}{M_r H_v}\frac{273 + t_0}{273} \tag{5-47}$$

为便于计算，现将压力容器最常用的液氨、液氯、氢氰酸等有毒物质的有关物理化学性能列于表 5-20 中。一些有毒气体的危险体积分数见表 5-21。

表 5-20 一些有毒物质的有关物理化学性能

物质名称	相对分子质量 M_r	沸点 t_0/℃	液体平均比定压热容 c_p/kJ·(kg·℃)$^{-1}$	汽化热 H_v/kJ·kg^{-1}
氨	17	-33	4.6	1.37×10^3
氯	71	-34	0.96	2.89×10^2
二氧化硫	64	-10.8	1.76	3.93×10^2
丙烯醛	56.06	52.8	1.88	5.73×10^2
氢氰酸	27.03	25.7	3.35	9.75×10^2
四氯化碳	153.8	76.8	0.85	1.95×10^2

表 5-21 有毒气体的危险体积分数 (%)

物质名称	吸入 5~10min 致死的体积分数	吸入 0.5~1h 致死的体积分数	吸入 0.5~1h 致重病的体积分数
氨	0.5		
氯	0.09	0.0035~0.005	0.0014~0.0021
二氧化硫	0.05	0.053~0.065	0.015~0.019
氢氰酸	0.027	0.011~0.014	0.01
硫化氢	0.08~0.1	0.042~0.06	0.036~0.05
二氧化氮	0.05	0.032~0.053	0.011~0.021

若已知某种有毒物质的危险浓度，则可求出其在危险浓度下的有毒空气体积。如二氧化硫在空气中的体积分数达到 0.05% 时，人吸入 5 ~ 10min 即致死，则 V_g(m^3) 的二氧化硫可以产生令人致死的有毒空气体积 (m^3) 为：

$$V = V_g \times \frac{100}{0.5} = 2000V_g$$

假设这些有毒空气以半球形向地面扩散，则可求出该有毒气体扩散半径为：

$$R = \sqrt[3]{\frac{V_{g/\varphi}}{\frac{1}{2}\times\frac{4}{3}\pi}} = \sqrt[3]{\frac{V_{g/\varphi}}{2.0944}}$$

式中 R——有毒气体扩散半径，m；

φ——有毒介质在空气中的危险体积分数，%。

5.8 事故后果分析应用实例

5.8.1 泄漏事故后果分析

某 100m^3卧式液氨储罐一焊接管断裂，泄漏口直径 1cm，分别按照气体、液体和两相泄漏计算最大泄漏流量 Q。温度 T 为 303K，压力 p 为 1.17MPa，密度为 1070kg/m^3。按液体泄漏，液位高度 h = 1.5m，且 C_d取 0.6；按气体泄漏，按声速流，且 C_d取 1；按两相流泄漏，C_d取 0.8。氨的常压沸点是 240K，c_p = 4.6J/(kg·K)，H_v = 1367J/kg，绝热指数

γ 为 1.31。气相密度 ρ_g 为 5.48kg/m³。

解：(1) 按液体泄漏，$h = 1.5\text{m}$，泄漏口面积为：

$$A = (0.01/2)^2 \times 3.14 = 7.85 \times 10^{-5}\text{m}^2$$

$$Q = C_d A \rho_1 \sqrt{\frac{2(p - p_0)}{\rho_1} + 2gh}$$

$$= 0.6 \times 7.85 \times 10^{-5} \times 1070 \sqrt{\frac{2 \times (1.17 - 0.1) \times 10^6}{1070} + 2 \times 9.8 \times 1.5}$$

$$= 2.46\text{kg/s}$$

注：本例中 Q 的单位均为 kg/s。

(2) 气体泄漏，按声速流：

$$Q = C_d A \rho_1 \sqrt{\frac{\gamma M}{RT}\left(\frac{2}{\gamma + 1}\right)^{\frac{\gamma+1}{\gamma-1}}}$$

$$= 1 \times 1.17 \times 10^6 \times 7.85 \times 10^{-5} \times \sqrt{\frac{1.31 \times 0.017}{8.314 \times 303} \times \left(\frac{2}{1.31 + 1}\right)^{\frac{1.31+1}{1.31-1}}}$$

$$= 0.16\text{kg/s}$$

(3) 两相流泄漏：

$$p_c = 0.55p = 0.55 \times 1.17 \times 10^6 = 643500\text{Pa}$$

$$F_V = \frac{c_p(T - T_c)}{H_V} = \frac{4.6 \times (303 - 240)}{1367} = 0.21$$

这里 T_c 采用的是常压沸点。

两相流中气相和液相混合物的平均密度 ρ 为：

$$\rho = \frac{1}{\frac{F_V}{\rho_g} + \frac{1 - F_V}{\rho_1}} = \frac{1}{\frac{0.21}{5.48} + \frac{1 - 0.21}{1070}} = 25.6\text{kg/m}^3$$

则两相流排放泄漏量为：

$$Q = C_d A \sqrt{2\rho(p - p_c)}$$

$$= 0.8 \times 7.85 \times 10^{-5} \sqrt{2 \times 25.6 \times (1170000 - 643500)}$$

$$= 0.33\text{kg/s}$$

5.8.2 池火灾事故后果分析

以某甲醇罐区发生池火灾为例，对甲醇的燃烧速度、火焰高度、热辐射能量等数值进行模拟计算。已知：液池半径：32.6m；甲醇燃烧热：20×10^6 J/kg；甲醇等压比热：2516J/(kg·K)；甲醇沸点：363.15K；环境温度：298.15K；甲醇蒸发热：1.1×10^6J/kg，效率因子：0.35；空气导热系数：1.00，空气密度：1.29kg/m³。

解：(1) 甲醇的燃烧速度。

$$\frac{\mathrm{d}m}{\mathrm{d}t} = \frac{0.001 H_c}{c_p(T_b - T_0) + H_V}$$

$$= \frac{0.001 \times 20 \times 10^6}{2516 \times (363.15 - 298.15) + 1.1 \times 10^6} = 0.016\text{kg/(s·m}^2)$$

（2）池火灾火焰高度。

$$H = 84r\left[\frac{m_f}{\rho_a(2gr)^{\frac{1}{2}}}\right]^{0.61} = 84 \times 11.3 \times \left[\frac{0.016}{1.29 \times (2 \times 9.8 \times 11.3)^{\frac{1}{2}}}\right]^{0.61} = 12.56\text{m}$$

（3）甲醇燃烧时的总热通量。

$$Q = (\pi r^2 + 2\pi rH) m_f \eta H_c/(72 m_f^{0.61} + 1)$$
$$= (11.3^2 + 2 \times 11.3 \times 12.56) \times 0.016 \times 3.14 \times 0.35 \times 45.12 \times 10^6/[72 \times (0.016)^{0.61} + 1]$$
$$= 48.5 \times 10^6 \text{W}$$

（4）热辐射强度为 I 处距中心位置。

$$x = \sqrt{\frac{\lambda_c Q}{4\pi I}}$$

死亡区（辐射热强度 $I > 37.5\text{kW/m}^2$）的半径：

$$R_{死亡} = \sqrt{\frac{\lambda_c Q}{4\pi \times 37.5 \times 10^3}} = \sqrt{\frac{48.5 \times 10^6}{4\pi \times 37.5 \times 10^3}} = 10.1\text{m}$$

重伤区（辐射热强度 $I > 25\text{kW/m}^2$）的半径：

$$R_{重伤} = \sqrt{\frac{\lambda_c Q}{4\pi \times 25 \times 10^3}} = \sqrt{\frac{48.5 \times 10^6}{4\pi \times 25 \times 10^3}} = 12.4\text{m}$$

轻伤区（辐射热强度 $I > 12.5\text{kW/m}^2$）的半径：

$$R_{轻伤} = \sqrt{\frac{\lambda_c Q}{4\pi \times 12.5 \times 10^3}} = \sqrt{\frac{48.5 \times 10^6}{4\pi \times 12.5 \times 10^3}} = 17.6\text{m}$$

感觉区（辐射热强度 $I > 4\text{kW/m}^2$）半径：

$$R_{感觉} = \sqrt{\frac{\lambda_c Q}{4\pi \times 4 \times 10^3}} = \sqrt{\frac{48.5 \times 10^6}{4\pi \times 4 \times 10^3}} = 31\text{m}$$

5.8.3 化学性爆炸事故后果分析

5.8.3.1 蒸气云爆炸事故模拟评价

某企业罐区有一个液氨储罐发生破损，有50%液氨泄漏，请对该液氨储罐事故后果进行分析。已知：$\alpha = 0.4\%$，$\beta = 1.8$，储罐中液氨的质量为5100kg，氨气的燃烧热为18.6MJ/kg，TNT的爆热为4.52MJ/kg。

解：当大量液氨泄漏到敞开空间后，如果没有立即点火，而是先在空中扩散，与空气混合形成爆炸混合物，然后发生延迟点火，那么就会发生蒸气云爆炸。下面计算蒸气云爆炸的伤害破坏范围。

（1）TNT当量计算。

由于储罐破损后有50%液氨泄漏，$W_f = 5100 \times 50\% = 2550\text{kg}$。

$$W_{TNT} = \alpha W_f \beta Q_f / Q_{TNT} = 4\% \times 2550 \times 1.8 \times 18.6/4.520 = 755\text{kg}$$

（2）爆炸影响区域。

1）死亡区半径（m）：

$$R_{死} = 13.6 \times (W_{TNT}/1000)^{0.37} = 13.6 \times (755/1000)^{0.37} = 12.3\text{m}$$

2）重伤区半径由以下方程式求解：

$$\Delta p_{重伤} = 0.137Z_{重伤}^{-3} + 0.119Z_{重伤}^{-2} + 0.269Z_{重伤}^{-1} - 0.019$$

$$R_{重伤} = Z_{重伤}(E/p_0)^{1/3}$$

$$\Delta p_{重伤} = \Delta p/p_0$$

式中，Δp 为引起人员重伤冲击波峰值，大约为 44000Pa；p_0 为环境压力（压力 101325Pa）；E 为爆炸总能量，J；$E = W_{TNT} \times Q_{TNT}$。

将以上数据代入方程式后解得：$R_{重伤} = 35.1$m。

3）轻伤区半径由以下方程式求解：

$$\Delta p_{轻伤} = 0.137Z_{轻伤}^{-3} + 0.119Z_{轻伤}^{-2} + 0.269Z_{轻伤}^{-1} - 0.019$$

$$R_{轻伤} = Z_{轻伤}(E/p_0)^{1/3}$$

$$\Delta p_{轻伤} = \Delta p/p_0$$

式中，Δp 为引起人员轻伤冲击波峰值，大约为 17000Pa；p_0 为环境压力（压力 101325Pa）；E 为爆炸总能量，J；$E = W_{TNT} \times Q_{TNT}$。

将以上数据代入方程式后解得：$R_{轻伤} = 63.2$m。

4）财产损失半径（m）：

$$R = \frac{KW_{TNT}^{\frac{1}{3}}}{\left[1 + \left(\frac{3175}{W_{TNT}}\right)^2\right]^{\frac{1}{6}}} = \frac{4.6 \times 755^{\frac{1}{3}}}{\left[1 + \left(\frac{3175}{755}\right)^2\right]^{\frac{1}{6}}} = 68.2\text{m}$$

5.8.3.2 火球事故后果分析

计算 100t 丁二烯储罐沸腾液体扩展蒸气云爆炸（火球）伤害区。f 取 0.3，$H_c = 50409$kJ/kg，$\tau = 1 - 0.058\ln x$。

解：

火球直径：$D = 5.8W^{1/3} = 5.8 \times (0.5 \times 100000)^{1/3} = 213.7$m

火球持续时间：$t = 0.45W^{1/3} = 0.45 \times (0.5 \times 100000)^{1/3} = 16.6$s

根据式（5-29）~式（5-31）概率方程计算得到的死亡概率、二度烧伤概率、一度烧伤概率的热通量阈值分别为 28.7kW/m^2、19.0kW/m^{2}和 8.4kW/m^2，财产损失按引燃木材所需热通量 26.1kW/m^{2}计算，将临界阈值分别代入式（5-27）可得死亡半径、二度烧伤半径、一度烧伤半径、财产损失半径 $x_1 = 291$m、$x_2 = 350$m、$x_3 = 519$m、$x_4 = 305$m。

根据以上计算结果，绘制丁二烯储罐沸腾液体扩展蒸气爆炸伤害范围，如图 5-19 所示。

5.8.3.3 地下储罐爆炸

某地下甲醇储罐区，每个甲醇储罐的体积为 60m^3，请对其爆炸危害后果进行分析。

（1）爆炸能量计算。每个甲醇储罐的体积为 60m^3，根据最大危险原则，假设 1 个储罐全部充满甲醇与空气的爆炸性混合气体，而且处于爆炸极限的上限，即混合气体中甲醇含量为 44%（体积分数）。甲醇在 25℃时的饱和蒸气压为 16830Pa，则储罐内甲醇的质量为：

$$W_f = 16830 \times 60 \times 0.44 \times 32/(8.314 \times 298.15 \times 1000) = 5.736\text{kg}$$

$$W_{TNT} = \alpha W_f \beta Q_f / Q_{TNT}$$

式中 α——蒸气云的 TNT 当量系数，取 4%；

W_f——爆炸时燃烧掉的物质总质量，kg；

β——地面爆炸系数，取 1.8；

Q_f——燃料的燃烧热，kJ/kg；

Q_{TNT}——TNT 的爆热，4520kJ/kg。

故
$$W_{TNT} = 4\% \times 5.736 \times 1.8 \times 20000/4520 = 1.827\text{kg}$$

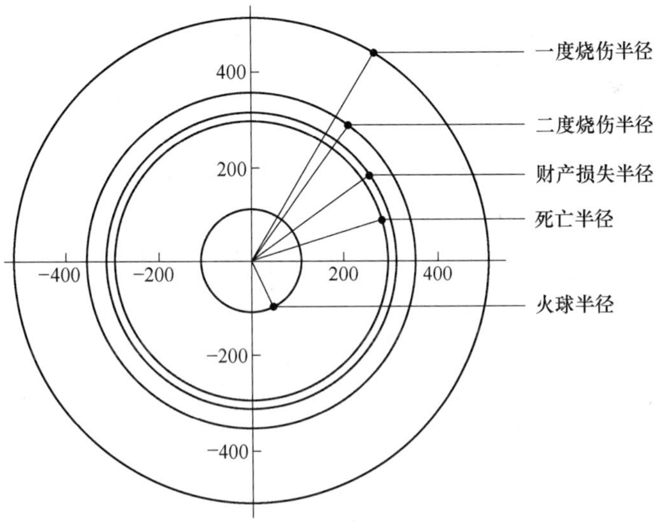

图 5-19 丁二烯储罐沸腾液体扩展蒸气爆炸伤害范围

（2）爆炸危害后果。由于甲醇储罐埋地敷设，爆炸时周围土壤要吸收一部分能量，因此采用 G. M. 莱克霍夫计算方法进行分析。

G. M. 莱克霍夫经过在砂质黏土中实验得出的冲击波超压与距离之间的关系式为：

$$\Delta p = 8\left(\frac{R}{\sqrt[3]{W_{TNT}}}\right)^{-3}$$

式中 Δp——爆炸冲击波超压，kgf/cm^2（$1\text{kgf/cm}^2 = 0.1\text{MPa}$）；

R——爆炸中心到所研究点的距离，m；

W_{TNT}——TNT 当量，kg。

利用此公式可得到任意距离处的冲击波超压。

发生爆炸时形成强大的冲击波，冲击波的超压可造成人员伤亡和建筑物的破坏。表 5-13 和表 5-14 分别列出了不同冲击波超压下建筑物的损坏和人员的伤害程度以及利用莱克霍夫关系式得到的距离。

由表 5-13 可知，只有超压小于 0.02MPa，人员才能免于损伤，此时的安全距离为 4.1m。根据表 5-14 可知，只有超压小于 0.005MPa 时，建筑物才能免于遭受破坏，此时的安全距离为 6.6m。

5.8.4 物理性爆炸事故后果分析

5.8.4.1 液氧储罐爆炸

试计算充装量为80%、介质温度为120K、压力为1.0MPa的5m³液氧储罐的爆破能量。此时的液氧密度为：30.41mol/L（即973.12kg/m³），$T_b = 90.05\text{K}$。

解：爆破能量为：

$$E = \{[-79.84 - (-133.69)] - (3.44 - 2.94) \times 90.05\} \times 973.12 \times 5 \times 80\% = 34332\text{kJ}$$

$$W_{\text{TNT}} = 34332/4520 = 7.6\text{kg}$$

即相当于7.6kg的TNT爆炸能量。

5.8.4.2 压缩空气储罐爆炸

设有一压缩空气储罐，容积15m³，压力1MPa（表压），运行时容器破裂爆炸，试计算储气罐爆破时的能量，试估算距离为10m处的冲击波超压。

解：储气罐破裂时的能量：

$$E_g = \frac{pV}{k-1}\left[1 - \left(\frac{0.1013}{p}\right)^{\frac{k-1}{k}}\right] \times 10^3$$

$$= \frac{1.1 \times 15}{1.4 - 1}\left[1 - \left(\frac{0.1013}{1.1}\right)^{\frac{1.4-1}{1.4}}\right] \times 10^3$$

$$= 20.38 \times 10^3\text{kJ}$$

TNT当量：

$$W_{\text{TNT}} = \frac{20.38 \times 10^3}{4520} = 4.51\text{kg}$$

与1000kg TNT的模拟比为：

$$\alpha = \left(\frac{4.51}{1000}\right)^{\frac{1}{3}} = 0.1652$$

与模拟试验中的相当距离为：

$$R_0 = \frac{R}{\alpha} = \frac{10}{0.1652} = 60.53\text{m}$$

查表5-12，用插入法求得离爆源10m处的冲击波超压为0.0178MPa。由表5-22和表5-23可查其对人员的伤害及对建筑物的破坏。

5.8.5 毒物泄漏事故后果分析

某化工厂的合成工段有两个22m³的氯乙烯单体中间储罐，每个储罐约存氯乙烯20t。氯乙烯的沸点$t_0 = -13.4℃$，储罐为常温储存，取$t = 37℃$，平均比热容$c_p = 1.23\text{kJ/(kg·℃)}$，平均汽化热$H_v = 330.25\text{kJ/kg}$。请计算一个氯乙烯储罐破裂时的毒害区。已知氯乙烯麻醉阈浓度为7.1%。

解：当一个氯乙烯储罐破裂时，其蒸发量为：

$$W' = Wc_p(t - t_0)/H_v = 20000 \times 1.23 \times [37 - (-13.4)]/330.25 = 3754.25\text{kg}$$

蒸发后产生的蒸气体积V_g为：

$$V_g = (22.4W'/M)[(273+t)/273]$$
$$= (22.4 \times 3754.25/62.5) \times [(273-13.4)/273] = 1279.5\text{m}^3$$

氯乙烯麻醉阈浓度 C' 为 7.1%，则 V_g 氯乙烯可以产生的使人麻醉的有毒空气体积为：

$$V = V_g/C' = 1279.5 \times 100/7.1 = 18021\text{m}^3$$

假设这些有毒空气以半球形向地面扩散，则该有毒气体的扩散半径 R 为：

$$R = (V/2.9044)^{1/3} = (18021/2.9044)^{1/3} = 18.4\text{m}$$

思考题

5-1 液氯储罐（ϕ2000mm × 3000mm）泄漏速率模拟计算。请选取下列小、中、大三种典型泄漏事故作评价对象，对泄漏速率进行模拟计算。

（1）小型泄漏事故：出现孔径为 1mm 的泄漏孔，连续泄漏；

（2）中型泄漏事故：出现孔径为 10mm 的泄漏孔，连续泄漏；

（3）大型泄漏事故：出现孔径为 100mm 的泄漏孔，连续泄漏。

5-2 盐酸泄漏事故。20m^3盐酸储罐接口 DN50 管道断裂，造成盐酸持续泄漏 10min，请计算泄漏量。

5-3 丁二烯储罐蒸气云爆炸事故。计算 100t 丁二烯储罐蒸气云爆炸伤害区。

5-4 氮气钢瓶爆破危害后果估算。已知条件：氮气瓶体积 $V = 0.04\text{m}^3$，使用压力 15.0MPa，绝对压力 $p = 15.0\text{MPa} + 0.1\text{MPa} = 15.1\text{MPa}$，氮气的等熵指数 $k = 1.397$。

5-5 液氨储罐发生破裂泄漏的毒害区域估算。某企业有 1 台 10m^3的储氨器发生了泄漏，请估算其毒害区域。

6 重大事故危害后果数值模拟

扫码获得
数字资源

学习要求

- 了解重大事故后果数值模拟的常用软件。
- 掌握重大事故危害后果数值模拟的基本方法。

6.1 数值模拟基础

6.1.1 基本控制方程

重大危害事故如气体泄漏、火灾、爆炸事故等都包含流动、传热传质、燃烧等分过程。这些分过程均应满足基本物理守恒定律，包括质量守恒、动量守恒及能量守恒。控制方程是这些守恒定律的数学描述。这三个守恒定律在流体力学中由相应的方程来描述，并且对于具体的研究问题有不同的表达形式。

6.1.1.1 质量守恒方程

任何流动问题都必须满足质量守恒定律。质量守恒定律可表述为：单位时间内流体微元体中质量的增加，等同于一时间间隔内流入该微元体的净质量。按照这一定律，可以得出质量守恒方程：

$$\frac{\partial \rho}{\partial t}+\frac{\partial(\rho u)}{\partial x}+\frac{\partial(\rho v)}{\partial y}+\frac{\partial(\rho w)}{\partial z}=0 \tag{6-1}$$

引入矢量符合 $\mathrm{div}(a)=\nabla\cdot a=\partial a_x/\partial x+\partial a_y/\partial y+\partial a_z/\partial z$，式（6-1）可写成：

$$\frac{\partial \rho}{\partial t}+\mathrm{div}(\rho a)=\nabla\cdot(\rho a)=0 \tag{6-2}$$

式中，ρ 为密度；t 为时间；a 为速度矢量；u、v 和 w 为速度矢量在 x、y 和 z 方向的分量。

上面给出的是瞬态三维可压流体的质量守恒方程。若流体不可压，密度 ρ 为常数，式(6-1)变为：

$$\frac{\partial u}{\partial x}+\frac{\partial v}{\partial y}+\frac{\partial w}{\partial z}=0$$

若流动处于稳态，则密度 ρ 不随时间变化，式（6-1）变为：

$$\frac{\partial(\rho u)}{\partial x}+\frac{\partial(\rho v)}{\partial y}+\frac{\partial(\rho w)}{\partial z}=0$$

质量守恒方程式（6-1）或式（6-2）常称作连续方程。

6.1.1.2 动量守恒方程

动量守恒定律可以表述为：微元体中流体的动量对时间的变化率等于外界作用在该微

元体上的各种力之和。该定律实际上是牛顿第二定律。按照这一定律，可导出 x 、y 和 z 三个方向的动量守恒方程：

$$\frac{\partial(\rho u)}{\partial t} + \mathrm{div}(\rho u a) = -\frac{\partial p}{\partial x} + \frac{\partial \tau_{xx}}{\partial x} + \frac{\partial \tau_{yx}}{\partial y} + \frac{\partial \tau_{zx}}{\partial z} + F_x \tag{6-3}$$

$$\frac{\partial(\rho v)}{\partial t} + \mathrm{div}(\rho v a) = -\frac{\partial p}{\partial y} + \frac{\partial \tau_{xy}}{\partial x} + \frac{\partial \tau_{yy}}{\partial y} + \frac{\partial \tau_{zy}}{\partial z} + F_y \tag{6-4}$$

$$\frac{\partial(\rho w)}{\partial t} + \mathrm{div}(\rho w a) = -\frac{\partial p}{\partial z} + \frac{\partial \tau_{xz}}{\partial x} + \frac{\partial \tau_{yz}}{\partial y} + \frac{\partial \tau_{zz}}{\partial z} + F_z \tag{6-5}$$

式中，p 为流体微元体上的压力；τ_{xx} 、τ_{xy} 和 τ_{xz} 等为因分子黏性作用而产生的作用力在微元体表面上的黏性力 τ 的分量；F_x 、F_y 和 F_z 为微元体上的体力，若体力只有重力，且 z 轴竖直向上，则 $F_x = 0$、 $F_y = 0$、$F_z = -\rho g$ 。

以上三式是对任何类型的流体（包括非牛顿流体）均成立的动量守恒方程。对于牛顿流体，黏性应力 τ 与流体的变形率成比例，有：

$$\begin{aligned}
&\tau_{xx} = 2\mu\frac{\partial u}{\partial x} + \lambda \mathrm{div}(a) \qquad &&\tau_{yy} = 2\mu\frac{\partial v}{\partial y} + \lambda \mathrm{div}(a)\\
&\tau_{zz} = 2\mu\frac{\partial w}{\partial z} + \lambda \mathrm{div}(a) \qquad &&\tau_{xy} = \tau_{yx} = \mu\left(\frac{\partial u}{\partial y} + \frac{\partial v}{\partial x}\right)\\
&\tau_{xz} = \tau_{zx} = \mu\left(\frac{\partial u}{\partial z} + \frac{\partial w}{\partial x}\right) \qquad &&\tau_{yz} = \tau_{zy} = \mu\left(\frac{\partial v}{\partial z} + \frac{\partial w}{\partial y}\right)
\end{aligned} \tag{6-6}$$

式中，μ 为动力黏度；λ 为第二黏度，一般可取 $\lambda = -2/3$。

将式（6-6）代入式（6-3）~式（6-5），得：

$$\frac{\partial(\rho\mu)}{\partial t} + \mathrm{div}(\rho\mu a) = \mathrm{div}(\mu \cdot \mathrm{grad}u) - \frac{\partial p}{\partial x} + S_u \tag{6-7a}$$

$$\frac{\partial(\rho v)}{\partial t} + \mathrm{div}(\rho\mu a) = \mathrm{div}(\mu \cdot \mathrm{grad}v) - \frac{\partial p}{\partial y} + S_v \tag{6-7b}$$

$$\frac{\partial(\rho w)}{\partial t} + \mathrm{div}(\rho w a) = \mathrm{div}(\mu \cdot \mathrm{grad}u) - \frac{\partial p}{\partial z} + S_w \tag{6-7c}$$

式中，$\mathrm{grad}(\ ) = \partial(\ )/\partial x + \partial(\ )/\partial y + \partial(\ )/\partial z$ ，S_u 、S_v 和 S_w 为动量守恒方程的广义源项，$S_u = F_x + s_x$ ，$S_v = F_y + s_y$ ，$S_w = F_z + s_z$ ，其中的 s_x 、s_y 和 s_z 的表达式如下：

$$s_x = \frac{\partial}{\partial x}\left(\mu\frac{\partial u}{\partial x}\right) + \frac{\partial}{\partial y}\left(\mu\frac{\partial v}{\partial x}\right) + \frac{\partial}{\partial z}\left(\mu\frac{\partial w}{\partial x}\right) + \frac{\partial}{\partial x}(\lambda \cdot \mathrm{div}a)$$

$$s_y = \frac{\partial}{\partial x}\left(\mu\frac{\partial u}{\partial y}\right) + \frac{\partial}{\partial y}\left(\mu\frac{\partial v}{\partial y}\right) + \frac{\partial}{\partial z}\left(\mu\frac{\partial w}{\partial y}\right) + \frac{\partial}{\partial y}(\lambda \cdot \mathrm{div}a)$$

$$s_z = \frac{\partial}{\partial x}\left(\mu\frac{\partial u}{\partial z}\right) + \frac{\partial}{\partial y}\left(\mu\frac{\partial v}{\partial z}\right) + \frac{\partial}{\partial z}\left(\mu\frac{\partial w}{\partial z}\right) + \frac{\partial}{\partial z}(\lambda \cdot \mathrm{div}a)$$

一般来讲，s_x 、s_y 和 s_z 是小量，对于黏性为常数的不可压流体，$s_x = s_y = s_z = 0$。

式（6-7）是动量守恒方程，简称动量方程，也称作运动方程，还称为 Naveier-Stokes 方程。

6.1.1.3 能量守恒方程

能量守恒定律是包含有热交换的流动系统必须满足的基本定律。该定律可表述为：微元体中能量的增加率等于进入微元体的净热流量加上体力与面力对微元体所做的功。该定律实际是热力学第一定律。

流体的能量 E 通常是内能 i 、动能 $K=\frac{1}{2}(u^2+v^2+w^2)$ 和势能 P 三项之和，可针对总能量 E 建立能量守恒方程。但是，这样得到的能量守恒方程并不是很好用，一般是从中扣除动能的变化，从而得到关于内能 i 的守恒方程。因为内能 i 与温度 T 之间存在一定关系，即 $i=c_pT$ ，其中 c_p 是比热容。这样就可得到以温度 T 为变量的能量守恒方程：

$$\frac{\partial(\rho T)}{\partial t}+\mathrm{div}(\rho aT)=\mathrm{div}\left(\frac{k}{c_p}\mathrm{grad}T\right)+S_T \tag{6-8}$$

该式可写成下面的展开形式：

$$\frac{\partial(\rho T)}{\partial t}+\frac{\partial(\rho uT)}{\partial x}+\frac{\partial(\rho vT)}{\partial y}+\frac{\partial(\rho wT)}{\partial z}=\frac{\partial}{\partial x}\left(\frac{k}{c_p}\frac{\partial T}{\partial x}\right)+\frac{\partial}{\partial y}\left(\frac{k}{c_p}\frac{\partial T}{\partial y}\right)+\frac{\partial}{\partial z}\left(\frac{k}{c_p}\frac{\partial T}{\partial z}\right)-\frac{\partial p}{\partial y}+S_T \tag{6-9}$$

式中，c_p 是比热容；T 为温度；k 为流体的传热系数；S_T 为流体的内热源及由于黏性作用流体机械能转换为热能的部分，有时简写 S_T 为黏性耗散项。

常将式（6-8）或式（6-9）简称为能量方程。

6.1.1.4　组分质量守恒方程

在一个特定的系统中，可能存在质的交换，或者存在多种化学组分，每一种组分都需要遵守组分质量守恒定律。对于一个确定的系统而言，组分质量守恒定律可以表述为：系统内某种化学组分质量对时间的变化率，等于通过系统界面的净扩散通量与通过化学反应生成或消失的该组分的净生产率之和。

根据组分质量守恒定律，可写出组分 i 的组分质量守恒方程：

$$\frac{\partial(\rho w_i)}{\partial t}+\nabla\cdot(\rho V w_i)=-\nabla\cdot J_i+R_i+S_i$$

式中，w_i 是组分 i 的质量分数；J_i 是组分 i 的扩散通量；R_i 为系统内部单位时间内单位体积通过化学反应消耗或生成该种组分的净生成率；S_i 表示通过其他方式（如异相反应、相变）所生成该种组分的净生产率以及用户自己定义的其他质量源项。

各组分质量守恒方程之和就是连续性方程，各组分的质量分数之和等于1。所以，如果一个系统共有 N 种组分，那么就有 $N-1$ 个独立的组分质量守恒方程，第 N 种组分的质量分数就用1减去其他由组分质量守恒方程求解出来 $N-1$ 种组分质量分数的和得到。因此，为了减小误差，第 N 种组分往往选择为整个系统中质量分数最大的那种物质。例如在空气中，经常将 N_2（氮气）作为第 N 种组分。

组分质量守恒方程常简称为组分方程。一种组分的质量守恒方程实际就是一个浓度输运方程。当水流或空气在流动过程中携带有某种污染物时，污染物的传输过程包含有对流和扩散两部分，污染物的浓度随时间和空间发生变化。因此，组分方程在有些情况下称为浓度输运方程，或浓度方程。

6.1.1.5　湍流的控制方程

湍流是自然界中非常普遍的流动类型。其运动特征是在运动过程中流体质点具有不断的、随机的相互掺混的现象，速度和压力等物理量在空间上和时间上都具有随机性质的脉动。

前面所叙述的连续性方程、动量方程、能量方程和组分质量守恒方程，对于层流和湍流都是适用的。但是对于湍流，最根本的模拟方法就是在湍流尺度的网格尺寸内求解三维瞬态的控制方程，这种方法称为湍流的直接模拟（Direct Numerical Simulation，DNS）。直接模拟需要分辨所有空间尺度上涡的结构和所有时间尺度上涡的变化，所需要的网格数（约为雷诺数的9/4次方量级）和时间步长（10^5以上个积分步）要求都是非常苛刻的，对于如此微小的空间和如此巨大的时间步长，现有计算机的能力还很难达到，DNS对内存空间及计算速度的苛刻要求使得它目前还只能用于一些低雷诺数的流动机理研究当中。

针对目前的计算能力和某些情况下对湍流流动精细模拟的需要，形成了仅次于DNS又能用于工程的模拟方法：大涡模拟方法（Large Eddy Simulation，LES），即放弃对全尺度范围上涡的运动模拟，而只将比网格尺度大的湍流运动通过直接求解瞬态控制方程计算出来，而小尺度的涡对大尺度运动的影响则通过建立近似的模型来模拟。总体而言，LES方法对计算机内存以及CPU速度要求仍然较高，但大大低于DNS方法，而且可以模拟湍流发展过程中的一些细节。

在工程设计中通常只需要知道平均作用力和平均传热量等参数，即只需要了解湍流所引起的平均流场的变化。因此可以求解时间平均的控制方程组，而将瞬态的脉动量通过某种模型在时均方程中体现出来，即RANS（Reynolds Averaged Navier-Stokes）模拟方法。经过时均之后，方程中出现了雷诺应力等脉动关联项。为了封闭方程，一种方法是推导出雷诺应力等关联项的输运方程，即雷诺应力模型；另一种方法是将湍流应力类比于黏性应力，把雷诺应力表示成湍流黏性和应变之间的关系式，再寻求模拟湍流黏性的方法。常见的RANS模型包括：单方程（Spalart-Allmaras）模型、双方程模型和雷诺应力模型等。其中双方程模型又包括k-ε模型系列（标准k-ε模型、RNG（重整群方法）k-ε模型）和k-ω模型系列（标准k-ω模型和SSTk-ω模型）。

$$\frac{\partial(\rho u_i)}{\partial t}+\frac{\partial(\rho u_i u_j)}{\partial x_j}=-\frac{\partial p}{\partial x_i}+\frac{\partial}{\partial x_j}\left[\mu\left(\frac{\partial u_i}{\partial x_j}+\frac{\partial u_j}{\partial x_i}-\frac{2}{3}\delta_{ij}\frac{\partial u_k}{\partial x_k}\right)\right]+\frac{\partial}{\partial x_j}(-\rho\overline{u_i' u_j'})$$

目前还没有一种湍流模型能模拟所有湍流流动，通常是某个湍流模型更合适模拟某种湍流现象，因此具体选择哪种湍流模型，需要根据所研究的物理问题、所拥有的计算资源、所掌握的理论知识和对湍流模型的理解来综合考虑。

6.1.2 计算区域离散化与网格划分

描述流体流动与传热等物理问题的基本方程为偏微分方程，想要得到它们的解析解或者近似解析解，在绝大多数情况下都是非常困难的，甚至是不可能的。但为了对这些问题进行研究，可以借助于代数方程组求解方法。离散化的目的就是将连续的偏微分方程组及其定解条件按照某种方法遵循特定的规则在计算区域的离散网格上转化为代数方程组，以得到连续系统的离散数值逼近解。离散化包括计算区域的离散化和控制方程的离散化。

6.1.2.1 计算区域离散化

通过计算区域的离散化，参数连续变化的流场可用有限个点代替。离散点的分布取决于计算区域的几何形状和求解问题的性质，离散点的多少取决于精度的要求和计算机可能提供的存储容量。

最常用的方法是，在计算区域中，做三簇坐标面，它们两两相交得出的三组交线，分别与三个坐标轴平行，这些交线构成了求解域中的差分网格。各交点称为网格的结点，两相邻结点之间的距离称为网格的步长。图 6-1 表示了结点 P 及其周围与它相邻的六个结点 E、W、N、S、H 和 L。一般来说，网格的步长是不相等的。在时间坐标上，也可定出有限个离散点，相邻两个离散点之间的距离称为时间步长（见图 6-2）。

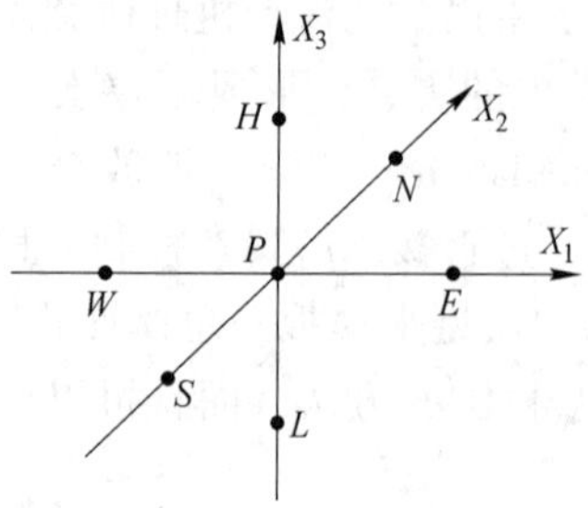

图 6-1 网格结点的符号

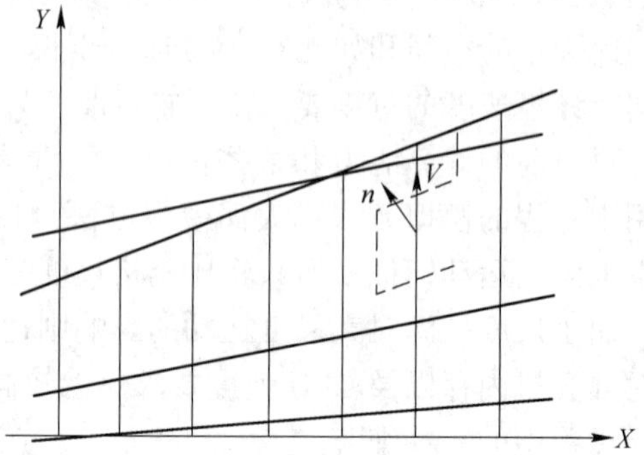

图 6-2 网格线不与坐标轴平行的例子

在计算过程中，这些网格一般是固定不变的。但有时也采用浮动网格，即网格结点和边界的位置随流动而改变。

6.1.2.2 网格划分

为了在计算机上实现对连续物理系统的行为或状态的模拟，连续的方程必须离散化，在方程的求解域上（时间和空间）仅仅需要有限个点，通过计算这些点上的未知量而得到整个区域上的物理量的分布。有限差分、有限体积和有限元等数值方法都是通过这种方法来实现离散化的。这些数值方法非常重要的一部分就是实现对求解区域的网格划分。网格划分技术已经有几十年的发展历史了，到目前为止，结构化网格技术发展得比较成熟，而非结构化网格技术由于起步较晚、实现比较困难等方面的原因，还处于逐步成熟的阶段。

6.1.3 控制方程的离散化

微分方程的数值解就是用一组数字表示待定变量在定义域内的分布，离散化方法就是对这些有限点的待求变量建立代数方程组的方法。根据实际研究对象，定义域可以分为若干个有限的区域，在定义域内连续变化的待求变量场，由每个有限区域上的一个或若干个点的待求变量值来表示。

由于所选取的结点间变量 ϕ 的分布形式不同，因此推导离散化方程的方法也不同。在各种数值方法中，控制方程的离散方法主要有有限差分法、有限元法、有限体积法、边界元法、谱方法等。这里主要介绍最常用的有限差分法、有限元法及有限体积法。

6.1.3.1 有限差分法

有限差分法（Finite Difference Method，FDM）是计算机数值模拟最早采用的方法，至今仍被广泛运用。该方法将求解域划分为差分网格，用有限个网格节点代替连续的求解域。有限差分法以泰勒级数展开等方法，将控制方程中的导数用网格节点上的函数值的差商代替进行离散，从而建立以网格节点上的值为未知数的代数方程组。该方法是一种直接将微分问题变为代数问题的近似数值解法，数学概念直观，表达简单，是发展较早且比较成熟的数值方法。对于有限差分格式，从格式的精度来划分，有一阶格式、二阶格式和高阶格式；从差分的空间形式来考虑，可分为中心格式和逆风格式；考虑时间因子的影响，差分格式还可以分为显格式、隐格式、显隐交替格式等。目前常见的差分格式，主要是上述几种形式的组合，不同的组合构成不同的差分格式。差分方法主要适用于有结构网格，网格的步长一般根据实际地形的情况和柯朗稳定性条件来决定。

6.1.3.2 有限元法

有限元法（Finite Element Method，FEM）与有限差分法都是广泛应用的流体力学数值计算方法。有限元法的基础是变分原理和加权余量法，其基本求解思想是把计算域划分为有限个互不重叠的单元，在每个单元内，选择一些合适的节点作为求解函数的插值点，将微分方程中的变量改写成由各变量或其导数的节点值与所选用的插值函数组成的线性表达式，借助变分原理或加权余量法，将微分方程离散求解。采用不同的权函数和插值函数形式，便构成不同的有限元方法。

有限元法最早应用于结构力学，后来随着计算机的发展慢慢用于流体力学的数值模拟。在有限元法中，把计算域离散分为有限个互不重叠且相互连接的单元，在每个单元内选择基函数，用单元基函数的线形组合来逼近单元中的真解，整个计算域上总体的基函数可以看为由每个单元基函数组成的，则整个计算域内的解可以看作是由所有单元上的近似解构成。常见的有限元计算方法有里兹法和伽辽金法、最小二乘法等。根据所采用的权函数和插值函数的不同，有限元法也分为多种计算格式，从权函数的选择来说，有配置法、矩量法、最小二乘法和伽辽金法；从计算单元网格的形状来划分，有三角形网格、四边形网格和多边形网格；从插值函数的精度来划分，又分为线性插值函数和高次插值函数等。不同的组合同样构成不同的有限元计算格式。

6.1.3.3 有限体积法

有限体积法（Finite Volume Method，FVM）又称为控制容积法，是近年发展非常迅速的一种离散化方法，其特点是计算效率高，目前在 CFD 领域应用广泛。其基本思路是：将计算区域划分为网格，并使每个网格点周围有一个互不重复的控制体积；将待解的微分方程（控制方程）对每一个控制体积分，从而得到一组离散方程。其中的未知数是网格点上的因变量，为了求出控制体的积分，必须假定因变量值在网格点之间的变化规律。从积分区域的选取方法看来，有限体积法属于加权余量法中的子域法，从未知解的近似方法看来，有限体积法属于采用局部近似的离散方法。简言之，子域法加离散，就是有限体积法的基本方法。

有限体积法的基本思路易于理解，并能得出直接的物理解释。离散方程的物理意义，就是因变量在有限大小的控制体积中的守恒原理，如同微分方程表示因变量在无限小的控制体积中的守恒原理一样。有限体积法得出的离散方程，要求因变量的积分守恒对任意一组控制体积都得到满足，对整个计算区域，自然也得到满足。就离散方法而言，有限体积法可视作有限单元法和有限差分法的中间物。

控制体积法是着眼于控制体积的积分平衡，并以结点作为控制体积的代表的离散化方法。由于需要在控制体积上作积分，因此必须先设定待求变量在区域内的变化规律，即先假定变量的分布函数，然后将其分布代入控制方程，并在控制体积上积分，便可得到描述结点变量与相邻结点变量之间的关系的代数方程。由于是出自控制体积的积分平衡方程，因此得到的离散化方程将在有限尺度的控制体积上满足守恒原理。也就是说，不论网格划分的疏密情况如何，它的解都能满足控制体积的积分平衡。这个特点使在不失去物理上的真实性的条件下，选择控制体积尺寸有更大自由度，所以它被广泛地应用于传热与流动问题的数值求解计算。

6.1.4 初始条件与边界条件

对于流动和传热问题的求解，除了要满足三大控制方程以外，还要指定边界条件，对于非正常问题还要指定初始条件，目的是使方程有唯一确定的解。初始条件就是待求的非稳态问题在初始时刻待求变量的分布，它可以是常值，也可以是空间坐标的函数。

关于边界条件的给定，通常有三类：第一类边界条件是给出边界上的变量值；第二类边界条件是给出边界上变量的法向导数值；第三类边界条件是给出边界上变量与其法向导数的关系式。不管是哪一类问题，只有当边界的一部分（哪怕是个别点）给出的是第一类边界条件，才能得到待求变量的绝对值。对于边界上只有第二类或第三类边界条件的问题，数值求解也同样只能得到待求变量的相对大小或分布，不能求得它的唯一解。

6.1.4.1 初始条件

初始时刻 $t = t_0$ 时，流体运动所具有的初始状态可用常见物理量及其导数形式表示，如 $u = u(t_0)$、$T = T(t_0)$ 等。对于非稳态问题，所有计算变量在开始计算以前都应该有一个初始值，这样才有可能根据时间步长计算场变量随时间的变化，这就是初始条件。对于数值计算来讲，初始条件的给定并不影响计算过程的实施，给定初始值即可，一般不需要另外处理。

6.1.4.2 边界条件

边界条件就是在流体运动边界上控制方程应该满足的条件，一般不会对数值计算产生重要的影响。即使对于同一个流场的求解，随着方法的不同，边界条件和初始条件的处理方式也是不同的。下面结合 Fluent 软件对边界条件进行详细的讨论。

A 入口边界条件

入口边界条件就是指定入口处流动变量的值。常见的入口边界条件有速度入口边界条件、压力入口边界条件和质量流动入口边界条件。

（1）速度入口边界条件：用于定义流动速度和流动入口的流动属性相关的标量。这一边界条件适用于不可压缩流，如果用于可压缩流会导致非物理结果，这是因为它允许驻点条件浮动。应注意不要让速度入口靠近固体妨碍物，因为这会导致流动入口驻点属性具有太高的非一致性。

（2）压力入口边界条件：用于定义流动入口的压力和其他标量属性。这一边界条件适用于可压缩流和不可压缩流，可用于压力已知但是流动速度未知的情况，也可用于浮力驱动的流动等许多实际情况，还可用来定义外部或无约束流的自由边界。

（3）质量流动入口边界条件：用于已知入口质量流速的可压缩流动。在不可压缩流动中不必指定入口的质量流率，因为密度为常数时，速度入口边界条件就确定了质量流条件。当要求达到的是质量和能量流速而不是流入的总压时，通常就会使用质量入口边界条件。

B 出口边界条件

（1）压力出口边界条件：压力出口边界条件需要在出口边界处指定表压。表压值的指定只用于亚声速流动。如果当地流动变为超声速，就不再使用指定表压了，此时压力及其他流动属性要从内部流动中求出。在求解过程中，如果压力出口边界处的流动是反向的，回流条件也需要指定。如果对于回流问题指定了比较符合实际的值，收敛困难问题就会不明显。

（2）压力远扬边界条件：Fluent 中使用的压力远场条件用于模拟无穷远处的自由流条件，其中自由流马赫数和静态条件被指定。这一边界条件只适用于密度规律与理想气体相同的情况，对于其他情况要有效地近似无限远处的条件，必须将其放到所关心的计算物体的足够远处。例如，在机翼升力计算中远场边界一般都要设到 20 倍弦长的圆周之外。

（3）质量出口边界条件：当流动出口的速度和压力在解决流动问题之前是未知时，Fluent 会使用质量出口边界条件来模拟流动。不需要定义流动出口边界的任何条件（除非模拟辐射热传导、粒子的离散相或者分离质量流），Fluent 会从内部推导所需要的信息。然而，重要的是要清楚这一边界类型所受的限制。

C 固体壁面边界条件

对于黏性流动问题，Fluent 默认设置是壁面无滑移条件，但也可以指定壁面切向速度分量（壁面平移或者旋转运动时），给出壁面切应力，从而模拟壁面滑移。可以根据当地流动情况，计算壁面切应力与流体换热情况。壁面热边界条件包括固定热通量、固定温度、对流换热系数、外部辐射换热、对流换热等。

D 对称边界条件

对称边界条件应用于计算的物理区域（或者流动、传热场）是对称的情况。在对称轴或者对称平面上，没有对流通量，因此垂直与对称轴或者对称平面的速度分量为 0。在对称轴或者对称平面上，没有扩散通量，即垂直方向上的梯度为 0。因此在对称边界上，垂直边界的速度分量为 0，任何量的梯度为 0。

计算中不需要给定任何参数，只需要确定合理的对称位置。该边界条件可以用于黏性流中的运动边界处理。

E 周期性边界条件

如果流动的几何边界、流动和换热是周期性重复的，则可以采用周期性边界条件。Fluent 提供了两种周期性边界类型：一类是流体经过周期性重复后没有压降（Cyclic）；另一类则有压降（Periodic）。Fluent 在周期性边界处理流动就像反向周期性平面，和前面的周期性边界直接相邻一样。当计算流过邻近流体单元的周期性边界时，就会使用与反向周期性平面相邻的流体单元的流动条件。

6.2 燃气泄漏爆炸的模拟

6.2.1 Fluent 简介

Fluent 是由美国流体技术服务公司 creature 于 1983 年推出的 CFD 软件。它是继 PHOENICS 软件之后的第二个投放市场的基于有限体积法的软件。Fluent 是目前功能最全面、适用性最广、国内使用最广泛的 CFD 软件之一。

Fluent 提供了非常灵活的网格特性，让用户可以使用非结构网格，包括三角形、四边形、四面体、六面体、金字塔形网格来解决具有复杂外形的流动，甚至可以用混合型非结构网格。它允许用户根据解的具体情况对网格进行修改（细化/粗化），非常适合于模拟具有复杂几何外形的流动。除此之外，为了精确模拟物理量变化剧烈的大梯度区域，如自由剪切层和边界层，Fluent 还提供了自适应网格算法。该算法既可以降低前处理的网格划分要求，又可以提高计算求解的精度。Fluent 可读入多种 CAD 软件的三维几何模型和多种 CAE 软件的网格模型。

Fluent 可用于二维平面、二维轴对称和三维流动分析，可完成多种参考系下的流场模拟、定常或非定常流动分析、不可压或可压流动计算、层流或湍流流动模拟、牛顿流体或非牛顿流体流动、惯性与非惯性坐标系中的流体流动、传热和热混合分析、化学组分混合和反应分析、多相流分析、固体与流体耦合传热分析、多孔介质分析、运动边界层追踪等。针对上述每一类问题，Fluent 都提供了优秀的数值模拟格式供用户选择。因此，Fluent 广泛应用于化学工业、环境工程、航天工程、汽车工业、电子工业和材料工业等。

Fluent 可让用户定义多种边界条件，如流动入口及出口边界条件、壁面边界条件等，可采用多种局部的笛卡儿和圆柱坐标系的分量输入，所有边界条件均可以随着空间和时间的变化，包括轴对称和周期变化等。Fluent 提供的用户自定义子程序功能，可让用户自行设定连续方程、动量方程、能量方程或组分输运方程中的体积源项，自定义边界条件、初始条件、流体的物性、添加新的标量方程和多孔介质模型等。Fluent 的湍流模型包括 k-ε 模型、Reynolds 应力模型、LES 模型、标准壁面函数、双层近壁模型等。

Fluent 是用 C 语言写的，可实现动态内存分配及高级数据结构，具有很大的灵活性与很强的处理能力，此外，Fluent 使用 Client/Server 结构，它允许同时在用户桌面工作站和强有力的服务器上分离地运行程序。在 Fluent 中，解的计算与显示可以通过交互式的用户界面来完成。用户界面是通过 Scheme 语言写的，高级用户可以通过写菜单宏及菜单函数自定义及优化界面。用户还可以使用基于 C 语言的用户自定义函数功能对 Fluent 进行扩展。

6.2.1.1 Fluent 的运行

Fluent 可以在 ANSYS 菜单中直接启动。启动 Fluent 后出现如图 6-3 所示的对话框。其中 2D 表示二维单精度求解器；3D 表示三维单精度求解器；Double Precision 表示双精度求解器。

在所有的操作系统上都可以进行单精度和双精度计算。对于大多数情况来说，单精度计算已经足够，但在下面这些情况下需要使用双精度计算：

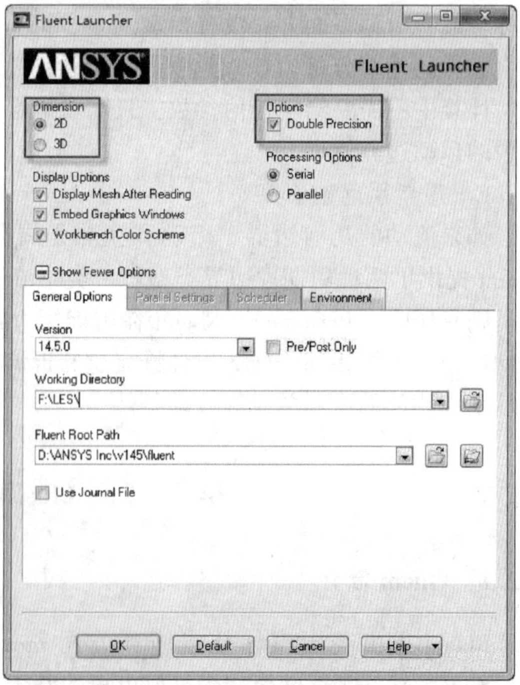

图 6-3 Fluent 运行界面

（1）计算域非常狭长（比如细长的管道），用单精度表示节点坐标可能不够精确。

（2）如果计算域是许多由细长管道连接起来的容器，各个容器内的压强各不相同，若某个容器的压强特别高，那么在采用同一个参考压强时，用单精度表示其他容器内压强可能产生较大的误差，这时可以考虑使用双精度求解器。

（3）在涉及两个区域之间存在很大的热交换，或者网格的长细比很大时，用单精度可能无法正确传递边界信息，并导致计算无法收敛，或精度达不到要求，这时也可以考虑采用双精度求解器。

6.2.1.2 Fluent 求解器的选择

Fluent 提供了基于压力求解（Pressure based）和基于密度求解（Density based）两种方法，基于压力求解主要用于低速不可压缩流动的求解，是从原来的分离式求解器发展来的，按顺序依次求解动量方程、压力修正方程、能量方程和组分方程及其他标量方程，如湍流方程等，和以前不同的是，基于压力求解还增加了耦合算法，可在分离求解和耦合求解之间转换，耦合求解就是一次求解前述的动量方程、压力修正方程、能量方程和组分方程，然后再求解其他标量方程，如湍流方程等，收敛速度快，但是需要更多的内存和计算量。

基于密度求解主要针对高速可压缩流动，是由原来的耦合求解器发展而来，可同时求解连续性方程、动量方程、能量方程和组分方程，然后再依次求解标量方程（不求解压力修正方程，因为其压力由状态方程得出）。其收敛速度快，需要的内存和计算量比压力求解大。

6.2.1.3 Fluent 模拟步骤

利用 Fluent 软件进行求解的步骤如下：

（1）确定几何形状，生成计算网格。

（2）选择求解器。

（3）输入并检查网格。

（4）选择求解方程：层流或湍流（或无黏流）、化学组分或化学反应、传热模型等。确定其他需要的模型，如风扇、热交换器、多孔介质等模型。

（5）确定流体的材料物性。

（6）确定边界类型及边界条件。

（7）设置计算控制参数。

（8）流场初始化。

（9）求解计算。

（10）保存计算结果，进行后处理。

6.2.2 应用实例

某长宽高为 3.5m×5m×4.98m 的饭店厨房，采用天然气作为燃料，由于该厨房不靠外墙无法直接向外泄爆，因此在厨房顶部设置一通向外界的泄爆夹层。泄爆夹层长宽高分别为 6.7m×2.6m×1.73m，在夹层尽头设有一面积为 1.8m×1.05m 的泄爆窗，如图 6-4 所示。

合理地划分网格对模拟的计算结果影响很大。划分网格既要保证计算的精度，也要适

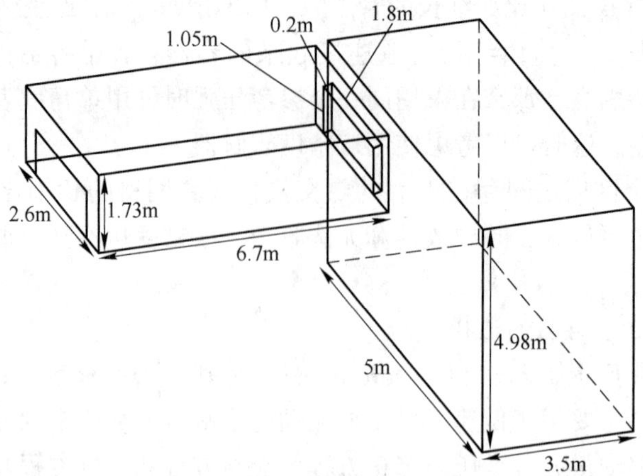

图 6-4 厨房模型

当地减少计算时间。选定计算区域为整个厨房及泄爆夹层，采用六面体网格形式得到结构化网格，用整体划分方法，网格大小设为 0.05m，网格数量共计 100 万，可以得到较为准确的模拟结果，如图 6-5 所示。

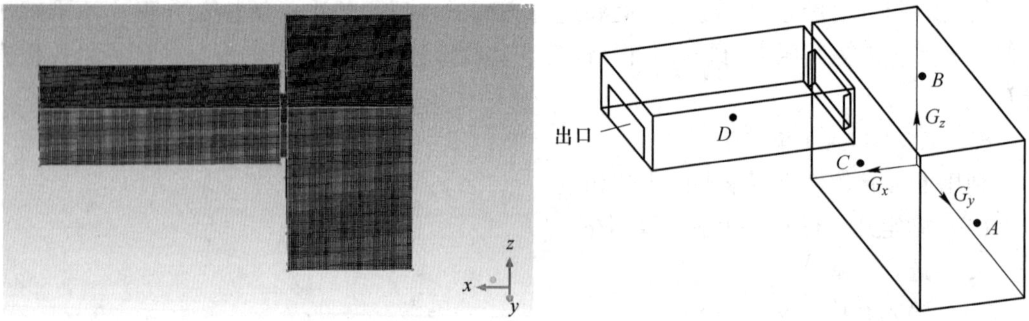

图 6-5 网格划分及监测点布置

为了简化问题，模拟中空气的组成（体积分数）确定为氧气 22%、氮气 78%，天然气用 CH_4替代，假设泄漏的甲烷均匀分布在厨房内，与空气正好处于化学当量比。点火的方式通过在厨房中心位置设置高温区实现，模型中将点火区域的相对压力设为 1kPa，温度设为 2300K，其他区域相对压力设为 0Pa，温度设为 300K，整个区域初始速度为 0m/s。出口的边界条件定义为 velocity-outline，其余面定义为 wall，模拟壁面按典型的无滑移、无渗透四面体边界设定。对典型位置选取适当的压力监测点如图 6-5 所示。

图 6-6 给出了点火后厨房和泄爆夹层内温度变化。在点火后 0.04s，混合气体首先被高温已燃气体团点燃，形成球形的火焰面且混合气体的火焰面比较光滑，说明在刚点火时化学反应还不激烈，火焰是以层流的方式传播的。然后火焰开始以点火源为中心向四周蔓延，当四周温度升高至着火点便开始燃烧，形成新的燃烧层面。到 0.06s 时，从图中可以看出，火焰前锋已到达泄爆夹层，此时火焰开始变形，到最后高温区充满泄爆夹层。

在整个过程中，爆炸场被划分为三个区域：已燃区、燃烧火焰面、未燃区。已燃区温

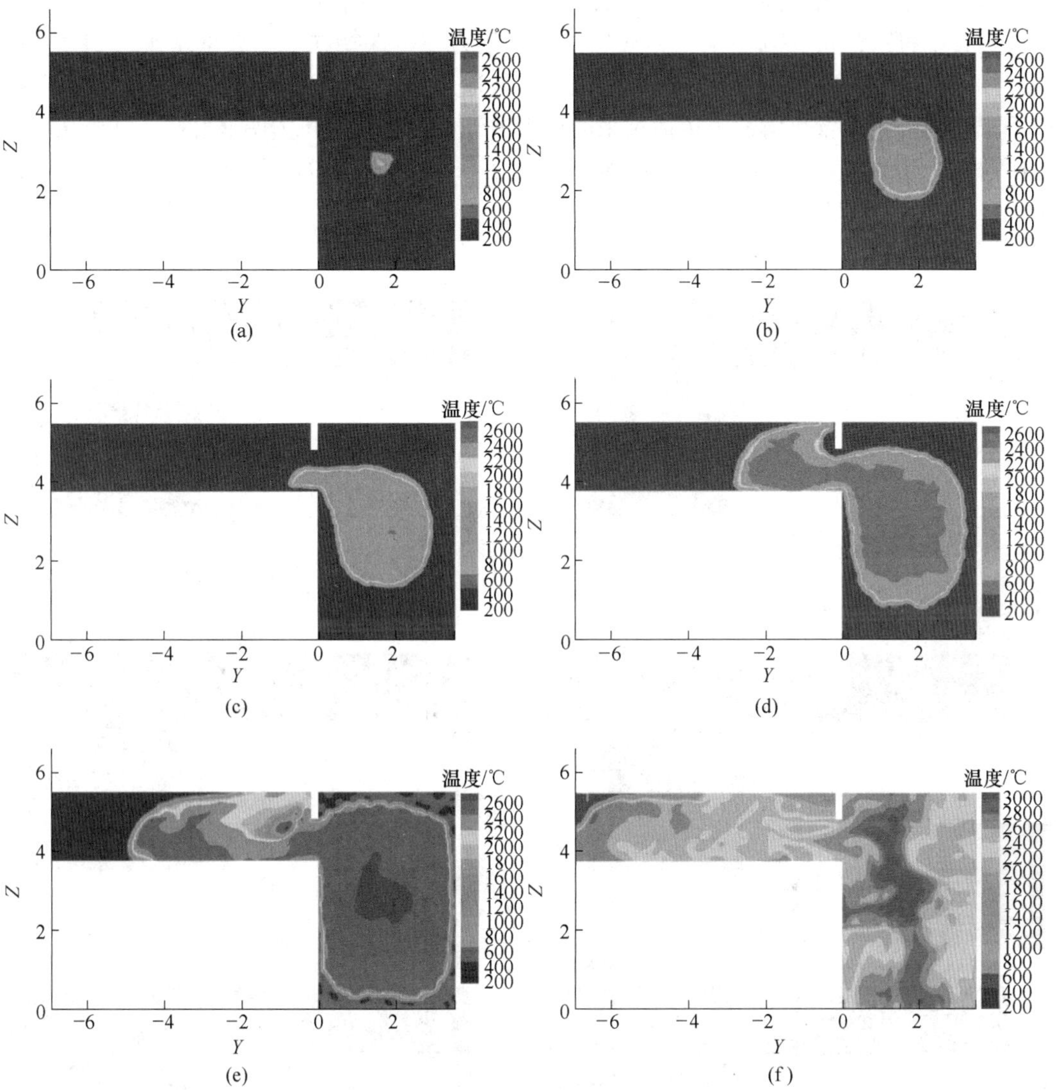

图 6-6 厨房火焰传播过程

(a) t=0.04s；(b) t=0.05s；(c) t=0.06s；(d) t=0.07s；(e) t=0.08s；(f) t=0.09s

度较高，云图颜色更深。在已燃区外部，气体被加热，加热区也可分成不同温度区域。当火焰面到达壁面，最先到达壁面的被后方压力波挤压，火焰面沿着壁面扩散。0.06~0.07s 时，火焰前锋的宽度明显增大，分析原因是由于泄爆夹层的存在，火焰加速传播。0.07~0.09s 这种趋势更加明显。并且从 0.07~0.08s，夹层壁面附近的火焰面超过了夹层轴向中心的火焰面，这是由于火焰传播到夹层壁面后，壁面的约束使得火焰产生了湍流，在湍流作用下火焰开始变形、被拉伸。火焰变形后面积大大增加，所以壁面附近的火焰速度要大于中央的速度。火焰加速的另一个可能的原因是火焰阵前的未燃气体被前驱冲击波不断加热，为后续的化学反应提供了有利条件。

图 6-7 给出了厨房和泄爆夹层内压力分布，从中可以看出点火后压力波从点火位置开

始以球形波呈圆环状向周围传播，在 0.006s 时压力波传播至墙壁处，经墙壁反射后，反射波与传播过来的波相互叠加。在初始阶段，压力基本保持在一个较低水平，到 0.008s 时，由于厨房左侧存在泄爆夹层，故左侧压力波通过夹层继续保持球形波状，已经传播到壁面的压力波经墙壁反射，与传播过来的球形波互相叠加使得压力明显升高。随着压力波不断叠加，压力在 0.08s 左右逐渐有所增加。在 0.085s 时压力增至最大，随后压力持续下降。

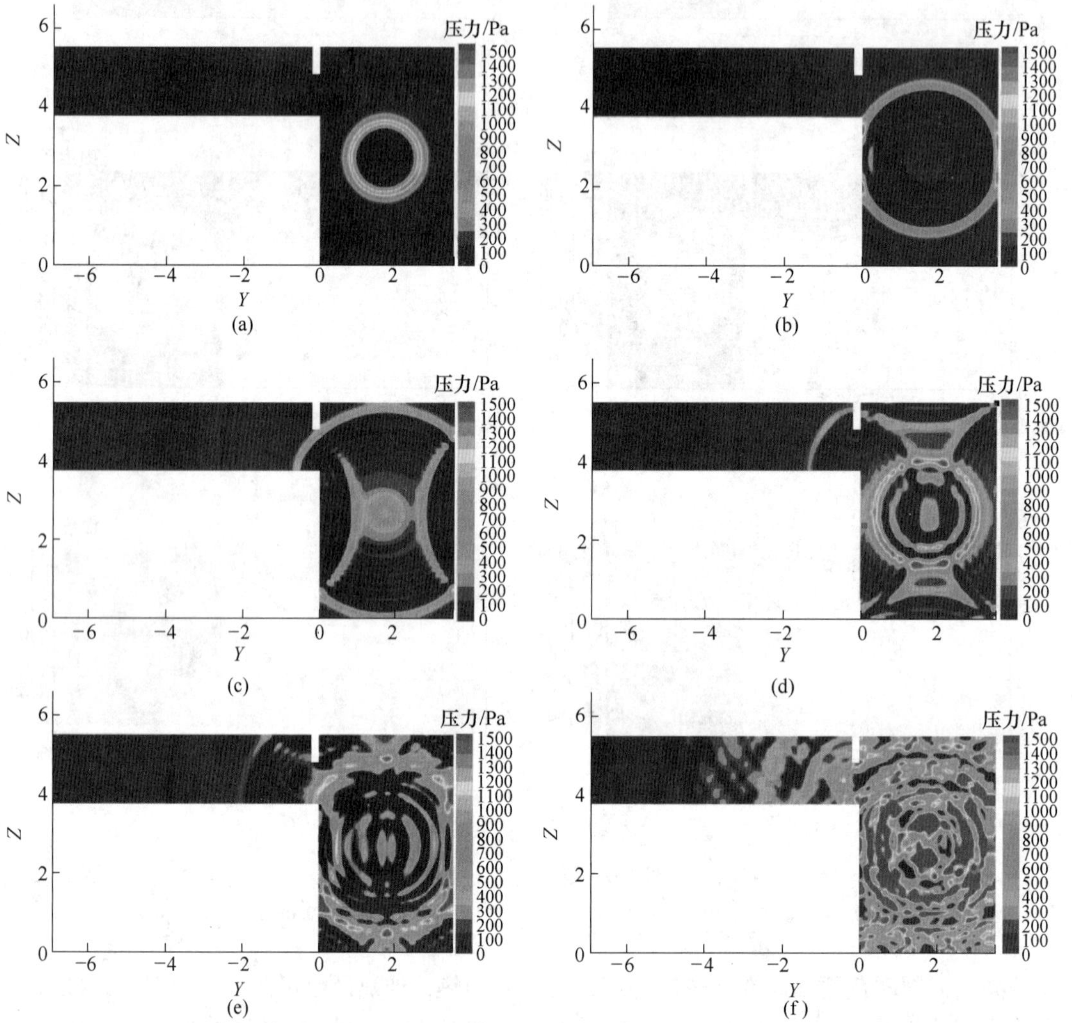

图 6-7　厨房压力分布

（a）$t=0.004$s；（b）$t=0.006$s；（c）$t=0.008$s；（d）$t=0.01$s；（e）$t=0.012$s；（f）$t=0.022$s

天然气燃爆的实质是甲烷和空气组成的爆炸性混合气体在高温诱导下发生的一种剧烈的化学反应并伴有大量的热量生成。在起始阶段，压力波以球形波开始传播，球面面积逐渐增大。由于空间内壁面的影响，压力波在传播的过程中，碰到壁面后发生反射，加速了火焰的传播，并在一定距离上形成平面压力波。由于空间密闭，压力液经过多次与壁面碰撞发生反射最终形成平面波。由此可以看出，天然气爆燃传播是火焰和压力波共同传播的过程。

图 6-8 给出了厨房和泄爆夹层壁面上压力测点显示的压力变化情况。从各测点压力曲线可以看出：*A* 点位于带有泄爆夹层的正面墙中心，在 0.075s 之前压力基本保持在一个较低水平，在 0.075s 之后逐渐有所增加，在 0.085s 时，由于壁面的反射，爆炸冲击波和反射波叠加作用，引起了压力的最大跃升，峰值增大到 3MPa。在后续过程中，由于受到左侧泄爆夹层的影响，压力波向左侧继续传播，同时继续与墙壁进行反射作用，但超压水平明显降低。*B* 点、*C* 点的压力为 1.3MPa 左右，可以明显看出，远低于 *A* 点压力。*D* 点位于泄爆夹层的下表面中心，在 0.06s 之前压力基本保持在一个较低水平，在 0.06s 之后以波动的形式逐渐增加，在 0.1s 时爆炸冲击波传播到 *D* 点，压力增大到最大值 0.58MPa，随后降低至 0.4MPa 左右波动。

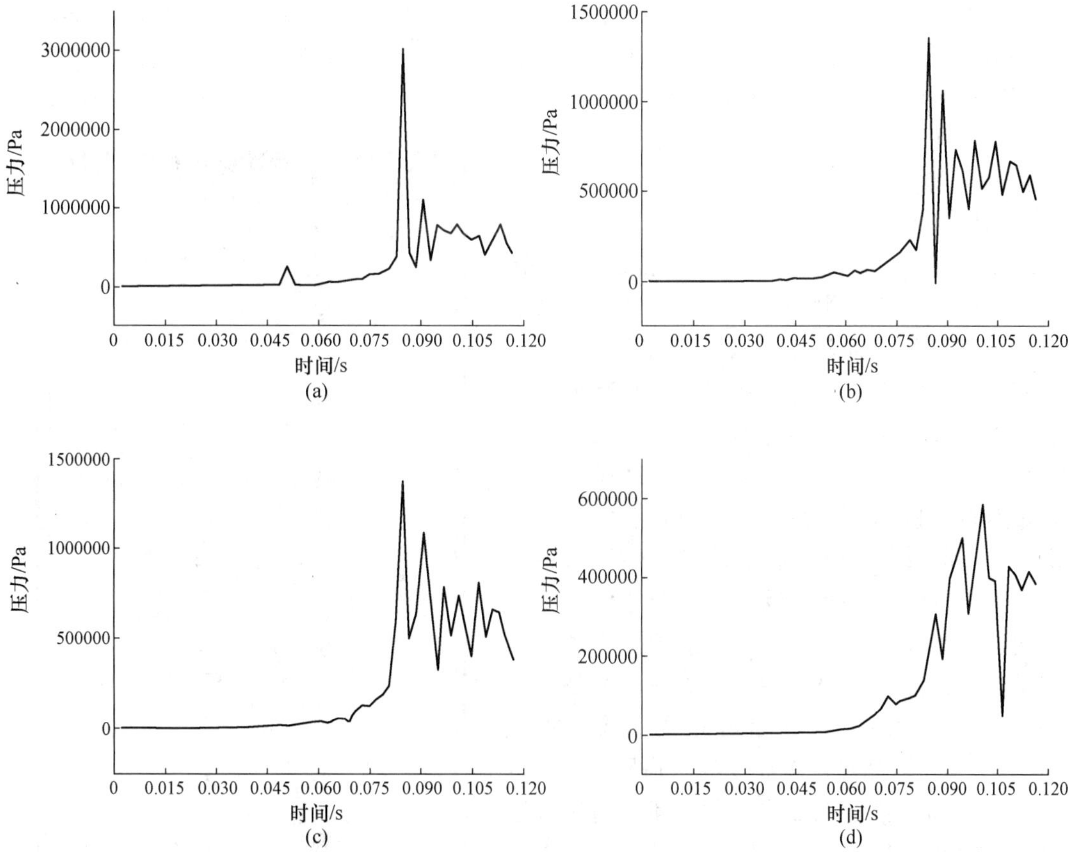

图 6-8 典型位置压力变化

(a) *A* 点压力变化，位于厨房前面中心；(b) *B* 点压力变化，位于厨房顶面中心；
(c) *C* 点压力变化，位于厨房侧面中心；(d) *D* 点压力变化，位于泄爆夹层下表面中心

在整个厨房的内部区域中，点火源在中心，*A* 点的压力峰值远高于 *B*、*C* 两点的压力峰值，分析原因是由于厨房左侧泄爆夹层的存在，使得在夹层附近产生的压力波值相对较低，在压力值到达峰值后，由于空间受限，压力波在经过泄爆夹层和厨房各壁面的反射作用后，可以看到，*A*、*B*、*C* 三点在 0.09s 时再一次到达一个小高峰，随后处于一个较低的

波动水平。比较 A、B、C、D 四点可知，泄爆夹层内的压力值低于厨房内的压力值，且位于泄爆夹层附近的 B、C 两点的超压值在较长时间内维持在较低水平内，若没有泄爆夹层的存在，室内的压力会一直增大直到甲烷彻底消耗完，发生燃气爆炸造成的危险性更大，更具有破坏性。

6.3　液氨储罐泄漏的模拟

6.3.1　PHAST 简介

目前针对石化行业的后果定量分析软件较多，如挪威船级社（DNV）开发的 PHAST 软件、壳牌公司（SHELL）开发的 FRED 软件、荷兰应用技术研究院（TNO）开发的 DAMAGE 软件等。其中 PHAST 软件是典型的商业型后果模型软件，在安全管理和技术评价领域较为权威，它有比较全面的危险物质数据库和一系列事故模型，适用范围很广。

PHAST（Process Hazard Analysis Software Tool），是挪威船级社 DNV 公司开发的。该软件还包括 SAFETI（Software for Assessment of Flammable, Explosive and Toxic Impacts）部分。其中 PHAST 用于物料泄漏、扩散过程及事故后果的模拟计算，能给出有毒云团的扩散范围、可燃物质的燃烧热辐射、爆炸冲击波程度和范围，可为事故发生后的现场控制、采取相应的安全对策措施等提供科学的依据。SAFETI 用于定量风险分析和危险性评价的软件，它对物料泄漏、扩散过程、事故后果及风险值进行模拟计算，给出可能的事故风险范围及指定点的风险值，可实现定量风险分析。由于软件内部集合了化工行业大部分的物质（尤其是易燃、易爆、有毒等危险物质）相对较全的物料参数（熔点、沸点、燃点、爆炸极限、临界压力、毒害性等）、卫生标准下的各等级标准、危害程度的分级标准以及对以往事故的大量搜集得出的对比数据等，因此该软件模拟得出的数据与现实吻合度很高，应用十分广泛。

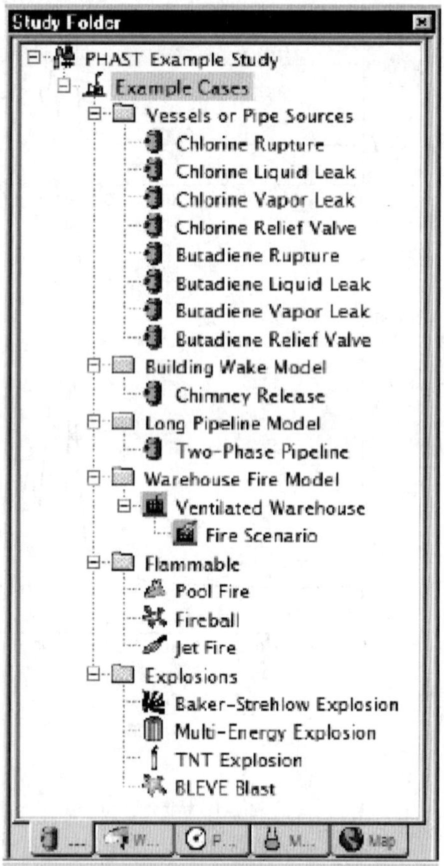

图 6-9　软件模型汇总图

图 6-9 为实例中所列出的可用模型，可总体分为 6 大类：容器、管道泄漏模型，建筑模型，长管线泄漏模型，仓库火灾模型，燃烧模型及爆炸模型等。

（1）容器、管道泄漏模型。容器及管道内部物质的泄漏可用此模型进行计算，如罐体破裂、罐体不同大小孔径泄漏、管线断裂、阀门泄漏、长管道不同大小孔径泄漏、罐顶失效等。泄漏形态又可分为气相泄漏、液相泄漏、气液两相泄漏等。收集不同实例分析所需的数据，进行相关参数的输入，可得出相应的结果。如泄漏物质的扩散速率、泄漏物质浓度与距离的关系曲线、泄漏物质（有毒）的致死浓度范围、泄漏物质（可燃）的热辐射及爆炸超压危害范围等。

（2）建筑模型。此模型可用于建筑邻近位置的物料释放计算，该附近位置可以是建筑物内部，可以是靠近建筑物的地面，也可以为建筑顶部烟囱。

所有的建筑物都有其下风向低压回流区，该模型可计算回流区对释放物质的影响，绘制出回流区内以及靠近回流区的释放云图。

（3）长管道模型。当管道足够长（长度大于直径的300倍）时，计算管道全径破裂后的物料释放，或小孔泄漏（孔径远小于管道全径），需用此模型计算。对于短管道的全径破裂，则要用管道泄漏模型进行计算。

长管道的物料泄漏具有时间依赖性，会受到管道阀门闭合、管内物质流速、管道自身材料、泄漏外部环境、泄漏位置、泄漏孔径大小等因素的影响，这些因素在此模型中均得以体现。

（4）仓库火灾模型。仓库火灾模型用来计算存有毒物的仓库内发生火灾后，有毒气体形成的羽流影响范围。羽流的形状与持续时间由仓库内物质的种类及数量、仓库内的通风设备以及火灾的规模决定。

（5）燃烧模型。PHAST 软件包含有一系列独立的燃烧模型，如池火灾、火球、喷射火等。

根据不同的条件，输入所需的参数后，以上三种模型均可自动计算出火焰的形状与强度，另外还可得出辐射轮廓、辐射强度与距离的关系以及在某一点的辐射强度等数据。除了某一点的辐射强度以外，其他结果均可用图形与表格两种形式表示出来。

（6）爆炸模型。PHAST 软件包含有三个独立的爆炸模型：TNT 模型、Multi-Energy 模型、Baker Strehlow 模型。TNT 模型是最简单的，是 PHAST 软件早期版本默认使用的爆炸模型。Multi-Energy 模型是最为复杂的，需要大量周围环境的数据。Baker Strehlow 模型的复杂程度介于前两者之间。

运用 PHAST 软件进行模拟分析计算，需充分熟悉装置情况与周围环境情况。根据软件需求搜集必要的原始数据，如设备所处的环境条件、气象参数、工艺的设备参数、平面布置、点火源位置等，分析可能发生的事故类型。根据对事故状态的分析，选取不同的模型进行计算，以数字或图表的形式，计算出事故的风险结果。最后用此结果与相应的风险标准进行对比，若达不到标准，可据实情进行相应参数的变动，进而完善结果数据，并据变动进而完善设备的运行状态，以期达到最大限度的安全状态。

6.3.2 应用实例

在化工行业中，氨是不可缺少的物质，也是世界上产量最多的无机化合物之一。氨的储运是化工行业中重要的环节，这里选取某合成氨厂液氨储罐为例，用 PHAST 软件进行模型的建立与分析。

6.3.2.1 参数的确定与输入

液氨储罐发生泄漏的情况也分多种，如罐底小孔径泄漏、罐底大孔径泄漏、罐出口管断裂、罐体破裂等，各种不同的模型，都要在软件中建立。图 6-10 所示是该液氨罐中建立的简单三种模型，分别为罐体破裂、12mm 孔径泄漏、50mm 孔径泄漏。

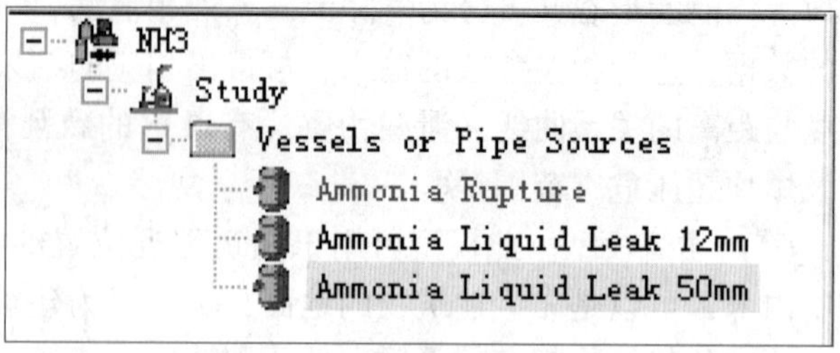

图 6-10　液氨储罐泄漏的三种场景

气象参数可自己设定，但一般应符合当地的天气情况。在此可以假定多种不同的天气情况，对每一种情况进行模拟。表 6-1 给出了液氨储罐考虑的三种气象条件。

表 6-1　气象参数

气象条件	大气压力/MPa	大气温度/℃	湿度/%	风速/m·s^{-1}	大气稳定度
1	0.1	30	85	5.0	D
2	0.1	15	80	3.0	E
3	0.1	5	80	1.0	F

厂内工作的液氨储罐有 4 个，均为圆形大容积储罐，一旦发生泄漏，将产生很大的影响。输入北 2 号储罐的工作参数，该储罐的容积为 1000m^3，作记录时的液位高度为 6.45m，底部压力为 2.3MPa，温度为 2.2℃，顶部压力为 2.25MPa。此外，还需介质的物性参数，罐区的布置图、厂区平面布置图或厂区区域位置图等，借此分析罐区发生泄漏事故后对厂区或周边的影响。所有的参数都完善以后，可运行软件。

6.3.2.2　运行软件

运行结果涉及的数据与图表较多，现选取部分图表，见图 6-11、图 6-12、表 6-2。由软件以 ppm（×10^{-6}）计量气体浓度，因此下列图表及数据中有关气体浓度的均以 ppm 表示。

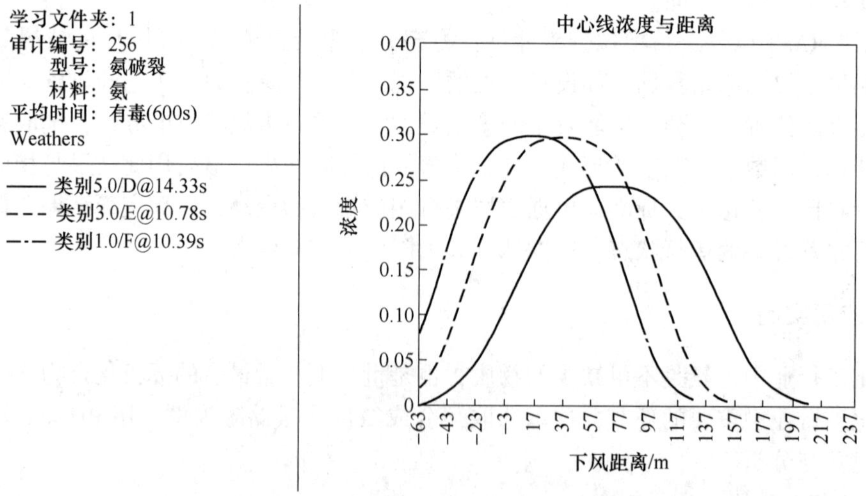

图 6-11　罐体破裂泄漏气体浓度与下风向距离的关系曲线

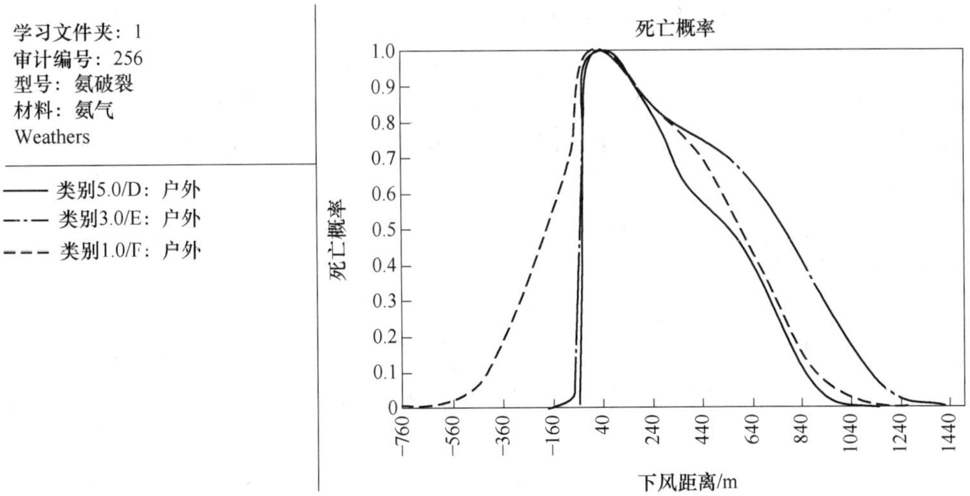

图 6-12　罐体破裂泄漏气体致死率与下风向距离的关系曲线

氨的 LFL（着火下限）为 160000×10^{-6}，UFL（着火上限）为 250000×10^{-6}；美国工业卫生协会（AIHA）制定的紧急响应计划指南 ERPG 中，给出了氨对人体产生不同影响的 ERPG 数值，见表 6-2。可根据必要的数值标准对氨泄漏后不同距离下的浓度进行判断，采取相应的措施。

表 6-2　氨对人体产生不同危害的 ERPG 数值

标准等级	数值	意义/人员暴露于有毒气体环境中约 60min
ERPG1	25×10^{-6}	除了短暂的不良健康效应或不当的气味之外，不会有其他不良影响的最大容许浓度
ERPG2	150×10^{-6}	不会对身体造成不可恢复之伤害的最大容许浓度
ERPG3	750×10^{-6}	不会对生命造成威胁的最大容许浓度

6.4　电缆着火过程模拟

6.4.1　FDS 介绍

FDS（Fire Dynamics Simulator）是美国国家标准与技术研究院（NIST）开发的一种计算机流体力学（CFD）模拟程序，其第 1 版在 2000 年 1 月发布，之后不断改进和更新。该程序的最新版为 2012 年 12 月发布的第 6 版（FDS6.0）。

FDS6.0 的主程序用于求解微分方程，可以模拟火灾导致的热量和燃烧产物的低速传输、气体和固体表面之间的辐射和对流传热、材料的热解、火焰传播和火灾蔓延、水喷淋与感温探测器和感烟探测器的启动、水喷头喷雾和水抑制效果等。FDS6.0 还附带有一个 Smokeview 程序，可用来显示和查看 FDS 的计算结果。它可以显示火灾的发展和烟气的蔓延情况，还能用于评判火场中的能见度。

FDS 采用数值方法求解一组描述低速、热驱动流动的 Navier-Stokes 方程，重点关注火灾导致的烟气运动和传热过程，对于时间和空间，均采取二阶的显式预估校正方法。FDS6.0 中包括大涡模拟（Large Eddy Simulation，LED）和直接数值模拟（Direct Numerical Simulation，DNS）两种方法。直接数值模拟主要是适用于小尺寸的火焰结构分析，而对于在空间较大的多室建筑结构内的烟气流动过程，则应选择 LES。FDS 默认的运行方式是 LES。

大涡模拟的基本思想是在流场的大尺度结构和小尺度结构（Kolmogorov 尺度）之间选择一个滤波宽度对控制方程进行滤波，从而把所有变量分成大尺度量和小尺度量。大尺度量用瞬时的 N-S 方程直接模拟，小尺度量则采用亚格子模型进行模拟。火灾烟气的湍流输运主要由大尺度漩涡运动决定，对大尺度结构进行直接模拟可以得到真实的结构状态。又由于小尺度结构具有各向同性的特点，因此对流场中小尺度结构采用统一的亚格子模型是合理的。

FDS6.0 中采用的是 Smagorinsky 亚格子模型。该模型基于一种混合长度假设，认为涡黏性正比于亚格子的特征长度 Δ 和特征湍流速度。根据 Smagorinsky 模型，流体动力黏性系数表示为：

$$\mu_{\mathrm{LES}} = \rho\,(C_{\mathrm{s}}\Delta)^2 \left[\frac{1}{2}(\nabla u + \nabla u^{\mathrm{T}}):(\nabla u + \nabla u^{\mathrm{T}}) - \frac{2}{3}(\nabla\cdot u)^2\right]^{1/2}$$

式中，$\Delta = (\delta x\delta y\delta z)^{1/3}$；$C_{\mathrm{s}}$ 为 Smagorinsky 常数。

流体的导热系数和物质扩散系数分别表示为：

$$k_{\mathrm{LES}} = \frac{\mu_{\mathrm{LES}}c_p}{Pr}$$

$$(\rho D)_{i,\ \mathrm{LES}} = \frac{\mu_{\mathrm{LES}}}{Sc}$$

式中，Sc 为流体的施密特数；Pr 为普朗特数；c_p 为流体定压比热。

大涡模拟能够较好处理湍流和浮力的相互作用，可以得到较为理想的结果，因此目前在火灾过程的模拟计算中得到了相当广泛的应用。

为了合理描述火灾这种特殊的燃烧过程，需要建立适当的燃烧模型。目前 FDS 中包括有限反应速率和混合分数两种燃烧模型。有限反应速率模型适用于直接数值模拟，混合分数燃烧模型则适用于大涡模型。FDS 中默认的是混合分数模型。

FDS 采用矩形网格来近似表示所研究的建筑空间，用户搭建的所有建筑组成都应与已有的网格相匹配，不足一个网格的部分会被当作一个整网格或者被忽略掉。

FDS 对空间的所有固体表面均赋予热边界条件以及材料燃烧特性信息，固体表面上的传热和传质通常采用经验公式进行处理。

6.4.2 FDS 的使用方法

6.4.2.1 编制数据输入文件

使用 FDS 进行计算前，应先编写数据输入文件。该文件大致由三部分组成：

（1）提供所计算场景的必要说明信息，设定计算区域的大小、网格划分的状况并添加必要的几何学特征。

（2）设定火源和其他边界条件。

（3）设定输出数据信息，例如某个截面或某点的温度、CO 浓度；某出口的质量流率。

在 FDS 的输入文件中每行语句必须以字符“&”开始，紧接着名单群，后面是相关的输入参数列，在语句的末尾应当以字符“/”终止。输入文件中的参数可以是整数、实数、数组实数、字符串、数组字符串或逻辑词。输入参数可用逗号或空格分隔开。在语句末尾“/”符号之后可以写相关的评注或注意。下面是一个 FDS 输入文件的示例：

```
&HEAD CHID='Atrium Fir', TITLE='Atrium Fire'/任务名称和标题
&TIME TWFIN=600.0/设定计算时间
&MESH IJK=40, 24, 100, XB=0, 20, 0, 12, 0, 20/设定网格数量和计算区域
&MISC TMPA=22 /设定初始环境温度
&REAC ID          ='POLYURETHANE'
      FYI         ='C_6.3 H_7.1 N O_2.1, NFPA Handbook, Babrauskas'
      SOOT_YIELD  =0.10
      N           =1.0
      C           =6.3
      H           =7.1
      O           =2.1   /设定可燃材料为聚亚氨脂
&SURF ID='BURNER', HRRPUA=30., PART_ID='smoke', COLOR='RED' /设定火源 &PART
ID='smoke', MASSLESS=.TRUE., SAMPLING_FACTOR=1 /示踪粒子参数
&VENT XB=9.5, 10.5, 5.5, 6.5, 0, 0, SURF_ID='BURNER' /火源位置
&VENT XB=8, 12, 0, 0, 0, 4, SURF_ID='OPEN' /开口
&INIT XB=0, 20, 0, 12, 5, 6, TEMPERATURE=23./初始温度梯度条件
&INIT XB=0  20  0  1  2  5  6  TEMPERATURE=23./
……
&INIT  XB=0  20  0  12  19  20  TEMPERATURE=51./
&SLCF PBY=6, QUANTITY='TEMPERATURE'/输出竖直中心面上的温度
&TAIL/结束
```

6.4.2.2 主要输入参数说明

（1）任务命名：HEAD。HEAD 用于给出相关输入文件的任务名称，包括 2 个参数：CHID 是一个最多可包含 30 个字符的字符串，用于标记输出文件；TITLE 是描述问题的、最多包含 60 个字符的字符串，用于标记算例序号。

（2）计算时间：TIME。TIME 用来定义模拟计算持续的时间和最初的时间步。通常仅需要设置计算持续时间，其参数为 TWFIN，缺省时间为 1s。上面的示例设置计算时间为 600s。

（3）计算网格：MESH。MESH 用于定义计算区域和划分网格。FDS 中的计算区域和网格均是平行六面体，计算区域大小通过一组 XB 开头的六个数值来确定，上面的示例定义了长为 20m、宽为 12m、高为 20m 的长方形计算区域，X、Y、Z 方向的网格（GRID）数由 IJK 后的三个数值来确定，示例中分别为 40、24 和 100 个。

（4）综合参数：MISC。MISC 是各类综合性输入参数的名称列表组，一个数据文件仅有一个 MISC 行。上面示例中的 MISC 表示将环境温度设定为 22℃。

（5）燃烧参数：REAC。REAC 用来描述燃烧反应的类型，在 FDS 输入文件中可以不用 REAC 语句定义反应类型，此时默认的反应物为丙烷。REAC 语句可以定义参与燃烧的可燃物名称、化学分子式、产烟量、CO 产量、燃烧热等参数，也可以采用程序的默认值。上面的示例定义了一种名为聚亚氨脂的可燃物，并给出了其化学分子式和产烟量。

（6）障碍物：OBST。OBST 用于描述障碍物状况，每个 OBST 行都包含计算区域内矩形固体对象的坐标、性质以及颜色等参数。障碍物的坐标由 XB 引导的一组六个数值来确定，在 OBST 行中的表示为：XB=X_1，X_2，Y_1，Y_2，Z_1，Z_2。

（7）边界条件：SURF。SURF 用于定义流动区域内所有固定表面或开口的边界条件。固体表面默认的边界条件是冷的惰性墙壁。如果采用这种边界条件，则无需在输入文件中添加 SURF 行；如果要得到额外的边界条件，则必须分别在本行中给出。每个 SURF 行都包括一个辨识字符 ID='.'，用来引入障碍物或出口的参数。而在每一个 OBST 和 VENT 行中的特征字符 SURF_ID='.'，则用来指出包含所需边界条件的参数。

SURF 还可用来设定火源，HRRPUA 为单位面积热释放速率（kW/m^2），用于控制可燃物的燃烧速率。如果仅需要一个确定热释放速率的火源，则仅需设定 HRRPUA。例如：

```
&SURF ID='BURNER', HRRPUA=30/
```

这表示将 30kW/m^{2}的热释放速率应用于任何 SURF ID='BURNER'的表面之上。

SURF 还可以用来设定热边界条件和速度边界条件。

（8）通风口：VENT。VENT 用来描述紧靠障碍物或外墙上的平面，用 XB 来表示，其六个坐标中必须有一对是相同的，以表示为一个平面。在 VENT 中可以使用 SURF_ID 来将外部边界条件设为“OPEN”，即假设计算域内的外部边界条件是实体墙，OPEN 表示将墙上的门或窗打开。VENT 也可用来模拟送风和排烟风机。如：

```
& SURF ID='BLOWER', VEL=-1.5 /
& VENT XB=0.50, 0.50, 0.25, 0.75, 0.25, 0.75, SURF_ID='BLOERW'/
```

表示在网格边界内创建了一个平面，它以 1.5m/s 的速度由 x 坐标的负方向向内送风。

（9）输出数据组。在输入文件中还应设定所有需要输出的参数，如 THCP、SLCF、BNDF、ISOF 和 PL3D 等，否则在计算结束后将无法查看所需信息。查看计算结果有几种方法。如热电偶是保存空间某给定点温度的量，该量可表示为时间的函数。为了使流场更好地可视化，可使用 SLCF 或 BNDF 将数据保存为二维数据切片。这两类输出格式都可以在计算结束后以动画的形式查看。

另外还可用 Plot3D 文件自动存储所需的流场图片。示踪粒子能够从通风口或障碍物注入流动区域，然后在 Smokeview 中查看。粒子的注入速率、采样率及其他与粒子有关的参数可使用 PART 名单组控制。

（10）结尾：TAIL。数据输入文件以“&TAIL”为最后一行，表示所有数据已全部输入完毕。

在 FDS 中还有一些常用的语句，如 INIT 语句可以定义指定区域初试温度，MAIL 语句可以定义制定材料性质等，具体可参见 FDS 用户手册。

6.4.2.3 运行和查看结果

编写好的数据输入文件检查无误后，即可将其存放在预定文件夹中。对于 MS

Windows 的用户，需打开命令提示窗口，找到 . fds 输入文件所在的目录，输入命令提示：

fds6 job _ name. fds

即可开始模拟计算。

计算完成后，可以打开目标文件夹内的 . smv 文件查看计算结果。其中某些计算结果，如火源热释放速率和热电偶测得的温度值等，会存储为 . csv 格式的文件，可使用 Microsoft Office Excel 等软件直接打开进行查看。

6.4.3 电缆内热源燃烧过程模拟

6.4.3.1 模型设置

模拟暴露于 30℃ 环境温度中的开放环境下的单根电缆着火过程。整体模型如图 6-13 所示，电缆本体模型被简化为长方体结构，截面尺寸为 4cm×4cm，缆芯尺寸为 2cm×2cm。故障热源设定在电缆轴向中心位置，并将故障热源等效到附近的一段缆芯区域（见图 6-14），等效长度为 12cm。

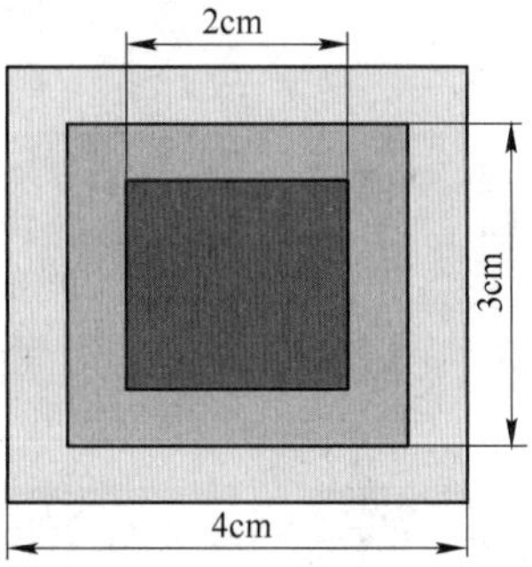

图 6-13 电缆模型截面

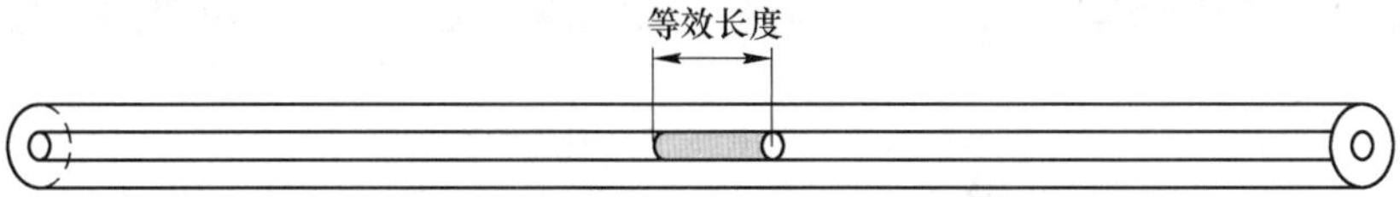

图 6-14 缆芯接触电阻等效处理图示

对于电缆的具体结构，除金属缆芯外，其他结构被简化为两层绝缘材料，即 XLPE 绝缘层与 PVC 外保护层，具体见表 6-3，厚度均为 0. 5cm。由于电缆内部的复杂性和不确定性，假定基本故障热源为 $10000\mathrm{kW/m^3}$。

材料尺寸及热分析参数见表 6-3。

表 6-3 电缆结构参数

结构	材料	厚度/mm	密度/$\mathrm{kg\cdot m^{-3}}$	热导率/$\mathrm{W\cdot(m\cdot K)^{-1}}$	比热容/$\mathrm{J\cdot(kg\cdot K)^{-1}}$
缆芯	铜	20	8700	387	380
绝缘层	XLPE	5	922	0. 32	2250
外保护层	PVC	5	1380	0. 192	1350

模拟计算出的热解气体通过式（6-10）进行燃烧反应，具体的燃烧热模拟软件按照给

定的燃烧热进行自适应计算。

$$C_2H_3Cl + 1.53O_2 \longrightarrow HCl + H_2O + 0.14CO + 0.96CO_2 + 0.9C(soot) + 16.4mJ/kg \tag{6-10}$$

6.4.3.2 结果分析

图 6-15 给出了电缆故障情况下由内热源引发的燃烧发展过程的模拟结果。从图中可以看出，与典型的阻燃电缆燃烧过程类似，电缆内热源的燃烧过程同样经历了着火、扩散、减弱、熄灭的过程。不同的是，电缆内热源的着火需要很长的时间进行预热及材料的热解。本模拟案例中，电缆经过接近 1000s 左右的预热后才逐步接近燃烧状态，在 1500s 左右出现明显的火焰图像，火焰在 2500s 时接近最大火焰高度，并且随后逐步向两侧扩展蔓延，火焰高度降低，火焰整体呈现 M 型分布，直至最终火焰熄灭。

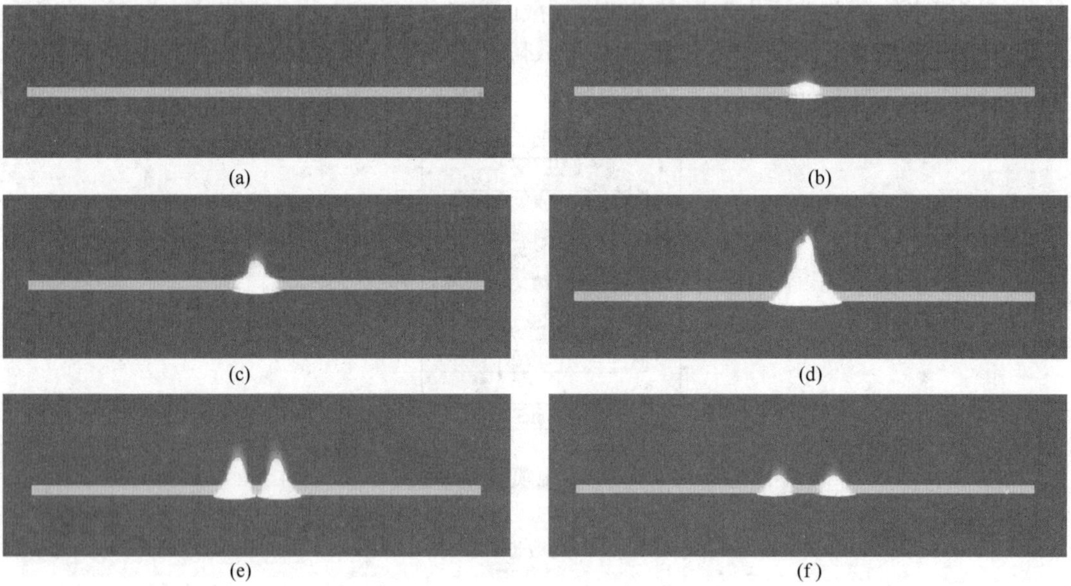

图 6-15 单根电缆燃烧内热源过程

(a) 1000s；(b) 1500s；(c) 2000s；(d) 2500s；(e) 3000s；(f) 3500s

对应前文的燃烧过程，由图 6-16（a）可知，在着火现象发生前，电缆整体最高温度在故障热源区域，并且，缆芯材料良好的导热性能会产生“散热”效果，降低缆芯区域的热量积聚速度。随着缆芯温度的不断升高，电缆逐渐开始燃烧，并在 2500s 左右达到火焰峰值。随着燃烧的进行，火焰从故障热源中心区域逐渐蔓延，直到最终熄灭。

具体的电缆径向温度分布如图 6-17 所示，对应于电缆燃烧过程及温度云图，在电缆着火之前，电缆径向温度由内向外主要呈逐渐降低趋势，除了热传导的原因，还因为在由内向外的过程中绝缘层也会在达到热解条件后逐渐吸热分解。电缆着火后，在外界火焰的影响下，表层绝缘材料受到加热，电缆径向的温度分布呈现由内而外先降低后上升的趋势。

对于电缆内热源的火灾过程，与外界火焰最明显的差异就是热量在缆芯轴向的传递，如图 6-18 所示，在故障热源作用下，电缆轴向会存在一定长度的高温区域，因此，会存在故障热源对未燃烧区域的“预热”效果，这也会加速火焰的轴向蔓延过程。

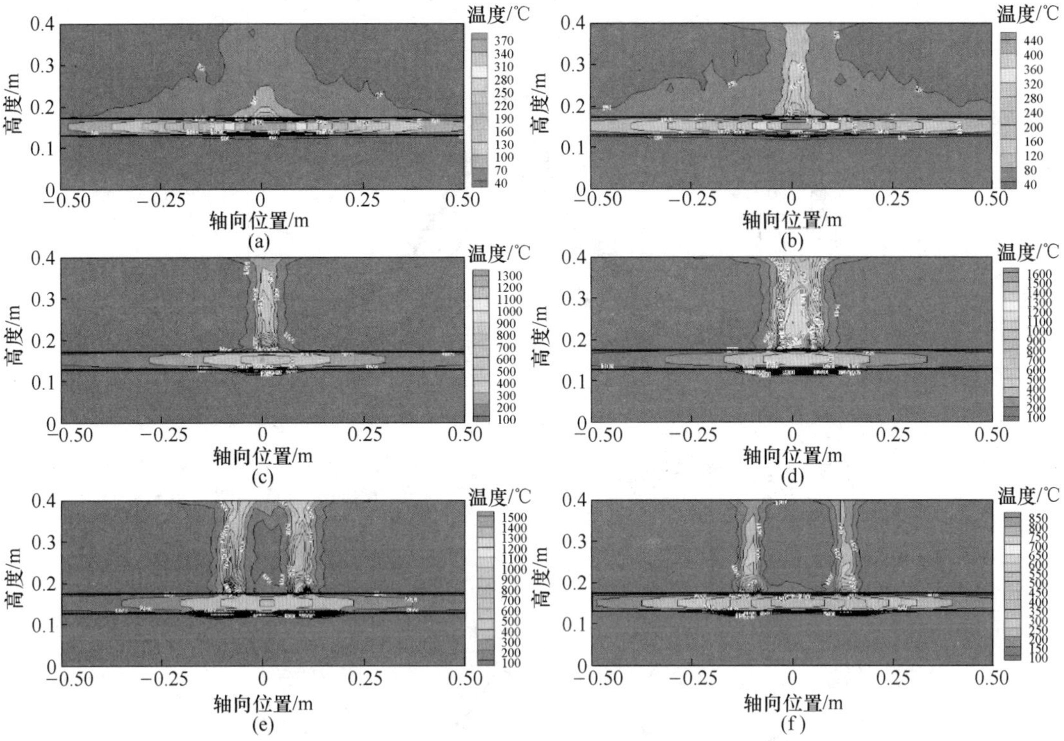

图 6-16 电缆燃烧过程温度云图（10000kW/m^3）

（a）1000s；（b）1500s；（c）2000s；（d）2500s；（e）3000s；（f）3500s

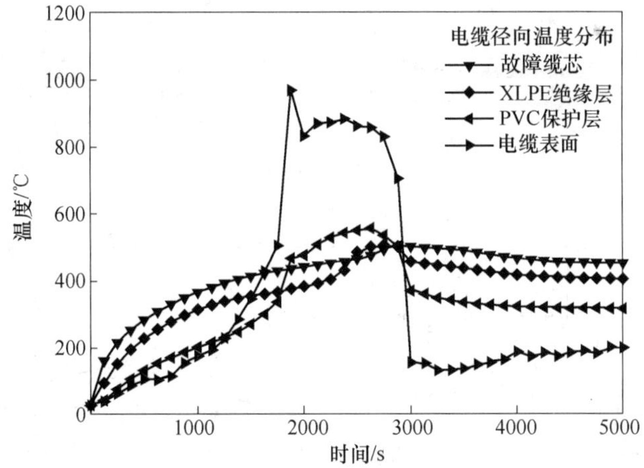

图 6-17 电缆径向温度分布

HRR 曲线一定程度上代表了火灾的发展过程，而且 HRR 峰值代表火灾在强度方面的危害。如图 6-19 所示，发展过程与典型火灾一致，且热释放速率与前文的燃烧过程一致，电缆着火发生在 1500s 左右，并且随着时间的推进，电缆火灾进入快速发展阶段，在 2500s 左右达到峰值，并在一段时间近似平衡后进入火灾减弱阶段，在 3600s 左右接近熄灭状态（见图 6-20）。

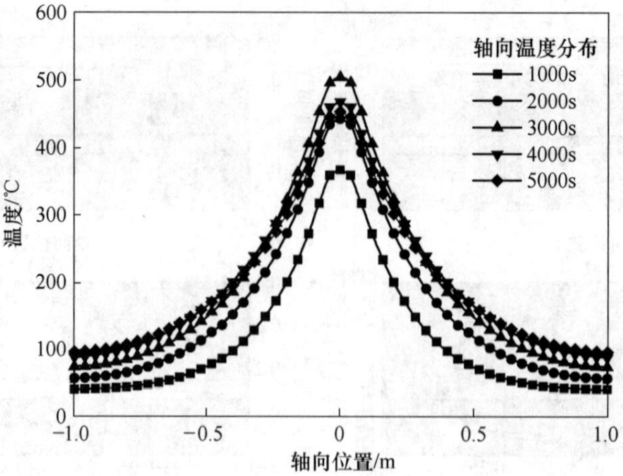

图 6-18 电缆轴向温度分布

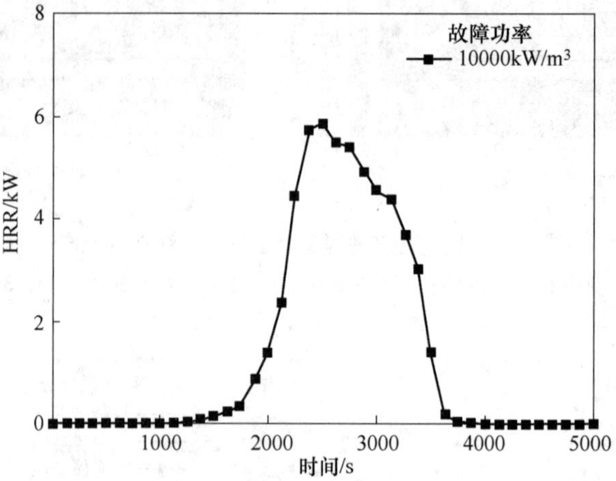

图 6-19 不同热源功率下的 HRR

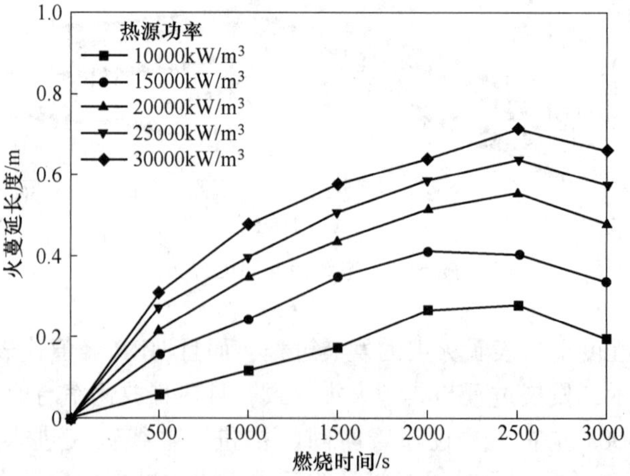

图 6-20 火蔓延长度随燃烧时间变化

火蔓延长度（FSL）定义为火焰两端前锋之间的总长度。由火蔓延过程发现，在研究范围内，FSL 随热源功率的增加整体呈先增大后减小的趋势，这也与典型的燃烧过程类似，对于单根电缆而言，电缆燃烧或蔓延长度基本成线性变化，仅在达到最大之后存在一定程度的持续，随后出现一定的减小。出现这种现象的原因主要与火焰邻近熄灭状态时，火焰大小减小、火焰前锋消退有关。

思 考 题

6-1 常用的湍流模型有哪些？简述各种湍流模型的特点。

6-2 控制方程的离散化方法有哪些？其各自的求解思路和特点是什么？

6-3 如何选择 Fluent 的求解方法？

6-4 简述 Fluent 的求解步骤。

6-5 FDS 输入语句的基本格式有何特点？FDS 常用的引导词有哪些？

6-6 试用 FDS 模拟柴油池火。

7 重大危险源控制技术

扫码获得数字资源

学习要求

- ➢ 了解压力容器安全控制技术。
- ➢ 掌握典型工业生产过程中火灾、气体和粉尘爆炸的安全控制技术。

7.1 重大危险源的监控

安全生产监督管理部门应建立重大危险源分级监督管理体系，建立重大危险源宏观监控信息网络，实施重大危险源的宏观监控与管理，最终建立健全重大危险源的管理制度和监控手段。

生产经营单位应对重大危险源建立实时监控预警系统，应用系统论、控制论、信息论的原理和方法，结合自动检测与传感器技术、计算机仿真和计算机通信等现代高新技术，对危险源对象的安全状况进行实时监控，严密监视那些可能使危险源对象的安全状态向事故临界状态转化的各种参数变化趋势，及时给出预警信息或应急控制指令，把事故消灭在萌芽状态。

7.1.1 重大危险源宏观监控系统

7.1.1.1 宏观监控的主要思路

(1) 在对重大危险源进行普查、分级，并制订有关重大危险源监督管理法规的基础上，明确存在重大危险源的企业对于危险源的管理责任、管理要求（包括组织制度、报告制度、监控管理制度及措施、隐患整改方案、应急措施方案等），促使企业建立重大危险源控制机制、确保安全。

(2) 应急管理部门依据有关法规，对存在重大危险源的企业实施分级管理，针对不同级别的企业，确定规范的现场监督方法，督促企业执行有关法规，建立监控机制，并督促企业对隐患进行整改。建立健全新建、改建企业重大危险源申报和分级制度，使重大危险源管理规范化、制度化，同时与技术中介组织配合，根据企业的行业、规模等具体情况，提供监控的管理及技术指导。在各地开展工作的基础上，逐步建立全国范围内的重大危险源信息系统，以便各级应急管理部门及时了解、掌握重大危险源状况，从而建立企业负责、应急管理部门监督的重大危险源监控体系。

(3) 重大危险源的安全生产监督管理工作主要由区县一级应急管理部门进行；信息网络建成之后，市级应急管理部门可以通过网络了解一、二级危险源的情况和监察信息，有重点地进行现场监察；国家应急管理部门可以通过网络对各城市的一级危险源的监察情况进行监督。

7.1.1.2 宏观监控系统的设计思想

各城市应建立重大危险源信息管理系统。该系统包括各企业重大危险源的普查分类申报信息、危险源分级评价信息、企业对重大危险源管理情况信息及事故应急救援预案，以及应急管理部门对重大危险源的监察记录等信息。有条件的城市可建立以地理信息系统为基础的重大危险源信息管理系统，使重大危险源的分布情况更加直观。该系统可以把应急管理部门对重大危险源监控管理工作提高到一个新的层次，直接通过计算机实现对各企业重大危险源监控工作的监督管理及跟踪企业重大危险源的分布变化情况，使应急管理部门的管理工作从直观性到实时性都有很大的提高，更好地为应急管理部门服务。

为了便于信息的传递和更新，各城市应建立各区县应急管理部门与市应急管理部门的信息网络系统，定期进行数据的更新。

设立国家重大危险源监控中心，建立以地理信息系统为基础的重大危险源监控总系统，并搜集各城市重大危险源的分布管理情况。对于已经建立地理信息系统的城市，城市重大危险源的分布、状况信息和管理情况可以直接在总系统的电子地图上显示出来，为国家应急管理部门决策所用。待条件成熟之后，可以把重大危险源监控总系统、各城市的监控子系统以及企业的计算机监控系统通过网络相连。

7.1.1.3 宏观监控系统网络设计方案

各子系统要求采集城市所辖的重大危险源信息，在各城市的地理信息系统（电子地图）上进行危险源信息的统计、报表以及多媒体信息显示，并将危险源信息和监察企业执行重大危险源安全管理有关规定的情况及时发送给监控总系统。

监控总系统要求上国际互联网（Internet），建立自己的网络主页（Home Page），以便子系统和其他授权用户可以在网上访问总系统的主页。子系统将危险源信息和监察企业执行重大危险源安全管理有关规定的情况通过 Internet 及时发送给监控总系统。

重大危险源宏观监控系统的网络组成结构框图如图 7-1 所示。

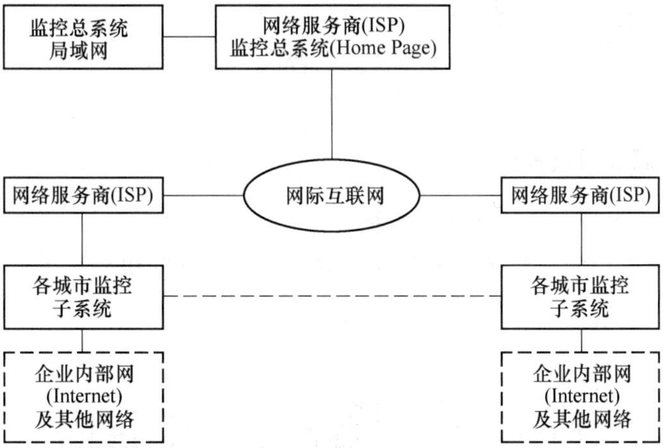

图 7-1 重大危险源宏观监控系统的网络组成结构框图

7.1.1.4 城市重大危险源信息管理系统

城市重大危险源信息管理系统集计算机数据管理、多媒体、地理信息系统于一身，能够为领导和有关部门及时、直观、形象地提供重大危险源信息，以及发生事故后抢险、救援信息，有利于有关领导及时、准确地决策，最大限度地减小发生重大事故的可能性及事故后造成的各项损失。城市重大危险源信息管理系统，为城市重大危险源的管理工作在综合采用现代技术和科技新成果、提高工作的现代化水平方面探索了一条新路。目前，北京、青岛等城市在此方面已做出了有益的尝试。

系统的目标和任务主要包括：

（1）重大危险源信息（包括多媒体及地理信息）的管理。

（2）重大危险源危险程度评估的计算机辅助分析。

（3）重大危险源事故应急救援预案的形象表述。

（4）为政府部门宏观管理和政府决策提供准确、全面、形象的信息、依据和手段，提高政府部门安全生产管理水平，促进重大事故隐患及重大危险源管理的规范化和科学化。

图 7-2 说明了系统各功能的关系。

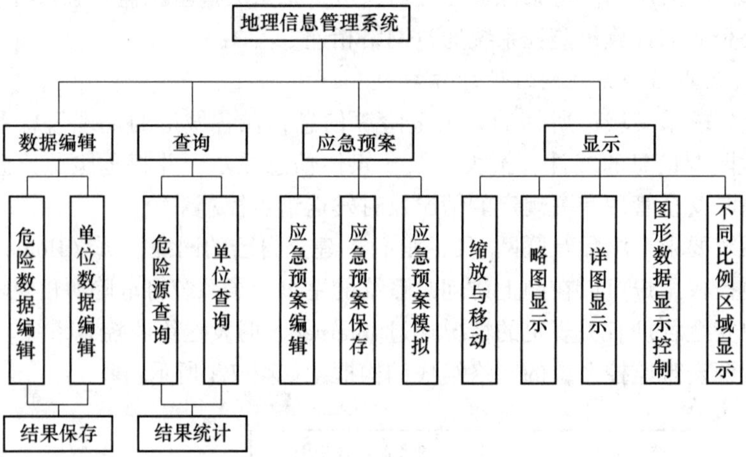

图 7-2　地理信息管理系统各功能关系

7.1.2　重大危险源实时监控预警技术

7.1.2.1　计算机控制系统的组成原理

重大危险源计算机实时监控预警系统的主体框架如图 7-3 所示。

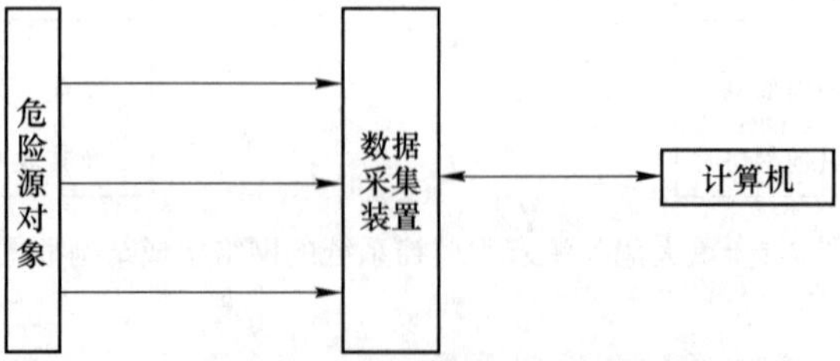

图 7-3　重大危险源监控预警系统的主体框架

危险源对象是指工业生产中所需的以及各种生产场所拥有的设施或设备，如罐区、库区、生产场所等对象。这些对象有各种易燃、易爆、毒性等危险物质，对安全生产和人身安全构成了极大的威胁。它们的特性参数是重大危险源监控预警系统所要关注的主要参数，将这些参数进行数据采集，转换成计算机所能识别的信号，进行计算机对重大危险源的检测、监控、预警和控制，预防重大事故发生，实现安全生产的目的。

要达到重大危险源的计算机自动检测和自动控制的目的，还应将主计算机所计算出的结果动态反馈到危险源对象上去，由执行结构对危险源对象的各种参数进行控制，使之运行在安全范围以内。计算机控制系统的典型结构如图 7-4 所示。

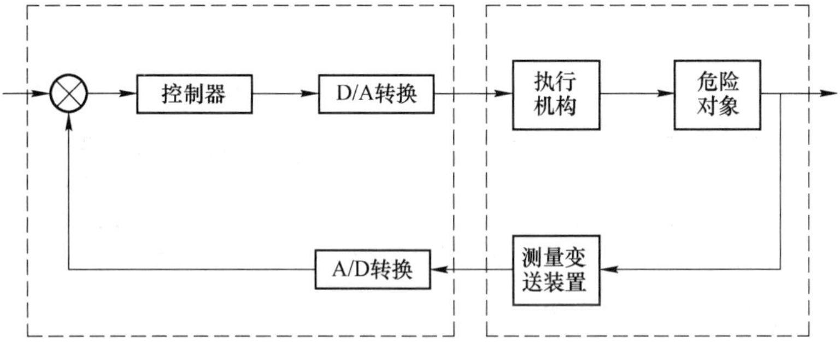

图 7-4 计算机控制系统的典型结构

众所周知，表征工业生产过程特性的物理参数（危险源对象）大部分是模拟信号，或者是开关量信号，而计算机采用的是数字信号。为此，两者之间必须有模/数转换器（A/D）和数/模转换器（D/A），以实现这两种信号之间的互相转换。尽管各种工业生产过程、危险源对象多种多样，但对其实施控制的计算机却大同小异。

7.1.2.2 危险源数据采集系统

应用系统安全工程的理论、观点和方法，结合过程控制、自动检测、传感器、计算机仿真、数据传输和网络通信等理论与实践技术，构成易燃、易爆、有毒重大危险源监控预警系统。

首先从危险源数据采集系统开始，分析事故的原因，找到需要采集的危险源对象和参数。

存储的物质可能是气体或液体，可能是有毒或无毒，可能是易燃或易爆，可能是液位超标溢出或者故障泄漏溢出等，造成火灾、爆炸等事故。不管怎样，危险源对象在安全状态和事故临界状态时的特征并不一样，因而只要检测到危险源对象参数的变化，就可以达到系统监控预警的目的。表征危险源对象的参数大多数是对象的温度、压力、液位、浓度、湿度等，根据各种对象参数的特点，采取相应的传感器材、检测手段，将各种参数信号转换成 0~5V 的电压信号或者是 0~20mA 或 4~20mA 的标准电流信号。

将标准信号通过数据采集装置，转换成计算机能够识别的数字信号，用于控制或预警系统的后处理。

数据采集装置可以是数据采集卡、单片机或 PLC，它往往可以同时采集多路标准信号。如果需要采集的标准信号很多，也可以选用多个数据采集装置。

有的系统需要采用数据采集装置所采集来的数据，但其与数采装置相距很远，此时需要采用远距离通信技术将数采装置采集的数字信号传送到较远的监控计算机上。必要的时候，还要采用网络技术，将其连成局域网。整个数据采集系统采取分布式层级结构，其结构框图如图7-5所示。

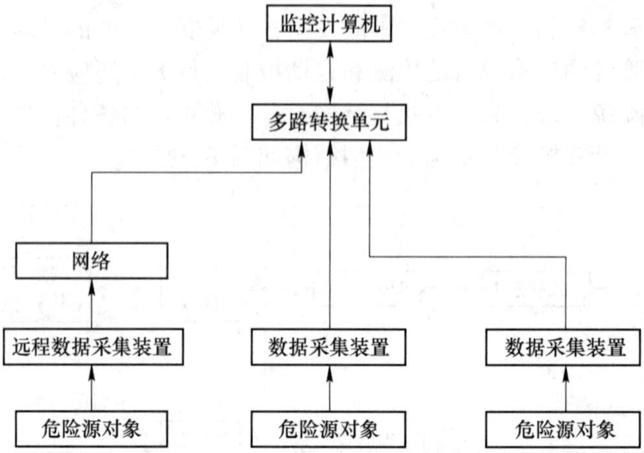

图7-5　数据采集系统结构框图

7.1.2.3　监控预警系统

重大危险源对象大多数时间运行在安全状态下，这是我们所期望的。监控预警系统的目的是监视正常情况下危险源运行情况及状态，并对其实时和历史趋势做一个整体评判，对系统的下一时刻做出超前（或提前）的预警行为，因而在正常情况下和非正常情况下应该有对危险源对象及参数的记录显示、报表等功能。

（1）正常运行阶段。正常工况下危险源运行模拟流程和运行主要参数（温度、压力、浓度、油-水界面、泄漏检测传感器输出等）的数据显示、报表、超限报警，并根据临界状态判据自动判断是否转入应急控制程序。

（2）事故临界状态。被实时监测的危险源对象的各种参数如果超出正常值的界限，就会向事故生成方向转化。如不采取应急控制措施，就会引发火灾、爆炸及重大毒物泄漏等事故。在这种状态下，监控系统一方面给出声、光或语言报警信息，由应急决策显示排除故障系统的操作步骤，指导操作人员正确、迅速恢复正常工况，同时发出应急控制指令（例如，条件具备时可自动开启喷淋装置使危险源对象降温，自动开启泄放阀泄压，关闭进料阀制止液位上升等）。例如，当可燃气体传感器检测到危险源对象周围空气中的可燃气体浓度达到阈值时，监控预警系统将及时报警，同时还能根据检测的可燃气体的浓度及气象参数（风速、风向、气温、气压、温度等）、传感器的输出信息，快速绘制出混合气云团在电子地图上的覆盖区域、浓度预测值，以便采取相应的措施，防止火灾、毒物泄漏范围的进一步扩大。

（3）事故初始阶段。如果上述预防措施全部失效，或因其他原因致使危险源及周边空间已经起火，为及时控制火势以及与消防措施紧密结合，可从两个方面采取补救措施：

1）应用“早期火灾智能探测与空间定位系统”及时报告火灾发生的准确位置，以便迅速扑救。

2）自动启动应急控制系统，将事故抑制在萌芽状态。

7.2 压力容器安全控制技术

压力容器应用范围很广，工作条件多种多样，如高温、高压、腐蚀介质作用等，因而对材料的要求也各不相同。由于绝大多数压力容器皆由钢板卷焊制成，因此本节仅以压力容器用钢板为例，介绍压力容器安全控制技术。

7.2.1 压力容器用钢要求

7.2.1.1 高温条件下对钢材的要求

A 温度对钢材力学性能的影响

钢材的力学性能通常用常温拉伸试验得出的抗拉强度、屈服强度、断后伸长率、断后收缩率及常温冲击吸收能量表示。其中，抗拉强度和屈服强度表示钢材的承载能力或抵抗外力破坏的能力；断后伸长率和断面收缩率表示钢材塑性变形的能力或承受塑性加工的能力；常温冲击吸收能量表示钢材在常温下承受冲击的能力，反映钢材的韧性或抵抗脆性破坏的能力。

温度对钢材的力学性能有显著的影响。在不同温度下对钢材进行拉伸试验时，钢材的力学性能变化有一定的规律，总的规律是随着温度的升高而强度下降、塑性增加，而且屈服点也越来越不明显。以低碳钢为例，低碳钢在200~250℃的温度区间内表现出强度上升、塑性降低和脆性增加的行为，同时断后伸长率比常温时下降约20%。因此该温度区间称为“蓝脆区”，因为在这个温度下，低碳钢通常呈蓝色。钼钢和铬钼钢到400~450℃时才出现蓝脆，断后伸长率比常温时下降5%~8%。在蓝脆区不宜进行有塑性变形的压力加工。过了蓝脆区，低碳钢的抗拉强度随温度上升而减小，塑性则随温度的上升而增加。

合金钢的力学性能随温度的变化与低碳钢相似，总的趋势是，随着温度的升高强度指标下降，塑性指标上升。

B 高温下的蠕变

钢材在高温下的一个重要力学行为特点是，即使载荷不变，长时间作用后也会使拉伸试样拉断。当进行不同应力值的拉伸时，其断裂的时间也不相同，应力越高，则断裂所需的时间越短。这是因为金属在高温下长时间受应力作用时，会发生缓慢塑性变形。金属长期在高温下受力发生缓慢塑性变形的现象称为蠕变。温度越高，应力越大，则蠕变现象越明显。大量试验表明，材料的蠕变温度与材料的熔点有关，以绝对温度计，蠕变温度为熔点温度的25%~35%。例如，碳钢约高于350℃、合金钢约高于450℃时就会有蠕变现象发生。

蠕变可以导致材料的破坏。材料自开始蠕变至蠕变破坏所持续的时间，称为蠕变寿命。试验表明，蠕变的快慢取决于载荷、温度、材质等因素。对于一定的材质，进入蠕变温度范围以后，载荷越大，温度越高，蠕变速度越快，至蠕变破坏所需的时间越短。对于一定的温度和载荷，在钢材中增加钨、钒等合金元素，可以有效地降低蠕变速度，增加蠕变寿命。

通常用持久强度与蠕变强度表示钢材的高温强度，即抗变能力。持久强度是指在一定温度下，经过规定的工作期限引起蠕变破坏的应力。而蠕变强度则是在一定温度下，在规定的工作期限（1×10^5h）内引起规定蠕变变形（1%）的应力。

松弛是特定情况下的一种蠕变现象。承载初期仅发生弹性变形的螺栓或弹簧，在高温和应力作用下逐步产生塑性变形，即蠕变变形。由于总应变不变，塑性变形的增加伴随着弹性变形的减小，即弹性变形逐步转化成了塑性变形。而螺栓或弹簧中的应力是与弹性变形成比例的，随着弹性变形的减小和塑性变形的增加，螺栓或弹簧中的应力水平逐渐降低，本来拉紧的螺栓或弹簧产生了松弛。

C 高温下的氧化

钢材在高温下的氧化是指钢材与氧化性气体介质进行的化合作用，但它不是在电解质溶液中的电化学腐蚀，而是在干燥的高温氧化性环境中的化学腐蚀。这种反应常发生在加热炉中。温度越高，氧化反应越快。碳钢经 560~570℃ 的高温氧化腐蚀之后形成 Fe_2O_3、Fe_3O_4和 FeO 三种氧化物，其中以 FeO 为主，而 FeO 是一种结构疏松的氧化膜，它不仅不能阻止高温氧化反应，而且氧化膜不断剥落，使腐蚀层层加深，壁厚渐薄，危及容器或管道的安全。工程中可采用氧化腐蚀深度指标来评定钢材在某一规定时间内腐蚀的深度，即评定钢材的耐热性。在钢中加入合金元素铬、钼，可以提高钢材的抗氧化性能，即提高耐热性。

D 高温下的氢腐蚀

高温下氢原子可以向钢材内扩散，并且钢材中的氢气分压越高，氢原子的扩散越快，氢原子渗透到钢的内部在高温下将与钢中的碳发生化学反应而生成 CH_4，致使钢材脱碳，这就是高温高压下的氢腐蚀。脱碳使钢的高温强度下降，CH_4在内部空穴中聚集，可引起材料局部破裂。

对于压力容器来说，除了钢材在冶炼过程中有可能吸收氢而导致氢腐蚀外，还需要特别关注焊接过程与使用过程可能形成的氢腐蚀。焊接时，焊剂中的水分或潮气、焊缝附近金属表面的油污等，在高温下能分解出氢，这些氢有可能熔入焊缝金属内，如果在焊缝冷却过程中这些氢不能及时扩散出去，就可能导致氢腐蚀。为防止焊接中氢原子熔于焊缝，需做到干燥焊条、焊丝及焊剂；清除金属表面的油污；焊后及时加热被焊部位，使焊缝缓慢冷却，以便焊缝中的氢及时扩散到大气中去，即进行焊后“消氢处理”。

E 高温下钢材的组织变化

在常温下，钢材的金相组织是稳定的，除非和腐蚀性的介质发生作用。钢材组织本身一般不随时间发生变化，钢材的力学性能也不随时间变化。在高温条件下，钢材中原子的扩散能力增加，这种内部原子扩散作用有可能导致钢材组织的各种变化，包括一些危及安全的组织变化。钢材较为危险的组织变化是珠光体球化与石墨化。

（1）珠光体球化。常用的压力容器钢材是低碳钢与低碳低合金钢，如 20R、16MnR、15CrMo 等。这些钢材都是珠光体钢。片状的渗碳体和片状的铁素体互相层叠，组成相间排列的片状机械混合物，即珠光体。在高温原子扩散能力强的条件下，片状渗碳体会逐渐转化为球体。由于大球体比小球体有更小的表面能，因此随着高温作用时间的加长，小球体又聚拢成大球体，这种现象叫珠光体球化。

珠光体球化会使钢材的常温强度下降，并能明显地加快蠕变速度，降低持久强度。球化严重时，持久强度可降低 40%~50%。

对钢材作正火加回火的热处理，并使回火温度高于钢材工作温度100℃以上，可以得到比较稳定的珠光体组织，在使用期限中不致发生严重的球化。

（2）石墨化。低碳钢和0.5%钼钢（$w(Mo)=0.5\%$）在高温的长期作用下会产生石墨化，这是一种比珠光体球化更为危险的组织变化。

所谓石墨化，是指钢材中的渗碳体在高温的长期作用下自行分解成石墨和铁的现象：

$$Fe_3C \longrightarrow 3Fe + C(\text{石墨})$$

分解出的石墨呈点状并分布在晶界上。石墨的强度、塑性和韧性都很差，点状石墨相当于空穴存在于铁素体中。石墨化不仅使钢材的常温与高温的强度、塑性下降，而且使钢材的韧性明显下降，脆性剧烈增加。

根据发展程度，钢中石墨化通常分成四级：

一级——轻微的石墨化；

二级——明显的石墨化；

三级——严重的石墨化；

四级——很严重的（危险的）石墨化。

石墨化级别与钢中分解出的游离碳（石墨）含量大致成比例；一级石墨化时，其游离碳约为钢材总含碳量的20%（质量分数，下同）；二级石墨化时，其游离碳约为钢材总含碳量的40%；三级或三级半石墨化时，游离碳约为钢材总含碳量的60%。游离碳含量超过钢材总含碳量的60%时，石墨化即到了危险的程度。

铬能有效地阻止石墨化现象的产生，因为铬与碳能生成极为稳定的化合物。在钢中加入0.5%以上的铬，即可明显地防止石墨化。这也是用铬钼钢代替钼钢的基本原因。硅、铝等元素能加快石墨化的速度，所以应严格控制冶炼中用以脱氧的铝的加入量。

F　提高钢材高温性能的途径

在高温下对钢材的主要要求应是有很好的高温强度（蠕变强度和持久极限），好的耐热性（即抗氧化性），阻止或减缓石墨化与珠光体球化。提高这一性能的主要途径是加入合金元素，较为有效的元素是铬、钼、钒。当温度在600℃以下时，可以选用含有这些元素的低合金钢（如12CrMo、15CrMo、12CrMoV）。当温度超过600℃时，则必须采用含铬、含镍的奥氏体高温高合金钢（如25Cr20Ni钢）。

7.2.1.2　钢材的腐蚀

钢材与腐蚀性介质发生化学反应而被损害的现象叫化学腐蚀。如果伴随有局部电流现象，则是电化学腐蚀。腐蚀是造成压力容器损伤与破坏的主要因素之一。

根据发生的部位，腐蚀可分为均匀腐蚀和局部腐蚀。金属壁面普遍均匀产生的腐蚀，叫均匀腐蚀，如大气腐蚀、高温氧化、蒸气腐蚀等。这类腐蚀导致金属壁均匀减薄，可在设计时预先考虑给出附加壁厚。金属壁面的局部区域在一定条件下产生的腐蚀，叫局部腐蚀。金属的损害表现为斑点、局部凹坑、穿孔或晶间破裂等。这类损害往往是严重的，必须采取特殊的设计和运行措施进行预防。压力容器钢材的腐蚀多数是局部腐蚀，如泄漏潮湿部位的大气腐蚀。压力容器的下部支座部位、阀门、法兰和接管等处，常因水汽及其他介质泄漏，加上与空气中的氧气、二氧化碳接触，形成强烈的潮湿环境的大气腐蚀，这也是典型的电化学腐蚀，造成结构局部损坏，防止设备的“跑、冒、滴、漏”，合理支撑与包装，是防止这类腐蚀的基本措施。再如，因工作需要，不同的压力容器要接触不同的工作介质，这些介质中很多是腐蚀性的酸、碱及气体介质，若防范不当，常会造成严重腐蚀。即使采取了一定的设计及运行措施，也往往难以避免这类腐蚀。

7.2.1.3 压力容器用钢的基本要求

A 使用性能要求

使用性能要求主要包括以下几个方面：

（1）钢材应具有较高的强度，包括常温与使用温度下的强度。

（2）钢材应具有良好的塑性、韧性和较低的时效敏感性。

（3）钢材应具有较低的缺口敏感性。缺口敏感性是指在带有一定应力集中的缺口条件下，材料抵抗裂纹扩展的能力。压力容器上要开孔并焊接管接头，造成应力集中，故要求钢材的缺口敏感性应低一些。

（4）钢材应具有良好的抗腐蚀性能与组织稳定性。

B 加工工艺性能要求

所用钢材应具有良好的加工工艺性能与焊接性能。在制造过程中，钢材要经过各种冷、热加工并产生较大的塑性变形，加工变形后的钢材不应产生缺陷，这要靠材料的塑性来保证。

焊接是现代压力容器制造中的主要工艺。焊接质量的好坏在很大程度上决定着压力容器的制造质量和安全性能。影响焊接质量的因素很多，从材料方面说，要求钢材具有良好的焊接性。钢材的焊接性指被焊钢材在采用一定的焊接材料、焊接工艺方法及工艺规范参数等条件下，获得优良焊接接头的难易程度。

钢材的焊接性常用碳当量来估计。因为钢材的焊接性主要与钢材中碳的含量高低有关，也与其他合金元素含量的多少有关。合金元素对焊接性的影响较碳元素小。通常把合金元素折算成相应的碳元素，以碳当量表示钢中碳及合金元素折算的碳的总和，以碳当量的大小粗略地衡量钢材的焊接性。

碳素钢与低合金结构钢的碳当量，可采用下式估算：

$$C_d = w(C) + \frac{w(Mn)}{6} + \frac{w(Cr) + w(Mo) + w(V)}{6} + \frac{w(Ni) + w(Cu)}{6}$$

式中 C_d——碳当量,%。

经验表明，当 $C_d<0.4\%$ 时，钢材的焊接性良好，焊接时可不预热；当 $C_d=0.4\%\sim0.6\%$ 时，钢材的淬硬倾向增大，焊接时需采用预热等技术措施；当 $C_d>0.6\%$ 时，是焊接性差或较难焊接的钢材，焊接时需采用较高的预热温度和严格的工艺措施。

C 经济性

设备成本很大一部分取决于材料的价格。因此，在选用材料时，应了解它们的价格。如果将碳素钢板 Q235A 的价格定为 1，其余板材的相对价格大致有如下关系：16MnR 为 1.4，20R（20g）为 1.8，铬钢（1Cr3、2Cr3）为 5.1，高合金钢 1Cr18Ni9Ti 为 14.9。当然，采用价廉的材料不一定在经济上就是合理的，因为价贵的材料可能具有较好的性能，用它可以制成器壁较薄的容器，而且使用年限也比较长，经济效果更好。分析材料的经济性不能仅看它们的价格，还要看国家的资源情况。应多用普通易取的材料，少用昂贵稀缺的材料；多用国产材料，少用或不用进口材料。

7.2.1.4 压力容器常用钢材

(1) 低碳钢。低碳钢的含碳量在0.25%以下，其还含有锰、硅、磷、硫等元素。低碳钢的塑性和韧性良好，便于进行各种冷、热加工；焊接性良好，易获得优质焊接接头。低碳钢强度虽较低，但采用适当壁厚可满足低、中压元件及部分高压元件对强度的要求。低碳钢价格便宜，经济性好，是压力容器中使用最多的钢材，尤以20钢制作的钢板与钢管使用最为广泛。

(2) 低合金高强度钢。压力容器中使用的低合金高强度钢主要是钢板，用于制造高压及超高压的压力容器。低合金高强度钢的含碳量一般都不大于0.25%，属于低碳低合金钢。其主要依靠合金元素来强化钢材，改善和提高钢材性能。主要合金元素是锰和钼。其他合金元素还有钒、钛、铌、硼等。由于强度提高，所以承压体的壁厚显著减小。压力容器常用的低合金高强度钢钢板有16MnR、15MnVR等；钢管有16Mn、15MnVR、16Mo等；锻件有16Mn、15MnVR、10MoMo等；螺栓有16Mn等。

(3) 耐热钢。压力容器中采用的耐热钢主要是钼钢和铬钼热强钢，用于制造承受高温的过热器、再热器、蒸汽集箱和蒸汽管道等零部件，因而主要为钢管。耐热钢除具有良好的常温力学性能和工艺性能外，还具有良好的高温性能，即在高温下有足够的强度，有一定防止氧化和腐蚀的能力，又有长期的组织稳定性。目前，高温压力容器所用的耐热钢一般都是低合金耐热钢，常用的有钼钢（Mo）、铬钼钢（Cr-Mo）及铬钼钒钢（Cr-Mo-V）三大类。它们的合金元素含量少，工艺性能好，广泛用于制造使用温度在600℃以下的承压部件。常见的高温用钢有12CrMo、15CrMo和12Cr1MoV等。

(4) 低温压力容器用钢。我国将设计温度不大于-20℃的压力容器定为低温压力容器。液化乙烯、液氮和液氢等的储存和运输用容器均属低温压力容器。低温压力容器破坏的主要原因是由于承压部件在低温和应力作用下发生脆性断裂，因此，用作低温压力容器的钢材必须是镇静钢。为防止冷脆破裂，这些钢材必须在规定低温下进行低温冲击试验，其低温冲击吸收能量应满足规定。常见的低温压力容器用钢有10MnDR、09Mn2VDR、06MnNbDR等。

7.2.2 压力容器结构设计

7.2.2.1 结构设计的总体要求

压力容器的安全问题，涉及设计、制造、安装和使用等各个环节。从设计角度考虑部件结构的安全可靠性，主要有以下几个方面：承压部件要有足够的强度，且使结构各部分受力尽量均匀合理，减少应力集中；受热系统及部件的胀缩要不受限制；受热系统及部件要得到可靠的冷却。其总体要求如下：

(1) 避免结构上的形状突变，使其平滑过渡。承压壳体存在几何形状突变或其他结构上的不连续，都会产生较高的局部应力，因此应该尽量避免。实在难以避免时，必须采取平滑过渡的结构形式，防止突变。

(2) 能引起应力集中或削弱强度的结构应相互错开。在压力容器中，总是不可避免地存在一些局部应力较高或对部件强度有所削弱的结构，如开孔、转角、焊缝等。这些结构在位置上应相互错开，以防局部应力叠加，产生更高的局部应力，导致设备的破坏。

(3) 避免产生较大的焊接应力或附加应力的刚性焊接结构。刚性大的焊接结构既可以使焊接构件因焊接时的膨胀或收缩受到约束，产生较大的焊接应力，也可以使壳体在压力或温度变化时的变形受到约束，产生附加的弯曲或拉伸应力。因此在设计时应采取措施予以避免。

（4）受热系统与部件的胀缩不受限制。受热部件如果在热膨胀时受到外部或自身限制，在部件内部即产生热应力。在设计时应采取措施，使受热部件不受外部约束，减小自身约束。

7.2.2.2 对封头结构的要求

（1）压力容器的凸形封头最好采用椭球封头，并选用标准形式。标准椭球封头的长短轴比值（封头半径与不包括直边高度在内的封头高度之比）为2。采用非标准椭球封头时，其长短轴比值不得大于2.5。

（2）在封头半径与高度的比值相同的情况下，碟形封头较椭球封头存在较大的弯曲应力，因此应尽量少采用碟形封头。采用碟形封头时，封头过渡区的转角半径应不小于封头内直径的10%，且应不小于封头厚度的3倍。

（3）无折边球形封头使筒体产生较大的附加弯曲应力，因此只适用于直径较小、压力较低的容器。在任何情况下，无折边球形封头的球面半径都不应大于圆筒体的内直径。因为封头球面半径过大将与平板封头相似，产生很高的边界应力。

（4）锥形封头只在容器的生产工艺确实需要的情况下才采用。平板盖与其他封头比较，受力情况最差。在相同的受压条件下，平板盖比其他形式的封头厚得多。因此，平板角焊封头一般不宜用于压力容器。需要采用时，应有足够的厚度，并采用全焊透的焊接结构。

7.2.2.3 对焊接接头的要求

当筒体与不同形式的封头及其他端部结构（管板、下脚圈等）连接时，在连接处因结构不连续或变形不连续会产生附加应力。不同几何形状在连接处变形不连续是难以避免的，而结构上的明显不连续会导致较大的附加应力，应尽量避免。实在难以避免时，应采取适当的结构措施，使形状突变转换为形状渐变或圆滑过渡。

在考虑部件结构时，必须考虑和选用合理的焊接接头形式。焊接接头的基本形式有对接接头、搭接接头和角接接头等。对接接头所形成的结构基本上是连续的，接头及所连接母材中的受力比较均匀，是各种焊接结构中采用最多也是最完善的结构形式。搭接接头、角接接头所形成的焊缝都是角焊缝，焊缝所连接的两部分钢板不在同一平面或曲面上。角焊缝及其附近受力时，应力状态比较复杂，应力集中比较严重，除了拉伸、压缩应力外，往往还有切应力和弯曲应力。能采用对接焊缝时应尽量采用对接焊缝，尽量避免角焊缝。

接头形式一般根据焊缝在结构中的受力状态及部件进行选择。压力容器上的焊接接头形式主要有以下要求：

（1）压力容器主要受压元件的主焊缝（纵向和环向焊缝，封头、管板的拼接焊缝等）应采用全焊透的对接接头形式。

（2）当凸形封头与筒体的连接，因条件限制不得不采用搭接时，应双面搭接，搭接的长度不应小于封头厚度的3倍，且不应小于25mm。

（3）当必须采用角焊结构时，要选用合理的焊接坡口形式，尽量双面焊接，保证焊透。在任何情况下，焊脚尺寸都不得小于6mm。对平封头的管板，还应采取必要的加强结构。

（4）压力容器接管（凸缘）与筒体（封头）、壳体连接，平封头与筒体连接，有下列情况之一的，原则上采用全焊透形式：

1）介质为易燃或毒性程度为极度危害和高度危害的压力容器；

2）做气压试验的压力容器；

3）第三类压力容器；

4）低温压力容器；

5）按疲劳准则设计的压力容器；

6）直接受火焰加热的压力容器。

7.2.2.4 对减弱环节的要求

压力容器承压部件上的减弱环节，主要指各种开孔、焊缝及部件形状和厚度的变化。这些因素会降低部件的承载能力，因此在进行部件结构和工艺设计时，一个重要原则是避免减弱环节的叠加，在满足工作需要的条件下，尽量使上述减弱环节在部件上均衡分布，即尽量减小部件各处强度的差异，增加部件结构各处的等强度性。

A 开设检查孔的要求

为了便于对压力容器定期进行内部检验和清扫，在容器上应开设必要的人孔、手孔和检查孔等。内径不小于800mm的容器都应在筒体或封头上开设人孔，圆形人孔直径应不小于400mm；椭圆形人孔的尺寸不应小于400mm×300mm；圆形手孔的直径应不小于100mm；椭圆形手孔尺寸应不小于75mm×50mm。工作介质为高温或有毒气体的容器，为了避免介质喷出伤人，承压部件的人孔盖、手孔盖应采用内闭式，盖的结构应保证密封垫圈不会被气体吹出。

B 开孔位置与尺寸限制

（1）容器壳体（包括圆筒体与封头）上所开的孔一般应为圆形、椭圆形或长圆形。在壳体上开椭圆形或长圆形孔时，孔的长径与短径之比应不大于2。

（2）在圆筒体上开椭圆形或长圆形孔时，为了减小开孔对筒体强度的削弱，孔的短径一般设在筒体的轴向。

（3）壳体上的所有开孔宜避开焊缝。胀接管孔中心与焊缝边缘的距离应不小于0.8d（d为管孔直径），且不小于0.5d+12mm。

（4）在圆筒体上开孔，对于内径不大于1500mm的圆筒，最大孔径不应超过筒体内径的1/2，且不大于520mm；对于内径大于1500mm的圆筒，最大孔径不应超过筒体内径的1/3，且不大于1000mm；开孔之间应有一定距离，开孔过大、过密应按规定进行补强处理。

（5）凸形封头或球形容器开孔，最大孔径应不大于壳体内径的1/2；锥形封头的开孔最大直径应不大于孔中心处锥体内径的1/3。平端盖上任意两孔的间距不得小于其中小孔的直径，孔边缘与平端盖边缘之间的距离不应小于平端盖厚度的2倍，孔不得开在内转角过渡圆弧上。

C 关于焊缝的要求

焊缝与焊缝不得十字交叉，相邻焊缝之间应有足够的距离。封头、管板应尽量用整块钢板制造，必须拼接时，允许用两块钢板拼接，即允许有一条拼接焊缝。封头拼接焊缝离封头中心线的距离应不超过0.3D_i（D_i为封头公称内径）。在承压部件主要焊缝上及其邻近区域，应避免焊接零件。如不能避免，焊接零件的焊缝可穿过主要焊缝，而不要在焊缝上及其邻近区域中止。管子对接焊缝与相邻焊缝应有一定距离。开孔、焊缝、转角要错开，开孔及焊缝不允许布置在部件转角上，并应离开一定距离。

7.2.2.5 对受热部件热膨胀的考虑

设计压力容器时，通常从下列方面考虑膨胀问题：

（1）温升部件，特别是筒体，其两端的支承不能同为固支，至少一端为铰支，以适应筒体沿轴线的膨胀。

（2）温升部件如果两端是固定的，则部件本身应有吸收膨胀的结构。

（3）在部件的膨胀部位应留有适当间隙，该间隙中不应布置其他部件及结构。

7.2.3 压力容器安全泄压装置

压力容器的安全装置是指为了使压力容器能够安全运行，而在设备上装设的一种能显示、报警、自动调节或自动消除压力容器运行过程中可能出现的不安全因素的附属机构，常称之为安全附件。其按使用性能或用途可以划分为四大类型：连锁装置、警报装置、计量装置、泄压装置。在压力容器的安全装置中，最常用而且最关键的是安全泄压装置。

7.2.3.1 安全泄压装置的类型及其特点

引起压力容器超压的原因很多，除了根据不同的原因，从根本上采取措施消除或减少可能引起压力容器超压的各种因素外，装设安全泄压装置是防止过量超压而发生事故的关键性措施。安全泄压装置按其结构类型不同可以分为阀型、断裂型、融化型和组合型。

A 阀型

阀型安全泄压装置就是常用的安全阀，它通过阀的开启排出气体来降低容器内的压力。

（1）优点。

1）仅排泄压力容器内高于额定的部分压力，当容器内压力降至正常操作压力时，即自动关闭。所以，它可以避免一旦出现超压就把容器内气体全部排出而造成的浪费和生产中断。

2）本身可重复使用多次。

3）安装调整比较容易。

（2）缺点。

1）密封性能差。由于安全阀的阀瓣为机械动作元件，与阀座一起因受频繁启闭、腐蚀、介质中固体颗粒磨损的影响，易发生泄漏。

2）由于弹簧的惯性作用，阀的开启有滞后现象，因此泄压反应较慢，不能满足快速泄压的要求。

3）安全阀接触不洁净的气体介质时，阀口有被堵塞或阀瓣有被粘住的可能。

根据以上特点，阀型安全装置适用于介质比较洁净的气体（如空气、水蒸气等）的容器，不宜用于介质有剧毒或容器内有可能产生剧烈化学反应而使压力急剧升高的容器。

B 断裂型

常见的断裂型安全泄压装置有爆破片和爆破帽。前者用于中、低压容器，后者多用于超高压容器。这类安全泄压装置是通过爆破元件（爆破片），在较高的压力下发生断裂而排放气体使容器迅速泄压的。

（1）优点。密封性能较好，泄压反应较快，气体中的污染物对装置元件的动作影响较小；元件爆破前的正常工作状态完全无泄漏。

（2）缺点。元件因超压爆破泄压后不能重复使用，容器也因此而停止运行；爆破元件长期在高压力作用下，易产生疲劳损坏，因此元件的寿命短；爆破元件的动作压力不易控制。

断裂型安全泄压装置宜用于容器内因化学反应等升压速率高或介质具有剧毒性的容器；不宜用于液化气体储罐，否则会因元件爆破后泄压失控而造成液化气“爆沸”。另外，压力波动较大、超压机会较多的容器也不宜选用断裂型安全泄压装置。

C 熔化型

熔化型安全泄压装置就是常用的易熔塞。它是利用装置内低熔点合金在较高的温度下熔化，打开通道，使气体从原来填充有易熔合金的孔中排出而泄放压力的。

（1）优点。结构简单，更换容易，由熔化温度而确定的动作压力较易控制。

（2）缺点。完成降压作用后不能重复使用，容器停止运行；受易熔合金强度的限制，泄放面积不能太大；这类装置有时还可能由于合金受压或其他原因而脱落或熔化，致使发生意外事故。

熔化型安全泄压装置只能用于容器内气体压力完全取决于温度的小型压力容器，如气瓶。

D 组合型

组合型安全泄压装置由两种安全泄压装置组合而成，通常是阀型和断裂型组合，或阀型和熔化型组合，最常见的是弹簧式安全阀与爆破片串联组合。这种类型的安全泄压装置同时具有阀型和断裂型的优点，既可防止阀型安全装置的泄漏，又可以在排放过高的压力以后使容器继续运行。

组合装置的爆破片，可以根据不同的需要设置在安全阀的入口侧或出口侧。爆破片设置在安全阀入口侧，可以利用爆破片将安全阀与气体隔离，防止安全阀受腐蚀或被气体中的污物堵塞或黏结。当容器超压时，爆皮片断裂，安全阀开放后再关闭，容器可以继续暂时运行，待容器检修时再装上爆破片。这种结构要求爆破片的断裂不妨碍后面安全阀的正常动作，而且要在安全阀与爆破片之间设置压力检测仪，以防止因这中间有压力而影响爆破片的动作（爆破片会因两边存在压差而造成爆破压力超过设定的绝对压力，使容器超压）。爆破片设置在安全阀出口侧，可以使爆破片免受气体压力与温度的长期作用而产生疲劳，爆破片可用于防止安全阀泄漏。这种结构同样要求及时将安全阀与爆破片之间的气体排出，否则安全阀即失去作用。

纵观以上四种安全泄压装置，在工业生产中最常用、最普遍的是安全阀。组合型安全装置虽兼备两种以上安全泄压装置的优点（优缺点互补），但由于结构复杂，特别是在使用中必须保持两种泄压装置之间不能存在压力气体，而这点很难做到，因此未能广泛使用，一般只是用于工作介质有剧毒或工作介质为稀有气体的容器，并且由于避免不了安全阀滞后作用的缺点，而不能用于容器内升压速度极高的反应容器。

根据以上介绍，压力容器的本身特性和使用特性决定了其不可避免地在使用、运行过程中存在超压、超温的可能，因此，为了确保容器的正常运行和避免安全事故的发生，压力容器必须设置安全附件。

7.2.3.2 安全泄压装置的基本要求

为了使安全附件能正常发挥确保压力容器安全运行的作用，必须对安全附件的设置提出一定的要求。

A 设置原则

(1) 凡《固定式压力容器安全技术监察规程》适用范围内的压力容器，应根据设计要求装设安全泄放装置（安全阀或爆破片装置）。压力源来自压力容器外部，且得到可靠控制时，安全泄放装置可以不直接安装在压力容器上。在常用的压力容器中必须单独装设安全泄压装置的有以下几种：

1) 液化气体储存容器（通用型液化气瓶除外）。

2) 压缩机附属气体储罐。

3) 容器内进行放热或分解等化学反应，能使压力升高的反应容器。

4) 高分子聚合设备。

5) 由载热物料加热，使容器内液体蒸发汽化的换热容器。

6) 用减压阀降压后进气，且允许用压力小于压力源设备压力的容器。

7) 与压力源直通，而压力源处未设置安全阀的容器。

(2) 安全阀不能可靠工作时，应装设爆破片装置，或采用爆破片装置与安全阀装置组合的结构。采用组合结构时，应符合《压力容器（合订本）》（GB 150.1～150.4—2011）的有关规定。串联在组合结构中的爆破片动作时不允许产生碎片。

(3) 对易燃介质或毒性强度为极度、高度或中度危害介质的压力容器，应在安全阀或爆破片的排出口装设导管，将排放介质引至安全地点，并进行妥善处理，不得直接排入大气。

(4) 压力容器所装设的安全附件（如安全阀、压力表）必须按国家有关部门的规定和要求进行校验（安装前校验和使用后定期校验）和维护。安全附件的定期检验按照《在用压力容器检验规程》的规定进行。

(5) 安全附件的装设位置，应便于观察（检验）和维修。

B 选用要求

(1) 压力容器安全附件的设计、制造应符合《固定式压力容器安全技术监察规程》和相应国家标准或行业标准的规定。制造爆破片装置的单位必须持有制造许可证。

(2) 安全阀、爆破片的排放能力，必须不小于压力容器的安全泄放量。对于充装处于饱和状态或过热状态的气液混合介质的压力容器，设计爆破片装置应计算泄放口径，确保不产生空间爆炸。

(3) 如果压力容器在设计时采用最大允许工作压力作为安全阀、爆破片的调整依据，则应在设计图样和压力容器铭牌上注明。

(4) 压力容器的压力表、液面计等应根据压力容器的介质、最高工作压力和温度、黏度等正确选用。

7.3 火灾安全控制技术

根据燃烧必须是可燃物、助燃物和火源这三个基本条件相互作用才能发生的道理，防止燃烧三个基本条件的同时存在或者避免它们的相互作用，就是防火技术的基本理论。所有防火技术措施都是在这个基本理论的指导下完成的，或者可以这样说，全部防火技术措施的实质，即是防止燃烧基本条件的同时存在或避免它们的相互作用。

7.3.1 火灾发展过程及其影响因素与预防基本原则

7.3.1.1 火灾发展过程

当燃烧失去控制而发生火灾时，将经历下列发展阶段。

（1）酝酿期。可燃物在热的作用下蒸发析出气体、冒烟和阴燃。

（2）发展期。火苗蹿起，火势迅速扩大。

（3）全盛期。火焰包围整个可燃物体，可燃物全面着火，燃烧面积达到最大限度，燃烧速度最快，放出强大辐射热，温度高，气体对流加剧。

（4）衰灭期。可燃物质减少，火势逐渐衰弱，终至熄灭。

7.3.1.2 影响火灾变化的因素

（1）可燃物的数量。通常可燃物数量越多，火灾载荷密度越高，则火势发展越猛烈；可燃物较少，则火势发展较弱；如果可燃物之间不相互连接，则一处可燃物燃尽后，火灾会趋向熄灭。

（2）空气流量。室内火灾初起阶段，燃烧所需的空气量足够时，只要可燃物的量多，燃烧就会不断发展。但是，随着火势的逐步扩大，室内空气量逐渐减少，这时只有不断从室外补充新鲜空气，即增大空气的流量，燃烧才能继续，并不断扩大，如果空气供应量不足，火势会趋向减弱阶段。

（3）蒸发潜热。可燃液体和固体的燃烧是其在受热后蒸发出气体的燃烧。在这一过程中，液体和固体需要吸收一定的热量才能蒸发，这种热量称蒸发潜热。

对于蒸发潜热，一般是固体大于液体，液体大于液化气体。物质的蒸发潜热越大，其蒸发需要的热量越多，火灾发展速度亦越慢。反之，蒸发潜热较小的物质，容易蒸发，火灾发展较快。因此，可燃液体或固体单位时间内蒸发产生的可燃气体与外界供给的热量成正比，与它们的蒸发潜热成反比。

7.3.1.3 预防火灾的基本原则

防火的要点是根据对火灾发展过程特点的分析，采取以下基本措施：

（1）严格控制火源。

（2）监视酝酿期特征。

（3）采用耐火材料。

（4）阻止火焰的蔓延。

（5）限制火灾发展的规模。

（6）组织训练消防队伍。

（7）配备相应的消防器材。

7.3.2 防火技术措施

7.3.2.1 消除着火源

工业生产过程中，存在着多种引起火灾和爆炸的着火源，例如化工企业中常见的着火源有明火、化学反应热、化工原料的分解自燃、热辐射、高温表面、摩擦和撞击、绝热压缩、电气设备及线路的过热和火花、静电放电、雷击和日光照射等。消除着火源是防火与防爆的最基本措施，控制着火源对防止火灾和爆炸事故的发生具有极其重要的意义。下面着重讨论一般工业生产中常见着火源的防范措施。

A 明火

明火指敞开的火焰、火星和火花等。敞开火焰具有很高的温度和很大的热量，是引起火灾的主要着火源。

工厂中熬炼油类、固体沥青、蜡等各种可燃物质，是容易发生事故的明火作业。熬炼过程中由于物料含有水分、杂质，或由于加料过满而在沸腾时溢出锅外，或是由于烟道裂缝蹿火及锅底破漏，或是加热时间长、温度过高等，都有可能导致着火事故。因此，在工艺操作过程中，加热易燃液体时，应当采用热水、水蒸气或密闭的电器以及其他安全的加热设备。如果必须采用明火，设备应该密闭，炉灶应用封闭的砖墙隔绝在单独的房间内，周围及附近地区不得存放可燃易爆物质。点火前炉膛应用惰性气体吹扫，排除其中的可燃气体或蒸气与空气的爆炸性混合气，而且应经常对熬炼设备进行检查，防止烟道蹿火和熬锅破漏。为防止易燃物质漏入燃烧室，设备应定期做水压试验和气压试验。熬炼物料时不能装盛过满，应留出一定的空间；为防止沸腾时物料溢出锅外，可在锅沿外围设置金属防溢槽，使溢出锅外的物料不致与灶火接触。还可以采用“死锅活灶”的方法，以便能随时撤出灶火。此外，应随时清除锅沿上的可燃物料积垢。为避免锅内物料温度过高，操作者一定要坚守岗位，监视温升情况，有条件的可采用自动控温仪表。

喷灯是常用的加热器具，尤其是在维修作业中，多用于局部加热、解冻、烤模和除漆等。喷灯的火焰温度可高达1000℃以上，这种高温明火的加热器具如果使用不当，就有造成火灾或爆炸的危险。使用喷灯解冻时，应将设备和管道内的可燃性保温材料清除掉，加热作业点周围的可燃易爆物质也应彻底清除。在防爆车间和仓库使用喷灯，必须严格遵守厂矿企业的用火证制度；工作结束时应仔细清查作业现场是否留下火种，应注意防止被加热物件和管道由于热传导而引起火灾；使用过的喷灯应及时用水冷却，放掉余气并妥善保管。

存在火灾和爆炸危险的场地，如厂房、仓库、油库等地，不得使用蜡烛、火柴或普通灯具照明；汽车、拖拉机一般不允许进入，如确需进入，其排气管上应安装火花熄灭器。在有爆炸危险的车间和仓库内，禁止吸烟和携带火柴、打火机等，为此，应在醒目的地方张贴警示标志以引起注意。如果绝对禁止吸烟很难做到，而又有一定的条件，可在附近划出安全的地方，作为吸烟室，只准许在其室内点火吸烟。

明火与有火灾及爆炸危险的厂房和仓库等相邻时，应保证足够的安全间距，例如化工厂内的火炬与甲/乙/丙生产装置、油罐和隔油池应保持100m的防火间距。

B 摩擦撞击

摩擦和撞击往往是可燃气体、蒸气和粉尘、爆炸物品等着火爆炸的根源之一。例如机器轴承的摩擦发热、铁器和机件的撞击、钢铁工具的相互撞击、砂轮的摩擦等都能引起火灾；甚至铁桶容器裂开时亦能产生火花，引起逸出的可燃气体或蒸气着火。

在有爆炸危险的生产中，机件的运转部分应该用两种材料制作，其中之一是不发生火花的有色金属材料（如铜、铝）。机器的轴承等转动部分，应该有良好的润滑，并经常清除附着的可燃物污垢。敲打工具应用铍铜合金或包铜的钢制作。地面应铺沥青等较软的材料。输送可燃气体或易燃液体的管道应做耐压试验和气密性检查，以防止管道破裂、接口松脱而跑漏物料，引起着火。搬运储存可燃物体和易燃液体的金属容器时，应当用专门的运输工具，禁止在地面上滚动、拖拉或抛掷，并防止容器的互相撞击，以免产生火花，引起燃烧或容器爆裂造成事故。吊装可燃易燃物料用的起重设备和工具，应经常检查，防止吊绳等断裂下坠发生危险。如果机器设备不能用不发生火花的各种金属制造，应当使其在真空中或惰性气体中操作。

C 电气设备

电气设备或线路出现危险温度、电火花和电弧时，就成为引起可燃气体、蒸气和粉尘着火、爆炸的一个主要着火源。电气设备出现危险温度是由于在运行过程中设备和线路的短路、接触电阻过大、超负荷或通风散热不良等造成的。发生上述情况时，设备的发热量增加，温度急剧上升，出现大大超过允许温度范围的危险温度，不仅能使绝缘材料、可燃物质和积落的可燃灰尘燃烧，而且能使金属熔化，酿成电气火灾。

电火花可分为工作火花和事故火花两类，前者是电气设备（如直流电焊机）正常工作时产生的火花，后者是电气设备和线路发生故障或错误作业出现的火花。

电火花一般具有较高的温度，特别是电弧的温度可达5000~6000K，不仅能引起可燃物质燃烧，而且还能使金属熔化飞溅，构成危险的火源。在有火灾爆炸危险的场所，或在高空作业的地面上存放可燃易爆物品，是引起电气火灾和爆炸事故的原因之一。

保护电气设备的正常运行，防止出现事故火花和危险温度，对防火防爆有着重要意义。要保证电气设备的正常运行，则需保持电气设备的电压、电流、温升等参数不超过允许值，保持电气设备和线路绝缘能力以及良好的连接等。

电气设备和电线的绝缘，不得受到生产过程中产生的蒸气及气体的腐蚀，因此电线应采用铁管线，电线的绝缘材料要具有防腐蚀的性能。

在运行中，设备及线路各导电部分应保持连接可靠，活动触头的表面要光滑，并要保证足够的触头压力，以保持接触良好。固定接头时，特别是铜、铝接头要接触紧密，保持良好的导电性能。在具有爆炸危险的场所，可拆卸的连接应有防松措施，铝导线间的连接应采用压接、熔焊或钎焊，不得简单地采用缠绕接线。电气设备应保持清洁，因为灰尘堆积和其他脏污既降低电气设备的绝缘，又妨碍通风和冷却，还可能由此引起着火。因此，应定期清扫电气设备，以保持清洁。

具有爆炸危险的厂房内，应根据危险程度的不同，采用防爆型电气设备。按照防爆结构和防爆性能的不同特点，防爆电气设备可分为增安型、隔爆型、充油型、充砂型、通风充气型、本质安全型、无火花型、特殊型等。各类防爆电气设备的标志见表7-1。

表 7-1 防爆电气设备类型和标志

类型		标志		
		工厂用		煤矿用
旧	新	旧	新	
防爆安全型	增安型	A	c	KA
隔爆型	隔爆型	B	d	KB
防爆充油型	充油型	C	o	KC
—	充砂型	—	s	—
防爆通风充气型	通风充气型	F	p	KF
安全火花型	本质安全性	H	i	KH
—	无火花型	—	n	—
防爆特殊型	特殊型	T	s	KT

增安型是指在正常运行时不产生电火花、电弧和危险温度的电气设备，如防爆安全型高压水银荧光灯。

隔爆型是指在电气设备发生爆炸时，其外壳能承受爆炸性混合物在壳内爆炸时产生的压力，并能阻止爆炸火焰传播到外壳周围，不致引起外部爆炸性混合物爆炸的电气设备，如隔爆型电动机。

充油型是指将可能产生火花的电气设备、电弧或危险温度的带电部分浸在绝缘油里，从而不会引起油面上爆炸性混合物爆炸的电气设备。

通风充气型是指向设备内通入新鲜空气或惰性气体，并使其保持正压强，能阻止外部爆炸性混合物进入内部引起爆炸的电气设备。

本质安全型是指在正常或故障情况下产生的电火花，其电流值均小于所在场所爆炸性混合物的最小引爆电流，而不会引起爆炸的电气设备。

特殊型是指结构上不属于上述各种类型的防爆电气设备，如浇注环氧树脂及填充石英砂的防爆电气设备。

电气设备按爆炸危险场所等级的选型见表 7-2。从表中可以看出，隔爆型的防爆性能比较好，一级爆炸危险场所应优先应用。防爆安全型的防爆性能比较差，宜用于危险程度较低的场所。根据使用条件的不同，设备可分固定安装、移动式、携带式等几种情况。防爆充油型不能用于移动式或携带式，因为经常移动容易造成设备油面的波动或油的渗漏，使能产生火花或高温的部件露出油面，从而失去防爆性能。

表 7-2 爆炸危险场所电气设备选型

场所等级		Q-1	Q-2	Q-3	G-1	G-2
电机		隔爆型、防爆通风充气型	任意防爆类型	H43 型	任意一级隔爆型、防爆通风充气型	H44 型
电器和仪表	固定安装	防爆型、防爆充油型、防爆通风充气型、安全火花型	H45 型	H46 型	任意一级隔爆型、防爆通风充气型、防爆充油型	H45 型

续表 7-2

场所等级		Q-1	Q-2	Q-3	G-1	G-2
电器和仪表	移动时	隔爆型、防爆充气型、安全火花型	隔爆型、防爆充气型、安全火花型	除防爆充油型外任意一种防爆类型乃至 H57 型	任意一级隔爆型、防爆通风充气型	
	携带式	隔爆型、安全火花型	隔爆型、安全火花型	隔爆型、防爆安全型、H57 型	任意一级隔爆型	
照明灯具	固定及移动	防爆型、防爆充气型	防爆安全型	H45 型	任意一级隔爆型	H45 型
	携带式	隔爆型	隔爆型	隔爆型、防爆安全性乃至 H57 型	任意一级隔爆型	任意一级隔爆型
变压器		隔爆型、防爆通风型	防爆安全型、防爆充油型	H45 型	任意一级隔爆型、防爆充气型、防爆通风充气型	H45 型
通信电器		隔爆型、防爆充油型、防爆通风充气型、安全火花型	防爆安全型	H57 型	任意一级隔爆型、防爆充油型、防爆通风充气型	H45 型
配电装置		隔爆型、防爆通风充气型	任意一种防爆类型	H57 型	任意一级隔爆型、防爆通风充气型	H45 型

在爆炸危险场所内选用电气设备时，不但要按爆炸危险场所的危险程度选型，而且所选用的防爆电气设备的防爆性能还要与爆炸性混合物的分级分组情况相适应。爆炸性混合物按传爆间隙大小的危险程度不同，分为 4 级，并据此制造适用于各种爆炸性混合物的隔爆型电气设备。各种爆炸性混合物按自燃点的高低分为 a、b、c、d、e 五组，并据此制造适用于不同自燃点的各种类型的防爆电气设备。爆炸性混合物按传爆间隙大小分级和自燃点高低分组及举例见表 7-3。

表 7-3 爆炸性混合物按传爆间隙大小分级和自燃点高低分组及举例

按传爆间隙 δ（mm）分级的级别	按自燃温度 t（℃）分组的组别				
	a（$t>450$）	b（$300<t\leq450$）	c（$200<t\leq350$）	d（$135<t\leq200$）	e（$100<t\leq135\delta$）
1（$\delta>1.0$）	甲烷、氨	丁醇、醋酸	环己烷	—	—
2（$0.6<\delta\leq1.0$）	乙烷、丙烷、丙酮、苯、苯乙烯、氯苯、氯乙烯、甲醇、甲苯、一氧化碳、醋酸乙酯	丁烷、乙醇、丙烯、醋酸丁酯、醋酸戊酯	戊烷、己烷、庚烷、辛烷、癸烷、硫化氢、汽油	乙醛、乙醚	
3（$0.4<\delta\leq0.6$）	城市煤气	环氧乙烷、环氧丙烷、丁二烯	异戊二烯	—	—
4（$\delta\leq0.4$）	水煤气、氢	乙炔	—	—	二硫化碳

有可燃气体或蒸气爆炸危险的场所，防爆电气设备外壳的表面最高温度（极限温度和极限温升）不得超过表7-4的规定。在有粉尘或纤维爆炸性混合物的场所内，电气设备外壳的表面温度不应超过125℃。如必须采用超过该温度的电气设备时，则其温度必须比粉尘或纤维混合物的自燃点低75℃或低于自燃点的2/3，所用防爆型设备外壳的表面温度不得超过200℃。工厂用防爆电气设备的环境温度为40℃，煤矿用的为35℃。

表7-4 防爆电气设备外壳温度要求 （℃）

爆炸性混合物的组别	防爆电气设备的外壳表面及可能与爆炸性混合物直接接触的零部件		充油型的油面	
	极限温度	极限温升	极限温度	极限温升
a	360	320	100	60
b	240	200	100	60
c	160	120	100	60
d	110	70	100	60
e	80	40	80	40

D 静电放电

生产和生活中的静电现象是一种常见的带电现象，静电防护的研究得到了普遍的重视，它的危害性已逐步为人们所认识。有关统计资料表明，由于静电引起火灾和爆炸事故的工艺过程以输送、研磨、搅拌、喷射、卷缠和涂层等居多；就行业来说，以炼油、化工、橡胶、造纸、印刷和粉末加工等居多。这是因为在这些生产工艺过程中，气体、高电阻液体和粉尘在管道中的高速流动，或者从高压容器与系统的管口喷出时以及固体物质的大面积摩擦、粉碎、研磨、搅拌等都比较容易产生静电。尤其在天气或环境干燥的情况下，更容易产生静电。生产过程中产生的静电可以由几伏到几万伏，对多数可燃气体（蒸气）与空气的爆炸性混合物来说，它们的点火能量在0.3mJ以下，当静电电压在3000V以上时就能点燃。某些易燃液体，如汽油、乙醚等的蒸气与空气混合物，甚至在300V时就能引起燃烧或爆炸。此外，静电还可能造成电击。在某些部门如纺织、印刷、粉体加工等，静电还会妨碍生产和影响产品的质量。

静电防护主要是设法消除或控制静电的产生和积累的条件，主要有工艺控制法、泄漏法和中和法等。工艺控制法就是采取合理选用材料、改进设备和系统的结构、限制流体的速度、净化输送物料、防止混入杂质等措施，控制静电产生和积累的条件，使其不会达到危险程度。泄漏法就是采取增湿、导体接地、采用抗静电添加剂和导电性地面等措施，促使静电电荷从绝缘体上自行消散。中和法是在静电电荷密集的地方设法产生带电离子，使该处静电电荷被中和，从而消除绝缘体上的静电。

为防止静电放电火花引起的燃烧爆炸，可根据生产过程中的具体情况采取相应的防静电措施。例如将容易积聚电荷的金属设备、管道或容器等安装可靠的接地装置，以导除静电，这是防止静电危害的基本措施之一。下列生产设备应有可靠的接地：输送可燃气体和易燃液体的管道以及各种闸门、灌油设备和油槽车（包括灌油桥台、铁轨、油桶、加油用鹤管和漏斗等）；通风管道上的金属网过滤器；生产或加工易燃液体和可燃气体的设备储罐；输送可燃粉尘的管道和生产粉尘的设备以及其他能够产生静电的生产设备。防静电接地的每处接地电阻不宜超过300Ω。

为消除各部件的电位差，可采用等电位措施。例如在管道法兰之间加装跨接导线，既可以消除两者之间的电位差，又可以形成良好的电气通路，以防止静电放电火花。

流体在管道中的流速必须加以控制，例如易燃液体在管道中的流速不宜超过4~5m/s，可燃气体在管道中的流速不宜超过6~8m/s。灌注液体时，应防止产生液体飞溅和剧烈搅拌现象。向储罐输送液体，导管应放在液面之下或将液体沿容器的内壁缓慢流下，以免产生静电。易燃液体灌装结束时，不能立即进行取样等操作，因为在液面上积聚的静电荷不会很快消失，易燃液体蒸气也比较多，因此应经过一段时间，待静电荷减少后，再进行操作，以防静电放电火花引起着火爆炸。

在具有爆炸危险的厂房内，一般不允许采用平皮带传动，采用三角皮带比较安全些。但最好的方法是安设单独的防爆式电动机，即电动机和设备之间用轴直接传动或经过减速器传动。采用皮带传动时，为防止传动皮带在运转中产生静电发生危险，可每隔3~5天在皮带上涂抹一次防静电的涂料。此外，还应防止皮带下垂，皮带与金属接地物的距离不得小于20~30cm，以减小皮带对接地金属物放电的可能性。

增高厂房或设备内空气的湿度，也是防止静电的基本措施之一。当相对湿度在65%~70%以上时，能防止静电的积聚。对于不会因空气湿度而影响产品质量的生产，可用喷水或喷水蒸气的方法增加空气湿度。

生产和工作人员应尽量避免穿尼龙等易产生静电的工作服，而且为了导除人身上积聚的静电，最好穿布底鞋或导电橡胶底胶鞋。工作地点宜采用水泥地面。

7.3.2.2 控制可燃物

防止燃烧三个基本条件中的任何一条，都可防止火灾的发生。如果能采取措施消除燃烧条件中的两条，就更具安全可靠性。例如，在电石库防火条件中，通常采取防止火源和防止产生可燃物乙炔的各种有关措施。

控制可燃物的措施主要有：在生活和生产的可能条件下，以难燃和不燃材料代替可燃材料，如用水泥代替木材建筑房屋；降低可燃物质（可燃气体、蒸气和粉尘）在空气中的浓度，如在车间或库房采取全面通风或局部排风，使可燃物不易积聚，从而不超过最高允许浓度；防止可燃物质的跑、冒、滴、漏；对于那些相互作用能产生可燃气体或蒸气的物品应加以隔离，分开存放。例如，电石与水接触会相互作用产生乙炔气，所以必须采取防潮措施，禁止自来水管道、热水管道通过电石库等。

7.3.2.3 隔绝空气

必要时，可以使生产在真空条件下进行，在设备容器中充装惰性介质保护。例如，水入电石式乙炔发生器在加料后，应用惰性介质氮气吹扫；燃料容器在检修焊补（动火）前，用惰性介质置换等。也可将可燃物隔绝空气储存，如钠存于煤油中、磷存于水中、二硫化碳用水封存放等。

7.3.2.4 其他技术措施

A 防止形成新的燃烧条件，阻止火灾范围扩大

设置阻火装置，如在乙炔发生器上设置水封回火防止器，或水下气割时在割炬与胶管之间设置阻火器，一旦发生回火，可阻止火焰进入乙炔罐内，或阻止火焰在管道里蔓延；在车间或仓库里筑防火墙，或在建筑物之间留防火间距，一旦发生火灾，使之不能形成新的燃烧条件，从而防止火灾扩大范围。

B 火灾报警器

火灾监测仪表是探测发现火灾的设备。火灾在酝酿期和发展期陆续出现的信息有臭气、烟、热流、火光、辐射热等，这些都是监测仪表的探测对象。

a 感温报警器

感温报警器可分为定温式和差动式两种。定温式感温报警器是在安装检测器的场所温度上升至预定的温度时，在感温元件的作用下发出警报。自动报警的动作温度一般采用65~100℃。

定温式感温报警器有采用低熔点合金作为感温元件的，其作用原理是在达到预定温度时，低熔点金属制成的感温元件熔断。采用双金属片、双金属筒作为感温元件的报警器是在达到预定温度时，元件变形达到某一限度，完成断开或接通电气回路中的触点，从而断开或接通信号电气回路，发出警报。采用热敏半导体作感温元件，其对温度的变化比较敏感，在检测地点的温度发生变化时，它的电阻值将发生较大的变化，采用铂金属丝感温元件，其遇温度变化时也会改变电阻值，从而改变信号电气回路中的电流，当达到预定温度时，信号电气回路中的电流也变化到一定值，即会报警。

由于火灾发生时，检测地点的温度会在较短时间内急骤升高。根据这个特点，差动式感温报警器采用双金属片等感温元件，当一定时间内的温升差超过某一限值时，即发出警报，如在1min内温升超过10℃。这就更接近于发生火灾的实际情况，严格限制在这样的条件下报警可以减少误报。

为了提高自动报警器的准确性，有的感温报警器同时采用差动和定温两种感温元件，在检测点的温度变化时，既要达到差动式感温元件所预定时间内的温升差，又要同时达到定温式感温元件所预定的温度，才发出警报，这样就可以进一步减少误报。这种报警器称为定温差动式感温报警器。

感温报警器适用于那些经常存在大量烟雾、粉尘或水蒸气等场所。

b 感烟报警器

感烟报警器能在事故地点刚发生阴燃冒烟还没有出现火焰时，即发出警报，所以它具有报警早的优点。根据敏感元件的不同，下面介绍离子感烟报警器和光电感烟报警器。

（1）离子感烟报警器。离子感烟报警器中，由两个$^{241}Am\alpha$放射源片与信号电气回路构成内电离室和外电离室。内电离室是密闭的，与安装场所内的空气不相通，场所内的空气可以在外电离室的放射源与电极间自由流通。当发生火警时，可燃物阴燃产生的烟雾进入报警器的外电离室，室内的部分离子被烟雾的微粒所吸附，使到达电极上的离子减少，即相当于外电离室的等效电阻值变大，而内电离室的等效电阻值不变，从而改变了内电离室和外电离室的电压分配。利用这种电信号将烟雾信号转换为直流电压信号，输入报警器而发出声、光警报。

（2）光电感烟报警器。这种报警器设有一个光电暗室（暗盒），将光电敏感元件安装在暗盒内。没有烟尘进入暗室时，发光二极管放出的光因有光屏障阻隔而不能投射到光敏二极管上，检测器没有电信号输出；当有烟尘进入暗室时，发光二极管发出的光因散射作用而照射到光敏二极管上，光敏二极管工作状态发生变化，检测器发出电信号。

采用光电感烟报警器时，可以从检测场所的各检测点设管路分别与检测器相连，再利用风机抽吸检测点的空气，使空气由光电暗盒通过。当出现火情时，由于空气中含有大量烟雾，检测器发出信号。这种检测器适用于装设有排风装置的场所。

感烟报警器灵敏度较高，寿命较长，价格较低，适用于火灾初起阶段有阴燃的场所，如宾馆、图书馆、变配电室、百货仓库等起火后即能生成烟雾的场所，不适用于灰尘较大、水蒸气弥漫等场所，如锅炉房、厨房等，也不适用于有腐蚀性气体的场所。

c 感光报警器

感光报警器利用物质燃烧时火焰辐射的红外线和紫外线，制成红外检测器和紫外检测器。前者的敏感元件是硫化铝、硫化镉等制成的光导电池，这种敏感元件遇到红外辐射时即可产生电信号。后者的敏感元件是紫外光敏二极管，它只对光辐射中的紫外线波段起作用。光电报警器不适于在明火作业的场所中使用，在安装检测器的场所也不应划火柴、烧纸张，报警系统未切断时也不能动火，否则易发生误报。在安装紫外线光电报警器的场所，还应避免使用氙气灯和紫外线灯，以防误报。

7.4 气体和粉尘爆炸安全控制技术

爆炸灾害的防护与控制包括可燃物质浓度控制、氧化剂浓度控制、惰化技术、火源控制、存储控制等。爆炸灾害的防治技术可分为两类：一是预防技术，即在生产过程中防止出现爆炸发生的条件；二是减灾技术，即尽量避免或减小爆炸发生后的灾害。前者是最根本、最有效的方法，后者是不可或缺的辅助方法。

处于爆炸极限之内的混合物遇上大于其最小点火能量的火源就会发生爆炸。如果爆炸发生在密闭空间（如容器内）或相对封闭的空间（如煤矿巷道）或压力波的传播受到阻碍的场所就会显现出爆炸威力。从爆炸威力形成的角度出发，工业介质发生爆炸的必要条件可细化为 5 个因素，即可燃介质、氧化剂、两者混合（对于粉体来说，还必须是悬浮状态）、点火源、相对封闭的空间。从预防的角度看，如果控制住了这 5 个条件之一，就可以防止爆炸灾害的发生。常用的预防性技术措施有混合物浓度控制、氧气含量控制、工艺参数（尤其是温度）控制、泄漏控制、储存控制、惰性气体保护等。减灾技术主要有抑爆、隔爆、泄爆、抗爆等，工程实际中所用的某些技术，如惰化技术，既可以作为预防技术，也可以作为减灾技术。

7.4.1 可燃物质浓度控制

如果能够控制混合物的浓度处于爆炸极限之外，就能防止爆炸的发生。控制混合物浓度的方法主要有操作参数控制、防止物料泄漏、减少粉尘产生、防止粉尘飞扬等。

控制可燃介质浓度系统的设计和使用应考虑以下因素：

（1）弄清系统应控制的可燃物质浓度。一般来说，应保持系统内可燃介质浓度不高于爆炸下限的 25%；如果系统设置有可燃介质监测安全联锁装置，可保持系统内可燃介质浓度不高于爆炸下限的 60%；按 NFPA651 标准设计和操作的铝粉生产系统，可保持系统内可燃介质浓度不高于爆炸下限的 50%。

（2）过程中工艺参数如压力、温度、组分等的变化。

（3）可燃介质控制系统的安装、操作、控制、试验、检查和维护。

（4）当使用催化氧化装置时，每个装置入口应设置火焰捕捉器，且定期进行检查和维护。

（5）对于需要通风稀释的场合，应避免通风机入口吸入可燃介质。

（6）应设置可燃介质浓度监测仪器，并定期校准。

（7）可燃介质泄漏对周围环境的影响，

7.4.1.1 操作参数控制

对于单一气体，投料前要注意设备和管道的置换，防止可燃气体与设备或管道内空气形成可燃性气体混合物。对于多种气体反应器，要特别注意投料的配比关系、投料速率和投料程序。例如由乙烯和氧气反应生成环氧乙烷的生产中，其正常反应浓度就接近爆炸范围，因此必须控制好投料速率，尤其是在开车、停车过程中稍有疏忽就会形成可爆混合物。投料速度过快，除影响反应速度外，还会造成尾气吸收不完全，导致后续工序内形成可燃性气氛。

此外，对于某些反应，投料程序也很重要。生产氯化氢必须先投放氢气然后再投放氯气；生产三氯化磷应先投磷然后再投氯；磷酸酯与甲胺反应须先投磷酸酯然后再投甲胺；反之，均会发生爆炸。

催化剂对化学反应影响很大。催化剂投放过量也可能引起反应速度增大，造成化学反应失控进而引起爆炸。

由于种种原因导致操作参数（如压力、温度、流量、液位等）变化时，都可能引起组分变化从而形成爆炸性混合物。尤其是开停车过程中，由于催化剂、反应温度、压力等的影响，既会导致浓度的不断变化，又会引起爆炸极限的变化。采取自动检测、报警、调节与控制措施对安全生产是至关重要的。

7.4.1.2 防止泄漏

工业生产中的很多重大事故都是由泄漏引起的。按流向，泄漏可分为由设备内部向大气泄漏、设备内部之间泄漏和大气被吸入设备内部。按操作状态，泄漏可分为正常运行时泄漏、开停车期间泄漏、辅助系统异常引发泄漏和突发事件（如停电）引发泄漏。泄漏的危险程度取决于所泄漏的可燃物质的性质和泄漏量。可燃物质活性越高、泄漏空间内气体密度与被泄漏空间内气体密度越接近、泄漏量越大，危险性就越高。例如，氢气活性高，极易发生爆炸，且爆炸升压速度很大，因此危害性大；设备内乙烷气体泄漏至大气，由于乙烷密度与空气密度接近，因此会在空气中形成均匀混合的可燃气云，遇到火源就会发生燃烧或爆炸。如果甲烷气泄漏至大气，由于甲烷气比空气密度小得多，只要隔一段时间，甲烷气就会飘至高空中，因此发生爆炸的概率就小一些；如果泄漏的可燃气体密度大于空气，那么就会在水沟、渠道、坑、槽等地积聚，而且不易扩散，危险性很大。此外，由于可燃物质都具有挥发性，因此即使泄漏的是液体，也会很快在大气中形成爆炸性气体混合物，也是极其危险的。总之，任何可燃气体泄漏都是很危险的，必须采取正确措施防止泄漏。

如果设备安装在厂房或包围体、半包围体内，则保持良好通风是防止爆炸的重要措施。通风可分为自然通风和强制通风。如果选用强制通风，则通风机的选择要符合防火防爆规范。

如果设备在负压下工作，则密闭是防止爆炸的关键。泄漏至设备之外的可燃气体可以在风力的作用下迅速扩散，因此不一定每次泄漏都会发生燃烧或爆炸，而泄漏至设备内的空气却无法清除，一定会和设备内的可燃介质充分混合，故其危险性极高。

导致设备泄漏的因素有很多。在设备方面有腐蚀、疲劳、蠕变、脆性转化、裂纹、设计结构或计算有误、结垢等。在设备维护方面有检查失误、判断失误、维修方法不当、保养不当等。在操作方面有操控失误、堵塞、排放不当、操作参数监控失误等。

7.4.1.3 防尘

可燃粉尘浓度的控制主要通过除尘设备完成。除尘器是用于捕集气体中固体颗粒的一种设备。其按作用原理分成以下5类：

旋风除尘器是一种干式气固分离装置，工作原理是利用旋转的含尘气体所产生的离心力，将粉尘从气流中分离出来。它具有结构简单、制造容易，造价和运行费较低，在实际应用过程中操作、维护方便，性能稳定，对含尘气体的浓度和温度等因素的变化适应性强等优点。

袋式除尘器是过滤式除尘器的一种，20世纪中叶开始应用于工业生产。其运行可靠稳定，使用灵活，操作简单，除尘效率高，最小可捕集10μm左右的粉尘。袋式除尘器是能够满足严格的环保要求且最可信赖的除尘器之一，其以适应性强的特点，广泛应用于冶金、机械、化工、建材、粮食及其他工业部门，在大气污染、环境保护及人体健康、回收利用物料等方面发挥着重要作用。

湿式除尘器是用液体吸附粉尘的除尘装置。许多粉尘都可以被水或其他液体吸附，湿式除尘器不但可以高效地吸附亲水性粉尘，而且对非亲水性的粉尘也可以吸附，只是效率有所降低。水除了吸附粉尘之外，还可以吸收热量，高温含尘气体与水相接触进行热量的交换，气体温度急剧降低。

静电除尘是利用高压直流电源产生的强电场使气体电离，产生电晕放电，进而使悬浮尘粒荷电，并在电场力的作用下，将悬浮尘粒从气体中分离，并加以捕捉的除尘装置。其特点是除尘效率高，设备阻力小，总能耗低，处理烟气量大，耐高温，能捕集腐蚀性大、黏附性强的气溶胶颗粒。

磁力除尘器是利用强磁场高梯度使磁性颗粒受到很大的磁力从而达到除尘的目的。而对于非磁性粉尘——燃煤粉尘，先通过磁力雾化器使非磁性粉尘上磁，然后进行磁分离除尘，除尘效率也可达到90%以上。它具有占地面积小，处理气量大、不会堵塞、投资小等优点。

7.4.2 氧化剂浓度控制

根据燃烧爆炸原理，除了控制可燃组分浓度之外，还可以通过控制混合气中氧化剂的含量来为防止可燃气体爆炸。如果能够控制混合物中的实际氧含量低于其极限氧含量，那么就不会发生燃烧爆炸事故。

从一般概念来说，氧化剂是指在反应中得到电子（或电子对偏向）的物质，也就是反应后所含元素化合价降低的物质。氧化剂具有氧化性，反应时本身被还原，其生成物为还原产物。还原剂是指在反应中失去电子（或电子对偏离）的物质，也就是反应后所含元素化合价升高的物质。还原剂具有还原性，反应时本身被氧化，其生成物为氧化产物。氧化剂和还原剂是性质相反的一对物质，它们作为反应物共同参加氧化还原反应。在反应中，还原剂把电子转移给氧化剂，即还原剂是电子的给予体；氧化剂是电子的接受体，其夺取电子的能力越强，氧化性就越强。因此氧化剂除了氧之外，还有很多，如水、氯、氟等。本节主要介绍遇水发生燃烧爆炸的物质和混合过程易于发生燃烧爆炸的物质。

控制氧含量系统的设计和使用应考虑以下因素：

（1）弄清系统应控制的极限氧化剂浓度。一般来说，如果系统内氧化剂含量受到连续监测，则当极限氧含量不低于5%时，惰化后氧含量应低于极限氧含量2%；当极限氧含量低于5%时，惰化后氧含量应低于极限氧含量的60%；如果系统内氧化剂含量不能受到连续监测而是定期监测，则当极限氧含量不低于5%时，惰化后氧含量应低于极限氧含量60%；当极限氧含量低于5%时，惰化后氧含量应低于极限氧含量的40%。

（2）过程中工艺参数如压力、温度、组分等的变化。

（3）惰化介质与工艺介质的匹配，惰化介质不应污染工艺介质或对工艺过程构成危害。

（4）惰性介质的供应情况。

（5）惰化系统的安装、操作、控制、试验、检查和维护。

（6）惰化介质泄漏对周围环境的影响。

（7）由于缺氧环境不能维持生命，因此必须考虑人员的安全，尤其是应用于厂房和建筑的情况。

（8）当惰化技术应用于可燃介质收集并直接送往火炬或焚烧炉时，应采取回火防治措施。

7.4.2.1 遇水发生燃烧爆炸的物质

某些物质遇到水或潮湿空气中的水分就会发生剧烈的分解反应，产生可燃气体，放出热量，这类物质统称为遇水发生燃烧爆炸的物质。这类物质的火灾危险程度决定于物质的化学组成和性质。组成不同，与水反应的剧烈程度不同，产生的可燃气体也不同。其按遇到水后发生化学反应的激烈程度、产生可燃气体以及放出热量的多少分成两个级别。一级物质遇到水后，发生激烈的化学反应，产生大量的易燃气体，放出大量的热量，容易引起燃烧或爆炸，如化学性质活泼的碱金属及其合金、碱金属的氢化物、硼氢化合物、碳化钾、碳化钙，磷化钙、镁铝粉等。二级物质遇到水后发生的化学反应比较缓慢，释放出的热量也比较少，产生的可燃气体也不那么容易发生燃烧或爆炸，如铝粉、锌粉、氢化铝、硼氧化钠、碳化铝、磷化锌等。

金属与水的反应能力取决于金属化学活泼性的强弱，金属活泼性强，容易失去电子，也就容易与水发生化学反应。金属活泼性最强的碱金属与水反应激烈，而金属活泼性差一些的碱土金属和重金属只有在高温下才与水反应，活泼性很差的贵金属则不能与水反应。

7.4.2.2 混合危险性物质

两种或两种以上的物质，由于混合或接触而发生燃烧爆炸的物质称为混合危险物质。由于混合发生燃烧爆炸有两种典型情况。

（1）物质混合时，即发生化学反应，形成不稳定的物质或敏感的爆炸性物质。

（2）物质混合后，形成了与混合炸药类似的爆炸性混合物，这种混合物可能在混合的同时，即发生燃烧或爆炸，也可能在运输、储存、使用时遇到火源引发燃烧或爆炸。

7.4.3 惰化技术

在爆炸气氛中加入惰化介质时，一方面既可以使爆炸气氛中氧组分被稀释，减少可燃物质分子和氧分子作用的机会，也可以使可燃物组分同氧分子隔离，在它们之间形成一层不燃烧的屏障，当活化分子碰撞惰化介质粒子时会使活化分子失去活化能而不能反应；另一方面，若燃烧反应已经发生，产生的游离基将与惰化介质粒子发生作用，从而失去活性，导致燃烧连锁反应中断；同时，惰化介质还将大量吸收燃烧反应放出的热量，使热量不能聚积，燃烧反应不蔓延到其他可燃组分分子上去，对燃烧反应起到抑制作用。因此，在可燃物/空气爆炸气氛中加入惰化介质，可以使可燃物组分爆炸范围缩小；当惰化介质增加到足够浓度时，可以使可燃物组分爆炸上限和下限重合；再增加惰化介质浓度，可燃空气混合物将不再发生燃烧。

惰化系统的基本构成包括惰化介质源、介质输送与分配管网、介质喷洒机构、氧含量检测装置、控制系统。

采用惰化方法的关键有 3 点：

(1) 要采用恰当的方法形成惰化氛围，确保惰化介质喷洒均匀，使得被保护所有区域内的介质浓度和氧含量符合惰化要求。

(2) 要有正确的方法维持惰化氛围，确保惰化过程不会有潜在危险，不会对工艺过程、设备、设施构成危害（如污染工艺介质、与工艺介质发生反应、与水接触会发生变化、腐蚀设备等），也不会对人员健康构成危害（如发生窒息等）。

(3) 要对惰化氛围有准确的监测和控制手段，要特别注意生产装置运行的可靠性和检测元件的可靠性，避免出现数据错误从而导致操作失误。

按惰化介质相态，惰化技术有气体惰化技术和固体惰化技术两种。气体惰化技术是指在可燃物所处环境中充入氮气、二氧化碳、卤代烃、氯气、氮气、水蒸气等惰性气体或灭火粉、化学干粉、矿岩粉等惰性粉尘，以稀释可燃组分并降低环境中氧含量，使之难以形成爆炸性混合物。值得指出的是，氮气对氯气、粉尘的爆炸下限几乎没有影响。固体惰化技术主要应用于粉体惰化。即把碳酸钙、硅藻土、硅胶等耐燃惰性粉体混合于可燃粉体中，防止其爆炸，这是因为添加的粉体具有冷却效果和抑制悬浮性效果，有时候还有负催化作用。目前这种方法一般用于煤矿中以防范煤尘爆炸，在一般工业中使用的例子还不多。

按惰化作用原理，惰化介质可分为降温缓燃型和化学抑制型两种。降温缓燃型惰化介质主要有氦气、氯气、氮气、水蒸气、矿岩粉等，它们不参与燃烧反应，主要起到稀释作用，一旦发生燃烧，它们会吸收反应热，使温度降低，反应速度减慢甚至反应停止。化学抑制型惰性介质主要是卤代烃、碱金属盐类干粉、铵盐类干粉等，它们的分子或其分解产物可与燃烧反应的活化中心——原子态的氢和氧发生作用，形成稳定化合物，达到抑制燃烧的作用。

惰化技术可用于以下几种场合：

(1) 易燃固体物质的粉碎、筛选、混合与输送。

(2) 有燃烧爆炸危险的储存设备内进行惰性气体正压保护。

(3) 易燃液体的惰性气体充压输送。

(4) 处理易燃介质的设备或管路检修前惰性气体置换。

(5) 对泄漏的可燃气体进行稀释。

(6) 设置阻爆装置，发生燃烧爆炸危险时，及时激发启动开关，喷出惰性气体，起到抑制和阻断作用。

惰化介质应具有合理的纯度和充足的数量储备，其用量与以下因素有关：

（1）被保护介质的爆炸下限或极限氧含量。

（2）足够的安全裕度。

（3）泄漏损失。

（4）操作条件。

（5）操作方法，即间断操作还是连续操作。

（6）处理量。

7.4.4　点火源控制

点火源是可燃物质发生燃烧爆炸的另一个必要条件之一，控制和消除点火源是燃烧爆炸最有效的预防措施之一。一般，可燃气体的最小点火能量在毫焦数量级，粉尘的最小点火能量在焦数量级。工程实际中具有这个数量级的点火源时时处处都存在，例如铁器或石器的撞击火花、电器开关、电热丝、火柴、静电、雷电等，甚至化纤衣物之间的摩擦火花都足以点燃可燃气体。因此，控制点火源的措施必须是相当严格的。

按点火能量的大小，点火源分为强点火源和弱点火源。前者可直接引发爆轰，后者可引发爆燃。按点燃形式，点火源可分为电点火源（包括电火花、雷电、静电等）、化学点火源（包括明火、自然着火等）、冲击点火源（包括撞击火花、摩擦火花、压缩引起温度升高等）、高温点火源（包括高温表面、热辐射等）。

7.4.4.1　防止明火

明火是指一切可见的发光发热物体，例如看得见的火焰、火星或火苗之类。在生产企业，焊接火焰、摩擦火星、燃烧火焰、火炉、加热器、火机火焰、火柴火焰、电气火花、未熄灭的烟头、辐射火源、机动车尾气管喷火等都是常见的明火火源，必须加强管理。

加强加热用火和维修用火火源管理。加热可燃物料时严禁使用明火，可采用中间载体（如水、蒸气、重油等）。如果必须采用明火加热，则必须做好隔离措施，避免明火与可燃物料接触，明火加热装置（如锅炉）应与易燃物料区相隔足够的安全距离，并设置在物料区的上风向。

维修动火时，应将设备或管道拆卸到安全的场所维修，如果必须直接在设备上动火，应将设备内的物料清除，并利用惰性气体置换，达到要求后才能动火，同时采取措施防止焊渣和割下的铁块落到设备内。当维修设备与其他设备连通时，必须采取隔断措施，防止物料进入检修设备。在不停车的条件下动火检修时，必须保持良好通风，设备内处于正压状态。设备内易燃组分处于爆炸上限以上，含氧量处于极限氧含量之下，同时周围备有足够的灭火装置。

在爆炸危险环境应禁止使用电热电器。电炉、电锅等的加热丝表面温度可达800℃，足以点燃各种可燃气体和粉尘。200W的白炽灯泡可以点燃纸张，100W的白炽灯泡可以烤着10cm之外的聚氨酯泡沫塑料。

电气设备过热也是常见火源。严禁在燃烧爆炸危险场所使用产生烟火的电气设备。各类电器在设计和安装过程中都采取了一定的通风或散热措施，正常运行时，发热量和散热量是平衡的，最高温度能得到有效控制。例如，橡皮绝缘线的最高温度不超过60℃，变压器油温不超过 80℃。但一旦散热措施失灵，导致散热不良，设备就会过热，成为引发事故的火源。引发电气设备过热的主要因素有短路、过载和接触不良。

加强设备维护，防止出现碰撞、摩擦等产生火花。防止皮带机的皮带和发生故障的托辊摩擦发热导致火灾或爆炸。

电火花是更常见的点火源。电火花的温度可达 3000℃以上，大量电火花汇聚在一起就是电弧，它能点燃可燃气体和粉尘，甚至会使金属熔化。常见的电火花有：开关、启动器、断电器闭合或断开时产生的火花，电气设备接线端子与电线接触产生的火花，电线接地或短路产生的火花等。

7.4.4.2　防止静电

一般来说，如果介质的最小点燃能力小于 10mJ，就应该考虑采用防静电措施。对工艺流程中各种材料的选择、装备安装和操作管理等过程应采取预防措施，控制静电的产生和电荷的聚集。

防静电技术大都遵循以下三项原则：抑制、疏导、中和。普遍认为完全不让静电产生是不可能的，只能是抑制静电荷的聚集，如严格限制物流的传运速度和人员的操作速度，将设备管道尽量做到光滑平整，避免出现棱角，增大管道直径进而控制流速、减少弯道、避免振动等均可以防止或减少静电的产生。若抑制不了就设法流导，即向大地泄放，如将工作场所的空气增湿，将一切导体接地，在工作台及地面铺设导静电材料，操作人员穿导静电服装和鞋袜，甚至戴导静电手环。对于导体，应对设备进行跨接，确保接地良好。盛装粉体的移动式容器应由金属材料制造，并良好接地。袋式除尘器和收尘器应采用防静电滤袋，防静电滤袋通过在普通滤布中织入金属丝的方法增强滤袋的导电性能，并通过滤袋架将静电导入大地等。若疏导不了就设法在原地中和，如采用感应式消电器、高压静电消电器、离子风消电器等。对于塑料类等电阻率大的粉尘，可利用静电消除器产生异性离子来中和静电荷等。

7.4.4.3　防止自燃

每种物质都有自燃温度。当环境温度高于自燃温度时，物质就会燃烧。自燃可分受热自燃和本身自燃两种情况。

受热自燃是指可燃物被外部热源间接加热达到一定温度时，未与明火直接接触就发生燃烧。可燃物靠近高温物体时，有可能被加热到一定温度被烤着火；在熬炼（熬油、熬沥青等）或受热处理中，受热介质因达到一定温度而着火，都属于受热自燃现象。在火电厂、钢铁厂和水泥行业的煤粉制备系统常常发生自燃，并引起火灾爆炸。其原因是煤磨入口的热风管和煤磨之间的连接处有积煤自燃。在高温处，必须要防止出现流动死角等易造成粉尘堆积现象的结构。

本身自燃是指可燃物在没有外部热源直接作用的情况下，由于其内部的物理作用（如吸附、辐射等）、化学作用（如氧化、分解、聚合等）或生物作用（如发酵、细菌腐败等）而发热、热量积聚导致升温，当达到一定温度时，可燃物未与热源直接接触而发生燃烧。煤堆、草堆、塑料、堆积的油纸油布、黄磷等的自燃都属于本身自燃现象。黄磷遇到空气就会发生化学反应并放出热量，当热量积聚到一定程度时就会发生自燃。烷基铝遇到水分就会发生化学反应，生成氢氧化铝和乙烷，并放出热量，当温度达到自燃点时即发生自燃。硝化纤维、塑料、有机过氧化物及其制品，在常温下就会发生分解放热，在光、热、水分作用下分解速率更快，直至发生自燃。

本身自燃和受热自燃的本质是一样的，只是热的来源不同，前者是物质本身的热效应，后者是外部加热的结果。物质自燃是在一定条件下发生的，有的能在常温下发生，有的能在低温下发生。本身自燃的现象说明，这种物质潜伏着的火灾危险性比其他物质要大。在一般情况下，常见的能发生本身自燃的物质有植物产品、油脂类、煤及其他化学物质，磷、磷化氢都是自燃点低的物质。

7.4.4.4 防雷

雷电具有很大的破坏力，是燃烧爆炸危险场所不可忽略的点火源。石油和石油产品在生产、运输、销售、使用过程中都有可能因雷击而发生爆炸事故。防雷技术的选用，应考虑被保护设施的特点以及所处地理位置、气象条件和环境条件等具体情况。

对于储存易燃、可燃油品的金属油罐，当其顶板厚度小于4mm时，要求装设防雷击装置；当其顶板厚度不小于4mm时，在多雷区或储存高硫易燃品时，宜装设防雷击装置。金属油罐必须防雷接地，其接地点不能少于两处；接地点沿油罐周长的间距不应大于30mm，接地点距罐壁的距离应大于3m。金属油罐的阻火器、呼吸阀、量油孔、人孔、透光孔等金属附件要保持等电位。当采用避雷针或用罐体做接闪器时，其冲击接地电阻不能大于10Ω。

非金属油罐应装设独立避雷装置，并且有独立的接地装置，其冲击接地电阻不得大于10Ω。当采用避雷网保护时，避雷网应用直径不小于8mm的圆钢或截面不小于24mm×4mm的扁钢制成。网格不宜大于6m×6m，引下线不得少于两根并沿四周均匀或对称布置，间距不得大于18m，接地点不能少于2处。避雷网要高出罐顶0.3m及以上，在前罐的呼吸阀、量油孔等金属附件处，应局部高出这些附件0.5m以上，避雷网的所有交叉点必须保持良好的电气连接。非金属油罐钢筋混凝土结构中的钢筋，应相互做电气连接，钢筋与接地网相连接点不能少于3点。非金属油罐必须装设阻火器和呼吸阀，油罐的阻火器，呼吸阀、量油孔、人孔、透光孔、法兰等金属附件必须良好接地。

7.4.5 爆炸抑制技术

爆炸预防技术是最基本、最有效、最经济的防爆方法。但由于爆炸灾害发生发展的复杂性，尽管工程实践中采取了各种防爆措施，爆炸灾害仍不断发生，因此，在实施爆炸预防技术的同时，还要配以减灾措施，以将受灾程度降到最小。抑爆技术是指在具有可燃介质爆炸危险的环境（如料仓、煤矿巷道）中安装传感器，通过及时向爆炸区喷射灭火剂，在爆炸初期就约束和限制爆炸燃烧的范围，避免大规模爆炸发生的技术。

爆炸抑制系统主要由爆炸探测器、爆炸控制器和爆炸抑制器（抑爆器）三部分组成。爆炸探测器是在爆炸刚发生时能及时探测到爆炸危险信号的装置。探测灵敏度是其关键参数。爆炸控制器是接收探测器信号并能控制抑爆器动作的装置。抑爆器是装有抑爆剂并能迅速把抑爆剂送入被保护对象的装置。

爆炸抑制技术可应用于以下场合：

（1）过程设备，例如反应器、混合器、搅拌器、粉碎机、研磨机、干燥器、烤炉、过滤器、筛分器、粉尘收集器等。

（2）储存设备，例如低压储罐、高压储罐、移动储罐等。

（3）物料输送设备，例如风力输送装置、螺旋输送装置、链斗升降机等。

（4）实验室或试验场设备，例如发动机罩、手套箱、测试间等。

（5）喷雾剂添加室。

爆炸抑爆技术的主要优点有：

（1）可以避免有毒的、易燃易爆的物料和灼热的气体或明火蹿出到密闭空间之外，特别适合于对泄爆易产生二次爆炸和人员伤亡的情况。

（2）避免产生大量窒息性气体，最大程度避免人身伤亡。

（3）避免产生高压，最大程度保护相关物品或人员不受损伤。

（4）对使用场所要求不高，对所处位置不利于泄爆的设备同样适用。

但爆炸抑制技术也有很大的局限性：

（1）爆炸抑制设备费、维护费比较高。

（2）抑爆系统的可靠性和灵敏度是一对矛盾，频繁的误动作会造成无谓损失，动作失灵又会造成巨大灾害，因而合适的感应元件是关键。

（3）抑制爆炸技术主要适用于在着火初期气相氧化剂中发生爆燃的系统。

（4）抑爆剂必须与可燃介质的物理和化学性质相匹配。

（5）当可燃物质的爆炸指数大到一定的程度，抑爆剂就不能对爆炸进行有效抑制。粉尘爆炸指数 $K_{max}>30MPa\cdot m/s$，或气体爆炸指数 $K_{max}>7.5MPa\cdot m/s$ 时，不宜采用爆炸抑制技术。

爆炸抑制装置设计需考虑以下因素：

（1）可燃介质的爆燃特性，弄清爆燃形式和危害性。

（2）被保护设备的设计参数，包括几何结构、容积、操作条件。

（3）抑爆剂选择。

（4）安装、操作、试验、检查与维护程序，包括误操作的可能性和可能造成的危害。

（5）抑爆装置的动作是否会引起其他装置（例如隔离阀、传送带、泄放装置等）联锁动作。

（6）配备全时备用电源以实现停电条件下的所有操作。

（7）给出抑爆效果相关数据。

7.4.6　爆炸阻隔技术

爆炸阻隔（简称隔爆）技术是通过隔爆装置得以实施的一种爆炸减灾技术。常用的隔爆装置有阻火器、隔爆装置等。阻火器常用于燃烧爆炸初期火焰的阻隔；隔爆装置依靠传感器探测爆炸信号并发出指令使隔爆装置动作。

7.4.6.1　阻火器

阻火器是用来阻止易燃气体或易燃液体蒸气的火焰向外蔓延的安全装置。它由一种能够通过气体的，具有许多细小通道或缝隙的固体材料（阻火元件）所组成。关于阻火器的工作原理，目前主要有两种观点：一种是传热原理；另一种是器壁效应。

传热原理认为，可燃介质只有达到其着火点才能维持燃烧，当介质温度低于其着火点时燃烧就会停止。因此，只要利用阻火元件的传热作用，将燃烧物质的温度降到其着火点以下就可以阻止火焰的蔓延。设计阻火器内部的阻火元件时，应尽可能扩大火焰和通道壁的接触面积，强化传热，使火焰温度降到着火点以下。

器壁效应原理认为，燃烧与爆炸并不是分子间直接反应，而是受外来能量的激发，分子键遭到破坏，产生活化分子。活化分子又分裂为寿命短但却很活泼的自由基。自由基与其他分子相撞，生成新的产物，同时也产生新的自由基再继续与其他分子发生反应。当燃烧的可燃气通过阻火元件的狭窄通道时，自由基与通道壁的碰撞概率增大，参加反应的自由基减少。当阻火器的通道窄到一定程度时，自由基与通道壁的碰撞占主导地位，此时自由基数量急剧减少，反应不能继续进行，也即燃烧反应不能通过阻火器继续传播。

阻火器分为机械阻火器、波封阻火器和料封阻火器。阻火器常用于阻止爆炸初期火焰的蔓延。一些具有复合结构的机械阻火器也可阻止爆轰火焰的传播。

7.4.6.2 隔爆装置

主动式隔爆装置通过灵敏的传感器探测爆炸信号，并放大输出给执行机构，控制隔爆装置关闭阀门或闸板，从而阻隔爆炸火焰的传播。被动式隔爆装置通过爆炸波来推动隔爆装置的阀门或闸板来阻隔火焰。

主动式隔爆装置和被动式隔爆装置都是靠装置上的某一元件的动作来阻火，这不同于工业阻火器依靠本身的物理特性来阻火。工业阻火器在工业生产过程中时刻都在起作用，对流体介质的阻力较大，而主动式隔爆装置和被动式隔爆装置只是在爆炸发生时才起作用，它们在不动作时对流体介质的阻力小，有些隔爆装置甚至不会产生任何的压力损失。工业阻火器只对纯气体介质才有效。对于含有粉尘、易凝物等的输送管道，应当选用主动式隔爆装置和被动式隔爆装置。

思考题

7-1 重大危险源监控预警系统的目的是什么？
7-2 简述重大危险源计算机监控预警系统应具备的功能。
7-3 压力容器用钢的要求有哪些？
7-4 压力容器结构设计的总体要求有哪些？
7-5 简述压力容器中安全泄压装置的种类及其优缺点。
7-6 预防火灾的基本原则有哪些？
7-7 简述消除着火源的基本技术措施。
7-8 什么是惰化技术，采用惰化技术的关键是什么？
7-9 爆炸抑制技术和爆炸阻隔技术有什么区别和联系，各有什么局限性？

8 重大危险源管理

扫码获得数字资源

学习要求

- 了解重大危险源管理的基本要求。
- 掌握我国重大危险源管理的规定。

8.1 日常安全管理

重大危险源是导致重大事故的根源，必须加强对重大危险源的管理。从安全角度来说，一是在正常状态下，首先对重大危险源进行危险有害因素辨识、评价、分级、监控、检查，使影响重大危险源的各种危险有害因素处于受控；其次是针对重大危险源可能引发的事故类型、危险程度、影响范围，编制应急救援预案、配备相应救援装备，定期演练与更新，使预案适用与可操作。二是在事故状态时，启动相应救援预案，有序、有效开展救援，使事故损失降到最低；同时根据相关规定和要求，及时调查与处理事故，分析事故原因，追究相关责任，制定整改措施，杜绝同类事故发生。

危险源是事故发生的前提，是事故发生过程中能量与物质释放的主体。因此，有效地控制重大危险源对于确保职工在生产过程中的安全和健康、保证企业生产顺利进行具有十分重要的意义。

8.1.1 重大危险源管理规章制度

安全规章制度是安全生产管理的标准和规范，是国家安全生产法律、法规的延伸。重大危险源不同，其安全管理规章制度也不相同。因此，重大危险源单位必须针对每一个重大危险源的特点，制定出严格的、具体的且操作性强的重大危险源安全管理制度和安全操作规程，并通过技术措施和组织措施，对重大危险源进行严格管理和控制。

重大危险源安全生产规章制度可概括划分为重大危险源安全管理制度和重大危险源安全操作规程两大类。前者是各种重大危险源安全管理制度、章程、规定的总称，后者是各类重大危险源安全操作规程、标准、规范的总称。

8.1.1.1 重大危险源安全规章制度的制定原则

在制定重大危险源规章制度时，应遵循以下原则：

(1) 与国家的安全生产法规保持协调一致，应该有利于国家安全生产法规的贯彻落实。

(2) 要广泛吸收国内外安全生产管理的经验，并密切结合自身过去和现在的实际情况，力求制定的制度具有先进性、科学性、可行性。

（3）要包括安全生产的各个方面，形成体系，不出现死角和漏洞。

（4）规章制度一经制定，应保持其严肃性和相对的稳定性，但也要注意总结实践经验，并根据国家政治经济形势的发展变化以及企事业单位的经济经营管理、生产技术等的新情况、新变化，及时地修改、补充，以保持其健全和有效。

8.1.1.2 重大危险源安全规章制度的内容

（1）重大危险源的运行、使用、检测、维修等作业，必须遵守其行业的安全规程规定。

（2）指定专人管理并正确、熟练使用重大危险源管理信息系统，充分发挥其作用。

（3）使用重大危险源管理信息系统如实申报、登记、建档，同时每年定期将《重大危险源申报登记表》报送当地安监部门备案。

（4）当重大危险源在生产过程、材料、工艺、设备、防护措施和环境等因素发生变化或国家有关法规、标准发生变化时，应对重大危险源的信息进行更新，同时重新核定该重大危险源的危险程度。

（5）应定期由国家认可的有资质条件的中介机构或由国家认可的专业技术人员主持评估重大危险源，评估报告应数据准确、内容完整、对策措施具体可行、结论客观公正，并报送当地负有安全监管职责的部门备案。

（6）应定期由国家认可的有资质条件的中介机构对本单位的重大危险源生产、储存装置进行一次安全评价，同时上报当地负有安全监管职责的部门备案。

（7）确保重大危险源安全管理与监控所必须的资金投入。

（8）重大危险源专职管理人员必须经负有安全监管职责部门培训考核合格，方可上岗。

（9）根据重大危险源生产工艺要求和技术性能，制定完善的安全操作规程、安全维护和监控制度、安全检查制度和员工的安全教育培训制度，并严格执行。

（10）定期对全员进行重大危险源安全教育和技术培训，使其掌握重大危险源岗位的安全操作技能和紧急情况下应采取的应急措施。

（11）在重大危险源的现场必须设置明显的安全警示标志，并加强重大危险源的监控和有关设备、设施的安全管理。

（12）重大危险源岗位的操作人员应认真执行有关安全运行的规章制度，做好运行值班记录和交接班记录，严格遵守劳动纪律，不得擅离职守，不得做与本岗位无关的事。

（13）重大危险源岗位的操作人员必须定时对所有危险源进行一次检查记录，发现问题及时上报。发现重大危险源有严重缺陷，难以保证安全运行时，操作人员应及时向单位负责人报告，单位负责人应及时妥善处理，否则，操作人员或负责安全的技术人员有权越级上报。

（14）对存在安全隐患的重大危险源应制定整改方案，落实整改措施、整改资金和整改责任人，立即整改，通过采取切实可行的安全措施，防止事故的发生。

（15）各类重大危险源相关设备及其安全附件严格按照国家标准定期校验检查，同时做好检测、检验记录工作，并按负有安全监管职责部门的要求定期为所有重大危险源进行在线检验及全面检验。

（16）成立重大危险源事故应急救援组织机构，组建应急救援队伍，配备、维护好应急救援装备和器材。

（17）制定详尽的重大危险源事故应急救援预案，落实应急救援预案的各项措施，制定应急救援演练计划，每年进行一次重大事故应急救援演练，评价、总结演练效果，及时完善应急预案。

8.1.2 重大危险源信息管理系统

重大危险源信息管理系统集计算机数据管理、多媒体、地理信息系统于一身，能够为领导和有关部门及时、直观、形象地提供重大危险源信息，以及发生事故后抢险、救援信息，有利于有关领导及时、准确地决策，最大限度地减少发生重大事故的可能性及事故造成的各项损失。重大危险源信息管理系统为重大危险源的管理工作在综合采用现代技术和科技新成果、提高工作的现代化水平方面探索了一条新路子。为此各级负有监管职责部门均在进行相关管理系统的开发。

为配合各级政府完成重大危险源普查工作，中国安全生产科学研究院（原中国安科中心）联合南京安元科技有限公司、南京本安仪表系统有限公司开发出“重大危险源安全管理信息系统”，并于2005年8月通过国家安监总局科技成果鉴定。

重大危险源安全管理信息系统是以系统论、控制论、信息论的原理和方法作为基础理论支撑，以国内当前最先进的重大危险源评价与分级技术作为专业支撑，利用主流的计算机开发技术完成。该系统可以完成重大危险源普查，并对重大危险源进行分级，帮助各级负有监管职责的部门完成重大危险源建库，为重大危险源的管理与控制提供数据基础。

8.1.2.1 系统的特点

（1）数据接口的一致性。确保顺利完成国家、省、市、区（县）四级重大危险源建库工作的首要条件。

（2）普查范围科学性。既要保证普查数据符合国家对重大危险源管理的数据要求，又能满足本地区重大危险源的特殊性。

（3）重大危险源评价与分级权威性。采用中国安全生产科学研究院的重大危险源评价与分级的最新研究成果。

（4）重大危险源管理与控制系统的扩展性。安元已提供出全套的重大危险源管理与监控、重大事故应急救援管理系统。

（5）产品的易用性。用户导向的开发过程保证了产品的易用性。

（6）软件服务的专业性。安全专业与软件专业结合的团队确保服务的一流。

8.1.2.2 软件功能

（1）重大危险源数据录入。

（2）事故隐患信息录入。

（3）重大危险源数据上报、接收。

（4）分类汇总数据。

（5）重大危险源核销。

（6）重大危险源评价分级。

（7）重大危险源统计与分析。

（8）建成重大危险源数据库。

8.1.2.3 软件工作流程

A 企业单位（客户端）

企业单位（客户端）软件工作流程如图 8-1 所示。

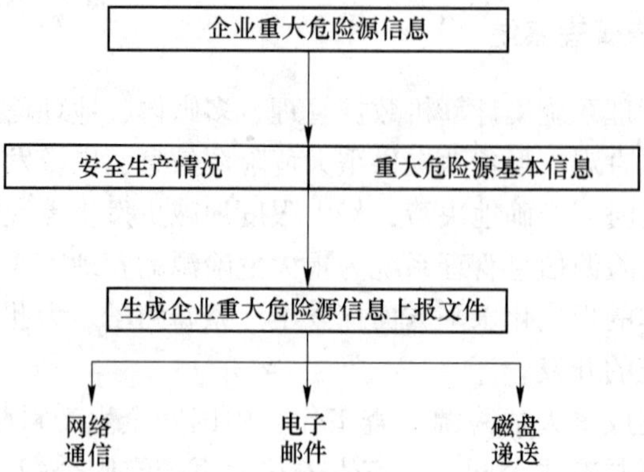

图 8-1 企业单位(客户端)软件工作流程

（1）重大危险源数据录入。申报单位基本信息界面如图 8-2 所示。其他相关信息录入界面如图 8-3 所示，其内容如下。

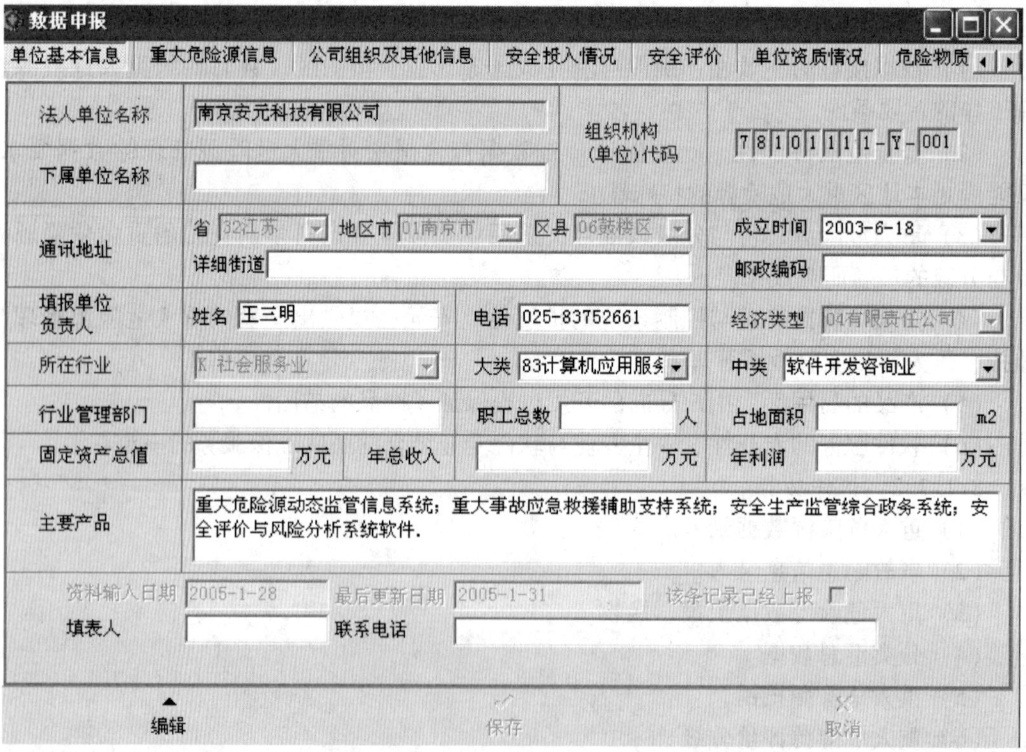

图 8-2 申报单位基本信息界面

1）“三同时”安全投入、安全技术经费提取使用、重大隐患专项治理经费等情况。

2）危险源物质、应急预案、许可证、安全评价等信息。

3）公司组织结构、安全机构、安全管理人员、特种作业人员、安全生产培训以及事故管理等。

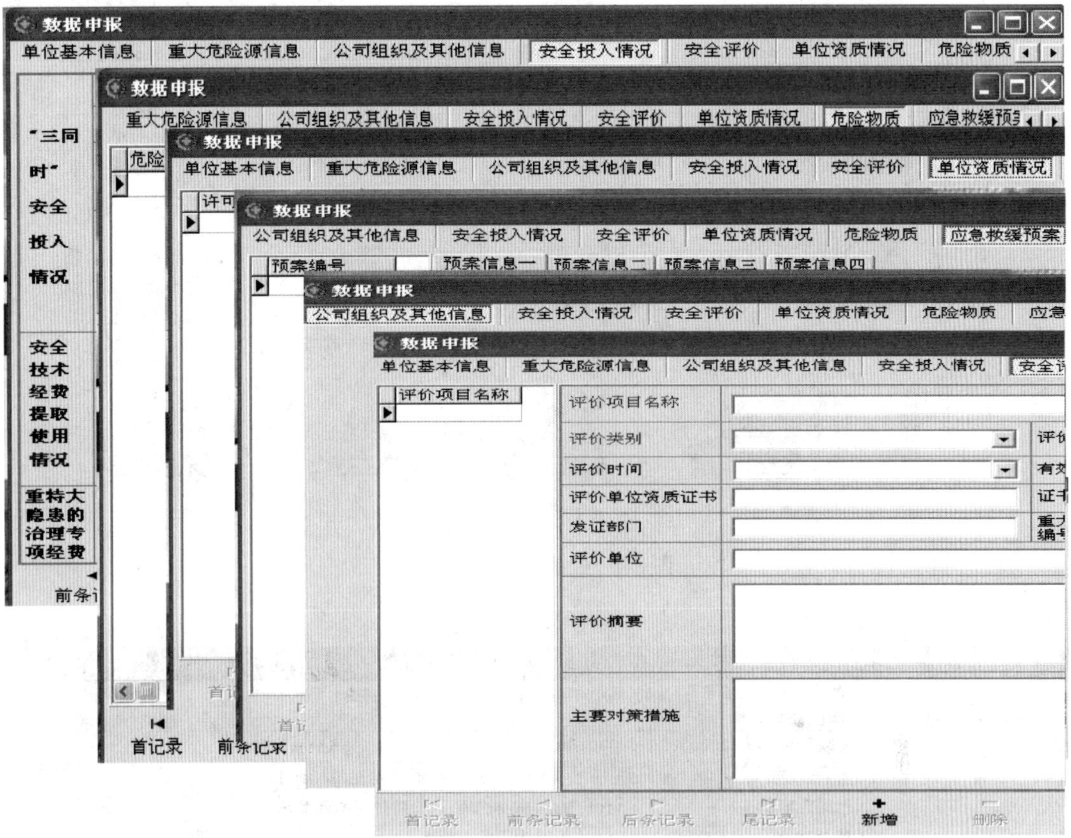

图 8-3 其他相关信息录入界面

（2）重大危险源信息录入。

1）贮罐（区）界面如图 8-4 所示。

2）贮罐（区）基本特征信息界面如图 8-5 所示。

3）贮罐（区）周边环境信息界面如图 8-6 所示。

（3）其他重大危险源信息。该管理软件还具有录入其他与重大危险源安全相关信息的功能管理界面。

（4）重大危险源数据上报。重大危险源数据上报有磁盘文件上报、电子邮件上报、网上直接上报三种形式。

B 政府管理端

政府管理端软件工作流程如图 8-7 所示。

重大危险源分类汇总数据、重大危险源核销、重大危险源评价分级及统计与分析的界面，分别如图 8-8~图 8-11 所示。

图 8-4 贮罐(区)信息界面

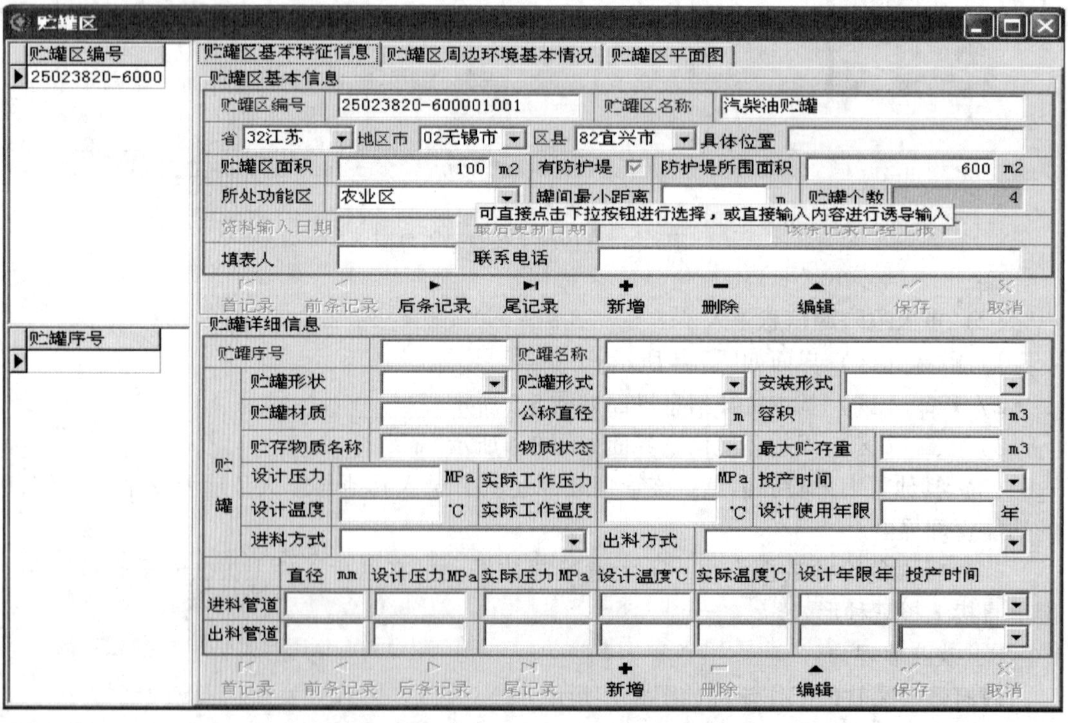

图 8-5 贮罐(区)基本特征信息录入界面

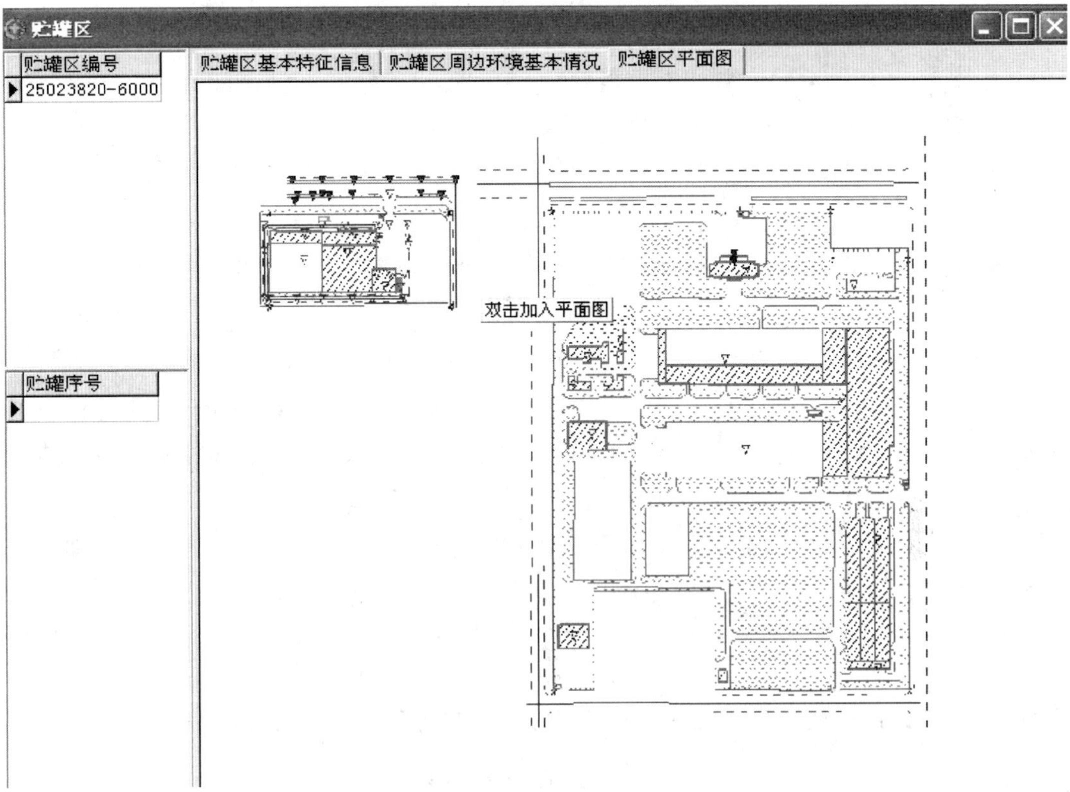

图 8-6 贮罐(区)周边环境信息录入界面

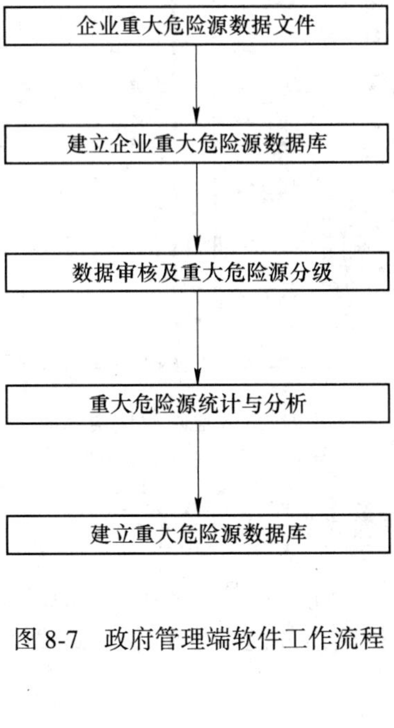

图 8-7 政府管理端软件工作流程

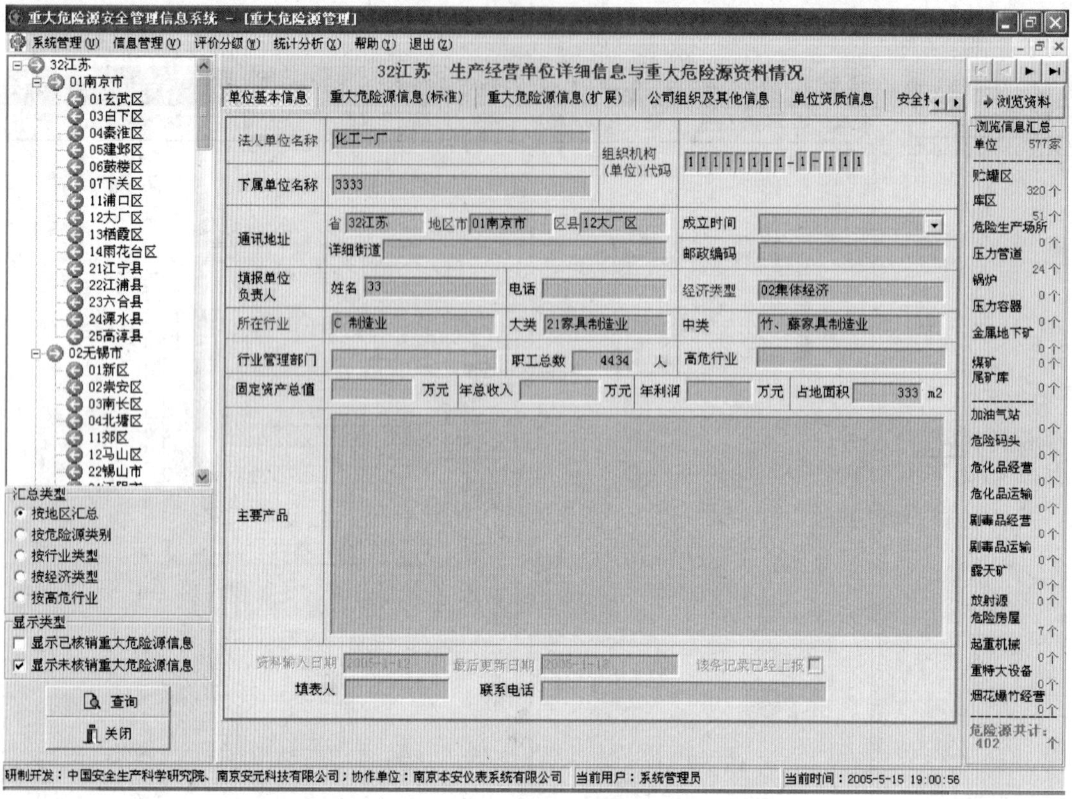

图 8-8 重大危险源分类汇总数据界面

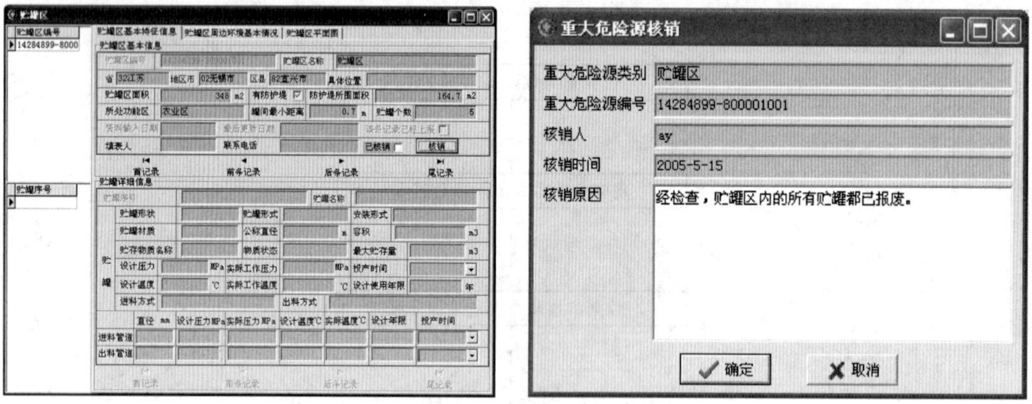

图 8-9 重大危险源核销界面

8.1.3 重大危险源的监控和预警系统

重大事故的发生一般都经历一个危险因素潜伏、危险因素由量变到质变转化、危险因素引燃与迅速爆发的过程。分析国内外已发生的重大事故可知，“所有的重大事故发生前

图 8-10 重大危险源评价分级界面

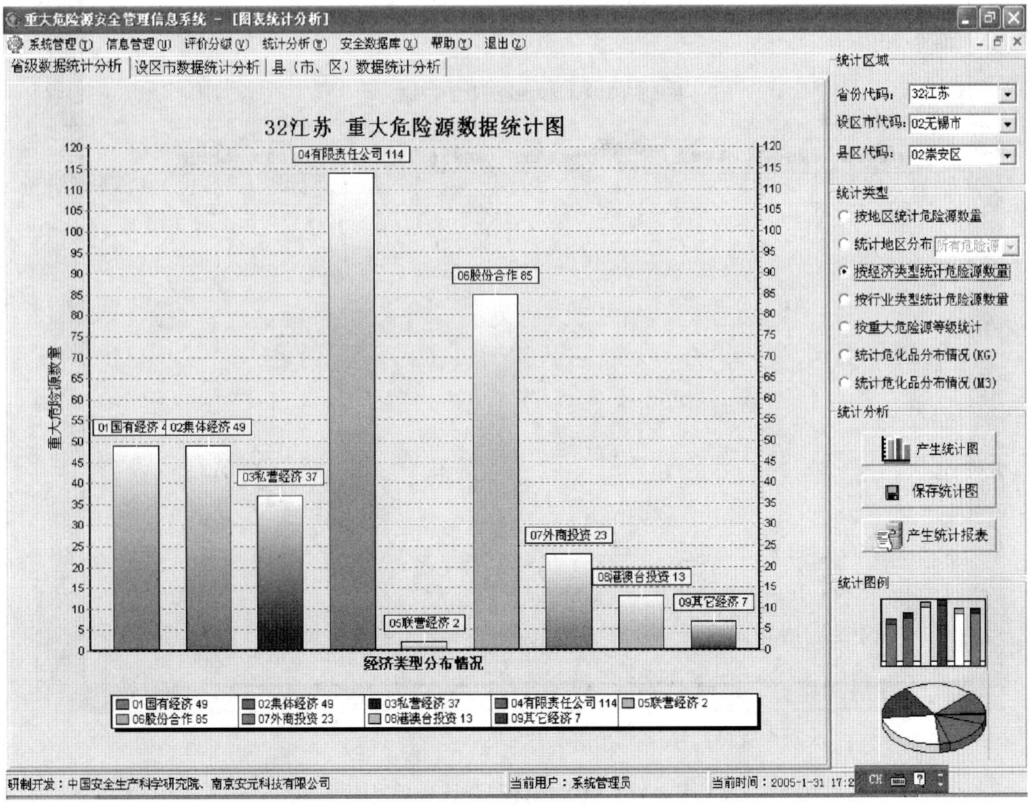

(a)

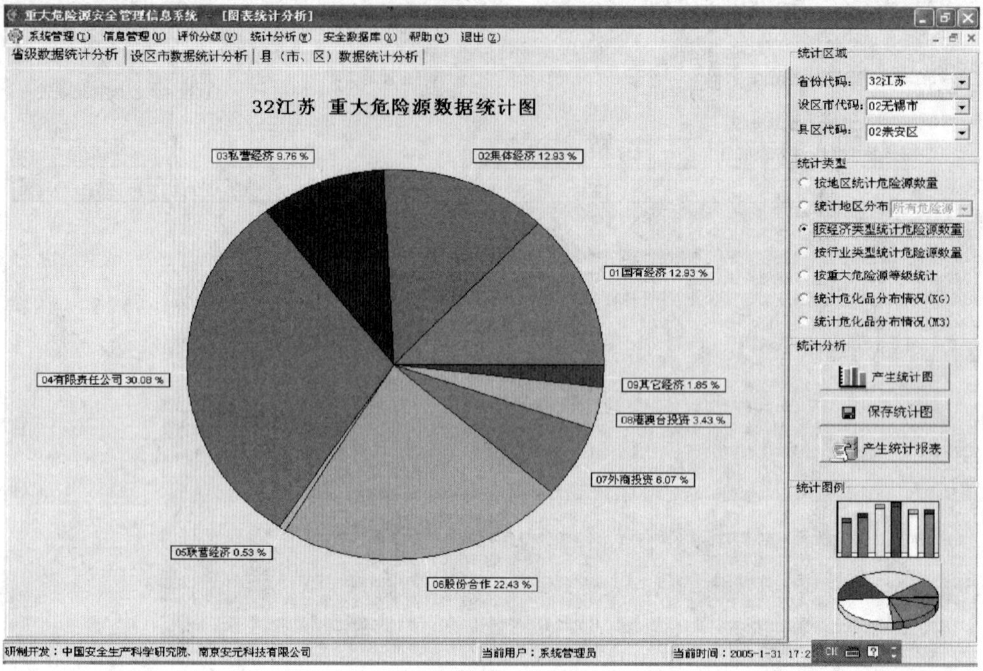

(b)

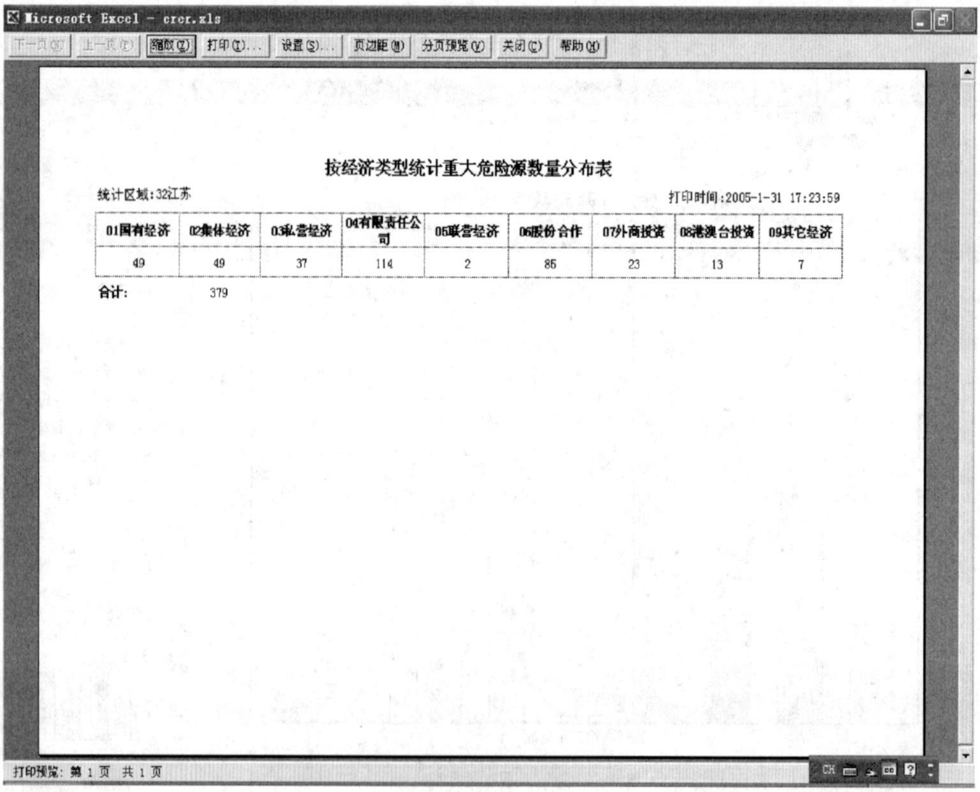

按经济类型统计重大危险源数量分布表

统计区域:32江苏　　　　打印时间:2005-1-31 17:23:59

01国有经济	02集体经济	03私营经济	04有限责任公司	05联营经济	06股份合作	07外商投资	08港澳台投资	09其它经济
49	49	37	114	2	85	23	13	7

合计:　379

(c)

图 8-11　重大危险源统计分析界面

（a）直方图；（b）饼形图；（c）统计报表

都会有些征兆（早期屏障和控制的失效），这些征兆可以被当作需要提防的信号，警告现有安全管理系统不能有效地阻止事故的发生，并最终造成重大损害”。在危险化学品企业重大事故应急过程中，建立一套重大危险源监控预警系统，科学、定量、实时地监测和诊断并预警重大事故发生的可能趋势，对于防止危险化学品事故的发生和防止事故后果的扩大有重要的作用。

8.1.3.1　重大危险源监控的内容

目前，我国在重大危险源的监控预警方面的研究取得了一定的成果，比较有代表性的有重大工业危险源（罐区）监控预警系统、重大危险监控预警多媒体计算机仿真系统，它们的功能主要是对重大危险源的危险参数（如温度、压力、浓度、液位、泄漏等）进行实时监测、报警，能够帮助人们在事发后及时采取措施，但不能帮助人们在早期采取预控措施。然而，我们已经越来越清楚地认识到，从根源来看，目前国内外许多重大事故的发生，很大程度上不只是技术问题，而且还与组织因素和社会因素有关。一个完善的重大事故预警系统不仅要能对重大危险源的危险参数进行实时监测、报警，还要能预测重大危险源运行和安全管理的发展动态，防止和矫正重大危险源运行与安全管理波动的不良趋势和危险状态，保证重大危险源处于功能正常和安全运转之中。一旦某重大危险源被列为监控对象，该危险源的整个人机（物）系统运转的可靠性，就作为监控的主要内容，具体可包括以下三个方面：

(1) 重大危险源安全管理活动的监控。主要监测重大危险源安全管理系统的运转状况，监测指标有人员可用性、责任感、人员能力、冲突解决、交流与沟通、人机界面、规划与程序、备件与工具等 8 个方面。

(2) 重大危险源系统运行状态的监控。主要监测重大危险源的技术故障和人员失误，即部件失效和作业成绩人员失误率。

(3) 重大危险源的特性参数（如温度、压力、浓度、液位、泄漏等）监控。重大危险源的各种特性参数如果超出正常值的界限，就会向事故生成方向转化，如果不及时采取应急控制措施，就会引发火灾、爆炸及重大毒物泄漏等事故。

8.1.3.2　重大危险源监控预警系统的运转模型

危险化学品重大危险源监控预警是指以先进的信息技术平台，通过监测、预测和仿真等技术对重大危险源的运行状态、安全管理波动以及事件、事故发生态势进行有效的动态监测，做出前瞻性分析和判断，及时评估各种灾难的危害程度，并给出参考性对策建议，提高企业重大事故应急管理的效率和科学性。监控预警的关键，一是要制定相应的事件分类标准并分类，一旦捕捉到相关的事故征兆便可根据既定标准进行分析判断；二是要做到信息高度共享，提高信息分析、管理和传递的科学性和效率。

危险化学品重大危险源监控预警系统是对重大危险源安全状态进行监测、诊断与预控的一种技术和组织手段，其运转模型如图 8-12 所示。由图 8-12 可知，该系统通过对重大危险源事故征兆的不良趋势进行监测与识别，再加以诊断，在此基础上采取预控对策，以免其陷入高风险状态。对重大危险源出现的事故早期征兆采取正确有效的预警预控使劣性趋势转变为良性趋势，而错误失败的管理过程使劣性趋势加剧而步入事故状态，如果对事件/事故的控制失效，就会使事故扩大，发生重大事故，造成重大损害。对重大危险源监控预警管理的每个过程的结果与数据，都将反馈到“监测信息系统”中，其信息分析结果将可以合理调整和优化下一循环过程的预警管理活动，使整个重大危险源预警管理活动形成一个循环，周而复始，维系与加强重大危险源系统运行的安全。

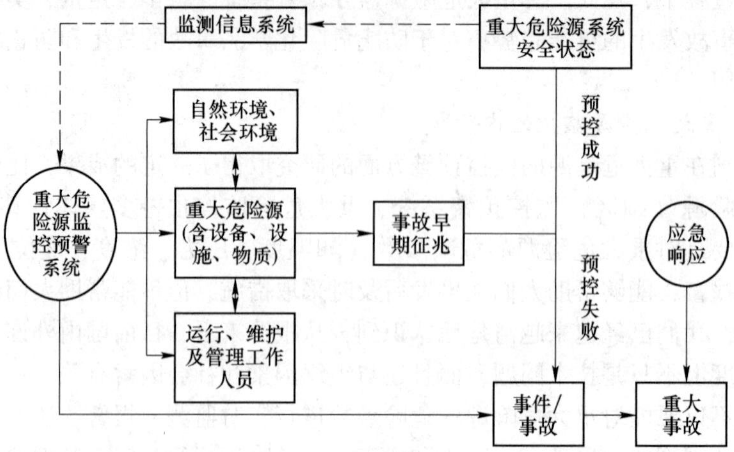

图 8-12 重大危险源监控预警系统的运转模型

8.1.3.3 重大危险源监控预警系统的工作流程

危险化学品重大危险源监控预警系统，是对现有安全管理体系的一种整合。它同现有安全管理系统是一种职能分工和功能互补的关系。重大危险源监控与预警系统的整合并不是对原有安全管理职能的否定，而是在保障和提高原有安全管理职能的基础上，对现有安全管理体系的组织结构、职能分工进行调整和重组，形成重大危险源安全管理的新职能，即警报职能、矫正职能和免疫职能。

为了促进预警管理活动标准化，把预警管理系统的工作程序、方法和信息提供等方面的要求形象地表现出来，绘制其工作流程如图 8-13 所示。

重大危险源监控预警系统工作的开展，建立在各级监控管理部门对本领域的预警工作基础之上，各部门定期向预警部提交本部门监测指标状态报表，并上报采取的预控措施。预警部通过监测、识别、诊断、评价灾害征兆现象，确认监测指标处于正常、警戒或危机状态，进一步提出预警对策并实施。当监测指标处于正常状态时，则继续进行监测，不介入预控管理阶段；当监测指标处于基本正常或低度危机状态，即警戒状态时，预警部根据具体情况提出预控对策方案，并将此方案提供给决策层再由决策层下达各职能部门执行，直至安全状态恢复正常；当监测指标进入危机状态，启动应急预案，应急指挥中心全面负责重大事故状态下的应急管理，直至应急终止与恢复。

8.1.3.4 重大危险源监控指标的预警分析

对重大危险源的监测内容主要有三项：安全管理活动，技术故障和作业人员失误率，温度、压力、浓度、液位、泄漏等特性参数。

重大危险源的温度、压力、浓度、液位、泄漏等特性参数直接反映其实际安全状况。如果这些参数超出正常值的界限，就表明重大危险源已经出现异常，监控系统发出报警信息，由操作人员采取应急处置措施或启动应急预案。

部件失效率和作业人员失误率反映了重大危险源系统安全状况的变化趋势，调整人员

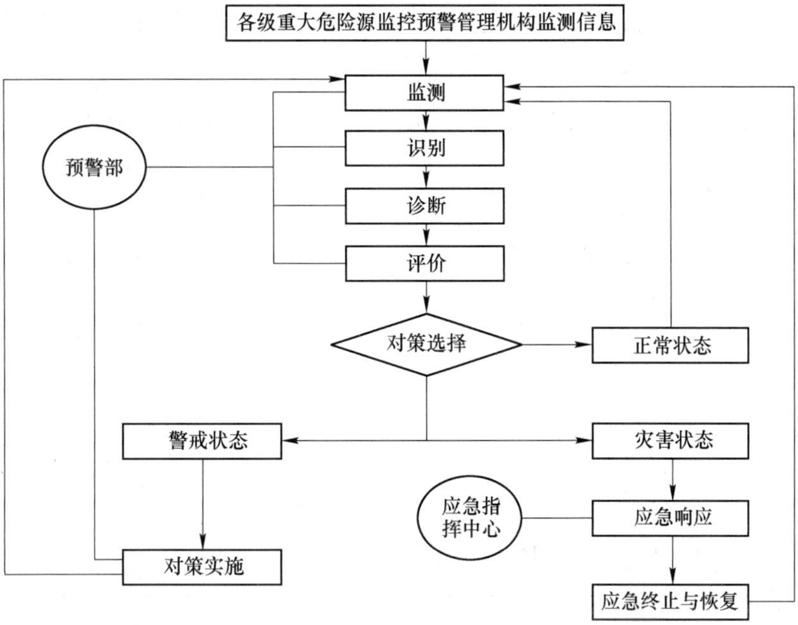

图 8-13 重大危险源监控预警系统工作流程

能力、人员可用性、责任感、沟通与协商、程序规则与方法、冲突解决、人机界面、备件与工具等 8 个方面指标可以修正它们的值。

综合风险评价模型（IRISK）将部件分为持续监测部件和非持续监测部件两类。对于非持续监测部件，它们的状态只能通过阶段性试验来揭示。它们的不可用率由四个方面组成：

（1）在试验期间由于硬件失效造成的不可用；

（2）由于修复发现的失效而造成的不可用；

（3）由于常规维修而造成的不可用；

（4）由于维修过程中人员失误造成的不可用。

非持续监测部件中，还有一些可能不进行试验，它们的不可用率用表 8-1 中（3）项表示。对于持续监测部件，它们的状态是可知的，它们的平均不可用率用表 8-1 中（2）和（4）项表示，分别对应于不可修复部件和可修复部件。具体计算方法见公式（8-1）。

表 8-1 各种部件的平均不可用率

序号	部件类型	公式
(1)	非持续监测阶段试验部件	$\overline{U} = \overline{U}_1 + \overline{U}_2 + \overline{U}_3 + \overline{U}_4$
1)	在试验期间由于硬件失效造成的不可用	$\overline{U}_1 = 1 - (1 - e^{-\lambda T})/(\lambda T)$ λ— 失效率；T— 试验时间
2)	由于修复发现的失效而造成的不可用	$\overline{U}_2 = 1/(2\lambda T) + \lambda T_R$ T_R— 修理时间

续表 8-1

序号	部件类型	公　式
3)	由于常规维修而造成的不可用	$\overline{U}_3 = \overline{U}_2 f_m T_m$ f_m— 维修频率； T_m— 失效留存时间
4)	由于维修过程中人员失误造成的不可用	$\overline{U}_4 = \overline{U}_3 + Q_{m1} Q_{m2}$ Q_{m1}— 人员犯错误的概率； Q_{m2}— 没有发现错误的概率
(2)	持续监测不可修复部件	$\overline{U} = 1 - (1 - e^{-\lambda T_r})/(\lambda T_R)$ T_R— 失效留存时间
(3)	非持续监测不试验部件	$\overline{U} = 1 - \exp(\lambda T_M)$ T_M— 工作时间
(4)	持续监测可修复部件	$\overline{U} = \lambda/(\mu + \lambda)$ μ— 维修率

人员失误是指作业人员在作业过程中没有按规程作业，而且发生这种失误后没有其他人员发现并使其改正。人员失误率 H 用式（8-1）计算：

$$H = Q_{01} Q_{02} \tag{8-1}$$

式中　Q_{01}——在作业过程中没有按规程作业的概率；

Q_{02}——没有发现和纠正这项违章的概率。

根据上节所论述的安全管理系统运行的质量好坏来对这些参数进行修正，见式（8-2）。

$$m_j = \sum_{i=1}^{8} Y_i W_{ij} \quad (0 < m_j < 10) \tag{8-2}$$

式中　m_j——第 j 项技术参数的修正系数；

Y_i——第 i 个管理参数值；

W_{ij}——第 i 项管理参数对第 j 项技术参数产生影响的权重系数。

权重系数 W_{ij} 由一组专家评分产生，表 8-2 列出了相关管理参数对技术指标影响的权重值。管理参数 Y_i 来源重大危险源管理系数的审核结果。

预警指标的计算见式（8-3）：

$$d = \prod_{i=1}^{i} U_i \prod_{j=1}^{j} H_j \tag{8-3}$$

式中　U_i——第 i 个部件的平均不可用率，按表 8-1 中给出的公式计算；

H_j——第 j 个人员失误的概率。

表 8-2　支配因素对基本事件参数影响的权重系数

参数	人员可用性	责任感	交流与沟通	人员能力	冲突解决	冲突人机界面	规划与程序	备件与工具
Q_{01}	0.06	0.15	0.07	0.16	0.18	0.2	0.18	0
Q_{02}	0.05	0.14	0.05	0.21	0.21	0.2	0.14	0

续表 8-2

参数	人员可用性	责任感	交流与沟通	人员能力	冲突解决	冲突人机界面	规划与程序	备件与工具
Q_{m1}	0.08	0.19	0.06	0.14	0.14	0.08	0.17	0.14
Q_{m2}	0.05	0.13	0.05	0.22	0.18	0.18	0.15	0.04
f_m	0.08	0.12	0.12	0.08	0.08	0.08	0.16	0.28
T	0.05	0.24	0.14	0	0.28	0.05	0.19	0.05
μ	0.05	0.21	0.16	0	0.32	0.05	0.16	0.05
T_R	0.12	0.07	0.21	0.09	0.1	0.19	0.1	0.12
T_M	0.12	0.08	0.21	0.08	0.12	0.17	0.08	0.14

根据式（8-3）计算出 d 值后，我们可以将重大危险源的安全状态分为安全状态、准安全状态和警戒状态，事故状态由温度、压力、浓度、液位、泄漏等特性参数确定。

8.1.4 重大危险源安全警示标志管理

根据《中华人民共和国安全生产法》规定、《关于规范重大危险源监督与管理工作的通知》（安监总协调字〔2005〕125 号）文件精神，参照《安全标志及其使用导则》（GB 2894—2008）要求，对所有的重大危险源现场都必须设置明显的安全警示标志。

8.1.4.1 设置安全警示牌的目的

设置重大危险源安全警示牌的目的是将构成重大危险源场所的危险物质、区域和危险性以及防护和应急处理等信息以标签或图示的形式表示出来，警示作业人员、管理人员和应急救援人员作业时进行正确预防和防护，在紧急状态下，明了现场情况，正确地进行应急作业，以达到保障安全和减少损失的目的。

8.1.4.2 安全警示牌设置范围

重大危险源单位必须设置重大危险源安全警示牌，其设置范围：

（1）生产场所。指危险物质的生产、加工及使用等的场所，包括生产、加工与使用等过程中的中间贮罐存放区及半成品、成品的周转库房。

（2）贮存区。专门用于贮存危险物质的贮罐或仓库组成的相对独立的区域。

8.1.4.3 安全警示牌形式和设置要求

重大危险源安全警示牌大小不小于 140cm×120cm，内容由禁止标志、警告标志、警示用语等组合构成。重大危险源场所要根据其危险物质以及其他危险化学品的危险特性选取一个或多个禁止标志、警告标志，其所采用的安全信息标志如图形符号、安全色、几何形状等执行《安全标志及其使用导则》（GB 2894—2008）的规定。

重大危险源安全警示牌应采用坚固耐用的金属材料制作，与金属柱体焊接牢固连接地面，防止非人为因素致使设置的安全警示牌损坏。重大危险源安全警示牌设置在邻近且将进入重大危险源区域的道路入口处或醒目处，多个入口处或区域范围较大需设置多块重大危险源安全警示牌。

8.1.4.4 与其配套的其他安全标志牌和资料要求

（1）重大危险源危险物质安全周知牌。重大危险源场所必须设置重大危险源危险物质安全周知牌。贮存区域应在紧靠贮存场所、作业人员出入处设置尺寸为不小于 140cm×120cm 的重大危险源危险物质安全周知牌；生产场所应在操作人员岗位醒目处张贴 30cm×45cm 的重大危险源危险物质安全周知牌（可采用金属或塑料薄板制作）。

（2）设置应急救援相关资料箱。重大危险源单位应在进入重大危险源场所主大门的醒目处（如门卫处）设置重大危险源应急救援资料箱，资料包括：

1）危险化学品事故应急救援预案。

2）厂区（储存区域）平面布置图。图中用红线划标重大危险源区域，标注重大危险源危险物质名称、按设计能力生产或储存的化学危险物质数量；标注其他危险化学品名称，数量；标注应急救援设备（设施）或物资位置、数量等情况。

3）工艺流程简图。描述事故状态下，防止事故扩大的工艺控制措施。

4）危险化学品的应急手册。内容包括每一危险化学品的理化特性、危险性类别、危险危害特性、应急救援行动安全事项（泄漏处理、火灾扑救、周边疏散隔离距离、个体防护要求、化学品伤害急救）。

8.1.4.5 安全警示牌挂牌时间和撤销

已构成重大危险源的场所，按照属地监管原则由所在地负有安全监管职责部门督促单位限期设立安全警示牌挂牌。新建企业（或项目）其场所将构成重大危险源的，项目建成试生产前设立重大危险源安全警示牌。年久腐蚀、内容字体模糊的重大危险源安全警示牌须及时重新设立。

永久停止构成重大危险源的危险物质活动，或改变工艺、缩小活动规模等，现场已不构成重大危险源的，或重大危险源构成情况发生变化的，由重大危险源所在单位向所在地县（市、区）或市负有安全监管职责部门提出申请，经安评机构或设计单位确认后，所在地负有安全监管职责部门核实予以撤销或调整重大危险源安全警示牌内容。

8.1.5 岗位操作标准化管理

岗位操作标准化是对重大危险源有效实施监管的基础工作与重要手段。与以“物”为管理对象的技术标准和以“事”为管理对象的管理标准不同，重大危险源位操作标准化是以“人”为管理对象的标准，其目的是提高人的工作质量和效率。其规定从事生产（工作）岗位上的人应承担的任务和职责，以及完成该项任务的作业程序和方法（即动作标准），具体规定每个操作人员在完成该项作业中的程序、方法、动作及注意事项，并通过组织实施，以最佳的作业条件、作业质量、作业效率，达到安全、迅速、高效、轻松的作业效果。重大危险源位操作标准化的特点是科学性、综合性、法制性、实用性和先进性相结合。

8.1.5.1 开展重大危险源岗位操作标准化的作用

对于基础相对薄弱、安全管理差距较大的重大危险源单位来说，推行重大危险源岗位操作标准化，对加强安全生产“双基”工作具有现实意义。其表现如下：

（1）用先进的、标准统一的、同工种的操作程序和动作，能有效提高重大危险源岗位操作作业效率和质量，减少或避免不必要的动作重复，用最合理的动作操作，达到轻松省力的目的。

（2）用统一的标准来组织生产作业和管理工作，便于加强班组管理和实现重大危险源岗位管理规范化；按科学、合理的作业程序和动作标准操作，可以杜绝违章作业、违章指挥，预防重大危险源被引为重大事故。

（3）推行全员按标准作业（工作），可以更好地协调重大危险源场所的不同工种、工序、班次、岗位之间的各生产要素，便于组织生产。

8.1.5.2 制定重大危险源岗位操作标准的方法

制定岗位操作标准是推行重大危险源安全监管的前提，而统一规定标准内容则是制定重大危险源制定岗位操作标准、推行管理标准化的关键。为使重大危险源岗位各种相同的作业（工作），统一按一个先进、合理的标准执行，必须制定通用标准（即相同的工种或作业）和非通用标准（班组独有的工种或作业）。其一般方法如下：

（1）分级负责、组织专业人员编写标准初稿。通用标准可以委托有关安管部门编写；非通用标准可各职能部门组织人员编写。

（2）成立编写组，分工负责。编写人员要对自己负责编写的作业进行调查分析，分解比较现行作业方法，以科学技术、有关规章制度和实践经验为依据，对作业过程进行优化集中，编写出科学、合理、先进的作业程序和各个程序中的动作标准与安全要点。

（3）本着先重点后一般、先生产后辅助、先工人后干部、先易后难、逐步完善的原则，采用“行家制定、专家审定、群众鉴定、领导认定”的方法进行，确保标准科学、可行。

8.1.5.3 实施重大危险源岗位操作标准化

事故致因理论表明，重大危险源发生事故大都是“人、机、环、管”四个方面中的一个或者几个原因的综合造成的，即人的不安全行为、物的不安全状态、管理的缺陷和环境的不良造成的。所以只要从这四个方面入手，使人、机、环、管按照标准加以规范，就能最大限度地避免重大危险源被引发为事故。

8.1.6 重大危险源的定期检查

重大危险源是发生重大事故的风险载体。由于重大危险源现场的生产装置、设备设施运行变化，岗位操作人员轮换交替工作，安全监管措施的调整变更，国家有关安全生产法规、标准的修订完善等原因，必须根据安全生产相关法律、法规规定，定期对重大危险源进行安全检查、督察，以及早发现重大危险源的装备设施运行故障与隐患，制止人员操作违章与违规，消除管理手段缺失与缺陷，确保重大危险源处于受控状态。

8.1.6.1 重大危险源单位的安全检查

（1）重大危险源单位应当按照国家有关规定，定期对重大危险源的安全设施和安全监测监控系统进行检测、检验，并进行经常性维护、保养，保证重大危险源的安全设施和安全监测监控系统有效、可靠运行。应当做好维护、保养、检测记录，并由有关人员签字。

（2）重大危险源单位应当明确重大危险源中关键装置、重点部位的责任人或者责任机构，并对重大危险源的安全生产状况进行定期检查，及时采取措施消除事故隐患。事故隐患难以立即排除的，应当及时制定治理方案，落实整改措施、责任、资金、时限和预案。

（3）重大危险源单位对重大危险源的管理和操作岗位人员进行安全操作技能检查，

促使其了解重大危险源的危险特性，熟悉重大危险源安全管理规章制度和安全操作规程，掌握本岗位的安全操作技能和应急措施。

（4）重大危险源单位应当对依法制定的重大危险源事故应急预案、建立的应急救援组织或者配备的应急救援人员、配备的必要防护装备及应急救援器材/设备/物资进行检查，并保障相关器械完好和方便使用。

（5）重大危险源单位应当检查对辨识确认的重大危险源是否及时、逐项登记建档。其档案应当包括下列文件、资料：

1）辨识、分级记录。

2）重大危险源基本特征表。

3）涉及的所有化学品安全技术说明书。

4）区域位置图、平面布置图、工艺流程图和主要设备一览表。

5）重大危险源安全管理规章制度及安全操作规程。

6）安全监测监控系统、措施说明、检测、检验结果。

7）重大危险源事故应急预案、评审意见、演练计划和评估报告。

8）安全评估报告或者安全评价报告。

9）重大危险源关键装置、重点部位的责任人、责任机构名称。

10）重大危险源场所安全警示标志的设置情况。

11）其他文件、资料。

重大危险源单位在完成重大危险源安全评价报告后15日内，应当填写重大危险源备案申请表，连同本重大危险源档案材料，报送所在地县级人民政府安全生产监督管理部门备案。当重大危险源出现变化时，应当及时更新档案，并向所在地县级人民政府负有安全生产监督管理职责部门重新备案。

8.1.6.2 安全生产监督管理部门的督查

（1）安全生产监督管理部门应当建立健全重大危险源监督检查制度，明确责任人员，并于每年1月15日前将辖区内上一年度重大危险源的汇总信息报送至设区的市级人民政府负有安全监管职责部门。设区的市级人民政府负有安全监管职责部门应当在每年1月31日前，将辖区内上一年度重大危险源的汇总信息报送至省级人民政府负有安全监管职责部门。省级人民政府负有安全监管职责部门应在每年2月15日前，将辖区内上一年度重大危险源的汇总信息报送至国家负有安全监管职责部门。

（2）负有安全监管职责部门应当自收到重大危险源单位申请核销的文件、资料之日起30日内完成审查工作，符合条件的，予以核销并出具证明文书；不符合条件的，说明理由并书面告知申请单位。必要时，县级人民政府负有安全监管职责部门应当聘请有关专家进行现场核查，并应于每季度将辖区内一级、二级重大危险源的核销材料报送至设区的市级人民政府负有安全监管职责部门。设区的市级人民政府负有安全监管职责部门应当每半年将辖区内一级重大危险源的核销材料报送至省级人民政府负有安全监管职责部门。

（3）负有安全监管职责部门应当加强对存在重大危险源的危险化学品单位的监督检查，督促重大危险源单位做好重大危险源的辨识、安全评估及分级、登记建档、备案、监测监控、事故应急预案编制、核销和安全管理工作。

首次对重大危险源的监督检查应当包括下列主要内容：

1）重大危险源的运行情况、安全管理规章制度及安全操作规程制定和落实情况。

2）重大危险源的辨识、分级、安全评估、登记建档、备案情况。

3）重大危险源的监测监控情况。

4）重大危险源安全设施和安全监测监控系统的检测、检验以及维护保养情况。

5）重大危险源事故应急预案的编制、评审、备案、修订和演练情况。

6）有关从业人员的安全培训教育情况。

7）安全标志设置情况。

8）应急救援器材、设备、物资配备情况。

9）预防和控制事故措施的落实情况。

负有安全监管职责部门在监督检查中发现重大危险源存在事故隐患的，应当责令立即排除；重大事故隐患排除前或者排除过程中无法保证安全的，应当责令从危险区域内撤出作业人员，责令暂时停产停业或者停止使用；重大事故隐患排除后，经负有安全监管职责部门审查同意后，方可恢复生产经营和使用。

（4）负有安全监管职责部门应当会同本级人民政府有关部门，加强对工业（化工）园区等重大危险源集中区域的监督检查，确保重大危险源与周边单位、居民区、人员密集场所等重要目标和敏感场所保持适当的安全距离。

8.1.7　重大危险源定期评价

《中华人民共和国安全生产法》第 40 条第 1 款规定：“生产经营单位对重大危险源应当登记建档，进行定期检测、评估、监控，并制定应急预案，告知从业人员和相关人员在紧急情况下应当采取的应急措施。”

一般而言，重大危险源的危险性在没有触发之前是潜在的，并经常不为人们所认识与重视，必须通过危险辨识与定期评价，量化其危险大小、等级。通常重大危险源每 3 年进行一次安全评价。

8.1.8　重大危险源备案

《中华人民共和国安全生产法》第 40 条第 2 款规定：“生产经营单位应当按照国家有关规定将本单位重大危险源及有关安全措施、应急措施报有关地方人民政府负责安全生产监督管理的部门和有关部门备案。”有关地方人民政府应急管理部门和有关部门应当通过相关信息系统实现信息共享。根据以上规定，企业重大危险源应及时到当地应急管理部门和有关部门进行备案。

8.2　重大事故应急预案

8.2.1　应急预案的作用与影响因素

事故应急预案在应急系统中起着关键作用，它明确了在突发事故发生之前、发生过程中以及刚刚结束之后，谁负责做什么、何时做，以及相应的策略和资源准备等。它是针对可能发生的重大事故及其影响和后果的严重程度，为应急准备和应急响应的各个方面预先做出的详细安排，是开展及时、有序和有效事故应急救援工作的行动指南。

8.2.1.1 事故应急预案在应急救援中的重要作用

(1) 应急预案明确了应急救援的范围和体系，使应急准备和应急管理尤其是培训和演习工作的开展，不再是无据可依、无章可循。

(2) 制定应急预案有利于及时做出应急响应，降低事故的危害程度。

(3) 事故应急预案是各类突发重大事故的应急基础。编制基本应急预案，可保证应急预案足够灵活，对于那些事先无法预料到的突发事件或事故，也可以起到基本的应急指导作用，成为开展应急救援的“底线”。在此基础上，可以针对特定危害编制专项应急预案，有针对性地制定应急措施、进行专项应急准备和演习。

(4) 当发生超过应急能力的重大事故时，便于与上级应急部门的协调。

(5) 有利于提高风险防范意识。

8.2.1.2 策划应急预案时应考虑的因素

策划应急预案时应合理，做到重点突出，反映主要的重大事故风险，并避免预案相互孤立、交叉和矛盾。策划重大事故应急预案时应充分考虑下列因素：

(1) 重大危险普查的结果，包括重大危险源的数量、种类及分布情况，重大事故隐患情况等。

(2) 本地区的地质、气象、水文等不利的自然条件（如地震、洪水、台风等）及其影响。

(3) 本地区以及国家和上级机构已制定的应急预案的情况。

(4) 本地区以往灾难事故的发生情况。

(5) 功能区的布置及相互影响情况。

(6) 周边重大危险可能带来的影响。

(7) 国家及地方相关法律法规的要求。

8.2.2 应急预案的层次与结构

8.2.2.1 应急预案的层次

基于可能面临多种类型的突发重大事故或灾害，为保证各种类型预案之间的整体协调和层次，并实现共性与个性、通用性与特殊性的结合，对应急预案合理地划分层次，是将各种类型应急预案有机组合在一起的有效方法。应急预案可分为三个层次，如图 8-14 所示。

(1) 综合预案。综合预案相当于总体预案，是从总体上阐述预案的应急方针、政策，应急组织结构及相应的职责，应急行动的总体思路等。综合预案可以让人很清晰地了解应急的组织体系、运行机制及预案的文件体系。更重要的是，综合预案可以作为应急救援工作的基础和“底线”，对那些没有预料的紧急情况也能起到一般的应急指导作用。

(2) 专项预案。专项预案是针对某种具体的、特定类型的紧急情况，如危险物质泄漏、火灾、某一自然灾害等而制定的。

专项预案是在综合预案的基础上，充分考虑某种特定危险的特点，对应急的形势、组织机构、应急活动等进行更具体的阐述，具有较强的针对性。

(3) 现场预案。现场预案是在专项预案的基础上，根据具体情况而编制的。它是针

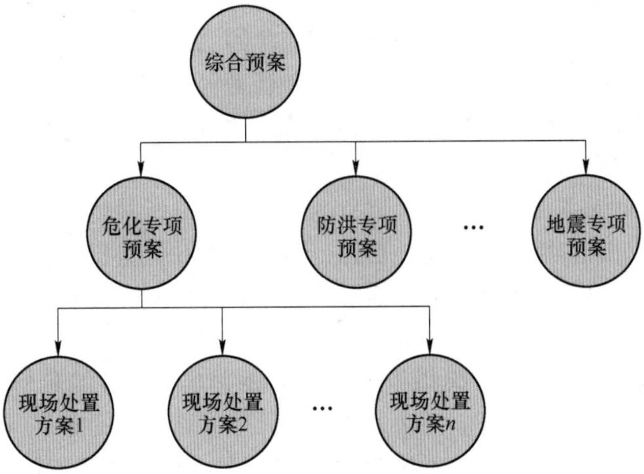

图 8-14 事故应急预案的层次

对特定的具体场所（即以现场为目标），通常是该类型事故风险较大的场所、装置或重要防护区域等所制定的预案，如危险化学品事故专项预案下编制的某重大危险源的应急预案等。现场应急预案的特点是针对某一具体场所的该类特殊危险及周边环境情况，在详细分析的基础上，对应急救援中的各个方面做出具体、周密而细致的安排，因而现场预案具有更强的针对性和对现场具体救援活动的指导性。

现场预案的另一特殊形式为单项预案。单项预案可以是针对一大型公众聚集活动（如经济、文化、体育、民俗、娱乐、集会等活动）或高风险的建设施工或维修活动（如人口高密度区建筑物的定向爆破、生命线施工维护等活动）而制定的临时性应急行动方案。随着这些活动的结束，预案的有效性也随之终结。单项预案主要是针对临时活动中可能出现的紧急情况，预先对相关应急机构的职责、任务和预防性措施做出安排。

8.2.2.2 应急预案的结构

不同的应急预案由于各自所处的层次和适用的范围不同，因此在内容的详略程度和侧重点上会有所不同，但都可以采用相似的基本结构。如图 8-15 所示的“1+4”预案编制结构，是由一个基本预案加上应急功能设置、特殊风险管理、标准操作程序和支持附件构成的。

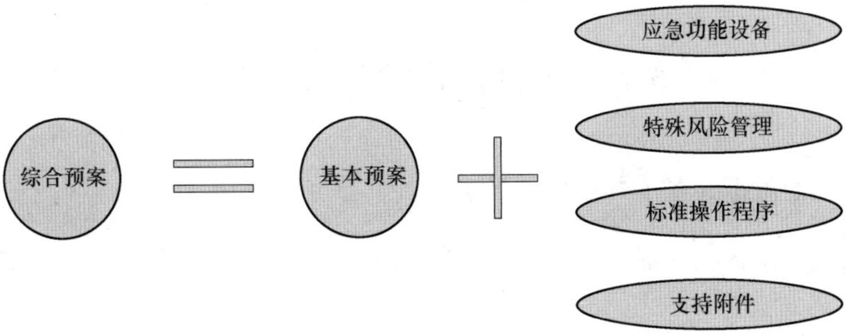

图 8-15 应急预案的基本结构

（1）基本预案。基本预案是应急预案的总体描述，主要阐述应急预案所要解决的紧急情况、应急的组织体系、方针、应急资源、应急的总体思路，并明确各应急组织在应急准备和应急行动中的职责以及应急预案的演练和管理等规定。

（2）应急功能设置。应急功能是指各类重大事故应急救援中通常采取的一系列的基本应急行动和任务，如指挥和控制、警报、通讯、人群疏散与安置、医疗、现场管制等。因此，设置应急功能时，应针对潜在重大事故的特点综合分析并将其分配给相关部门。对每一项应急功能都应明确其针对的形势、目标、负责机构和支持机构、任务要求、应急准备和操作程序等。应急预案中包含的应急功能的数量和类型，主要取决于所针对的潜在重大事故危险的类型、应急的组织方式和运行机制等具体情况。

（3）特殊风险管理。特殊风险指根据某类事故灾难、灾害的典型特征，需要对其应急功能做出针对性安排的风险。应说明处置此类风险应该设置的专有应急功能或有关应急功能所需的特殊要求，明确这些应急功能的责任部门、支持部门、有限介入部门以及它们的职责和任务，为制定该类风险的专项预案提出特殊要求和指导。

（4）标准操作程序。由于基本预案、应急功能设置并不说明各项应急功能的实施细节，因此各应急功能的主要责任部门必须组织制定相应的标准操作程序，为应急组织或个人提供履行应急预案中规定职责和任务的详细指导。标准操作程序应保证与应急预案的协调和一致性，其中重要的标准操作程序可作为应急预案附件或以适当方式引用。

（5）支持附件。支持附件主要包括应急救援的有关支持保障系统的描述及有关的附图表，如危险分析附件，通讯联络附件，法律法规附件，机构和应急资源附件，教育、培训、训练和演习附件，技术支持附件，协议附件，其他支持附件等。

从广义上来说，应急预案是一个由各级文件构成的文件体系，它不仅是应急预案本身，还包括针对某个特定的应急任务或功能所制定的工作程序等。一个完整的应急预案的文件体系可包括预案、程序、指导书、记录等，是一个4级文件体系。

8.2.3 应急预案演练的作用

应急预案的演练是检验、评价和保持应急能力的一个重要手段。其重要作用突出体现在：可在事故真正发生前暴露预案和程序的缺陷，发现应急资源的不足（包括人力和设备等），改善各应急部门、机构、人员之间的协调，增强公众应对突发重大事故救援的信心和应急意识，提高应急人员操作的熟练程度和技术水平，进一步明确各自的岗位与职责，提高各级预案之间的协调性，提高整体应急反应能力。

8.3 应急救援装备配备要求

8.3.1 通用应急救援装备

8.3.1.1 个体防护装备

A 头部保护装备

头部受到撞击，受伤和死亡的危险性最大。头部受到冲击，很容易引起脑震荡、颅内出血、脑膜挫伤、颅骨伤害、颅内出血等伤害，轻则致伤，重则致死。因此，企业员工进入生产场所必须严格佩戴头部防护装备，以免头部受到意外伤害危及生命安全与健康。

头部防护装备是为防御头部不受外来物打击和其他因素危害而配备的个人防护装备。其根据防护功能要求，一般分为防护帽、防尘帽、防水帽、防寒帽、安全帽、防静电帽、防高温帽、防电磁辐射帽、防昆虫帽等几类。

安全帽是避免或减轻外来冲击物伤害人体头部的主要防护用品。安全帽由有一定强度的帽壳和帽衬、下颏带、后箍等组成。在帽衬与帽壳的衔接处留有一定的空间，构成空间缓冲层，以承受和分散坠落物的瞬间冲击力。被缓冲层吸收的力可达2/3以上，余下部分经帽衬的整个面积传导给人头部，使力得到缓冲，避免或减轻头部的伤害。

B 眼面部防护装备

眼面部装备种类很多，依据防护部位和性能，分为紧急洗眼器、防护眼镜和防护面罩。

a 洗眼器

当有毒有害化学液体物质或者有毒物质颗粒物喷溅到工作人员的眼部、面部、脖子或者手臂等地方的时候，可使用洗眼器的洗眼系统进行清洗。根据美国ANSI Z3581.1—2004洗眼标准，洗眼的流水量为12~18L/min。

（1）洗眼器的选择。

1）根据现场的化学物质来选择。如果使用洗眼器的现场存在着氯化物、氟化物、硫酸和浓度超过50%的草酸等化学品物质，那么就需要选择进口ABS洗眼器或者选择高性能抗腐蚀系列洗眼器。因为制造洗眼器产品的材料一般是不锈钢304。不锈钢304是一种通用性的不锈钢，它广泛用于制作要求综合性能（耐腐蚀和成型性）良好的设备和机件，可以抗一般性的酸、碱、盐和油类等化学品物质的腐蚀，但是没有抗氧化物、氟化物、硫酸和浓度超过50%的草酸等化学品物质腐蚀的能力。

2）根据现场温度来选择。使用现场的温度主要是取决于冬天使用洗眼器的环境温度。冬天使用洗眼器的环境温度在0℃以下，水会结冰的地区，就需要考虑使用防冻型洗眼器、电伴热洗眼器或者是电加热洗眼器，以有效防止洗眼器里面的积水结冰。

特别提醒：电伴热洗眼器只有保温防冻作用，没有办法提高洗眼和喷淋的水温，需要有效地提高洗眼和喷淋水温的，必须使用电加热洗眼器。

3）根据使用洗眼器的系统来选择。需要喷淋和洗眼的，可以选择复合式洗眼器系列产品；只需要洗眼系统的，可以根据需要选择除了复合式洗眼器以外的其他洗眼器系列产品。

4）根据现场是否有固定水源来选择。现场有固定水源的，可以选择固定式洗眼器；现场没有固定水源的，需要选择便携式洗眼器（移动式洗眼器）。

b 防护眼镜

防护眼镜是在眼镜架内装设各种护目镜片，防止不同有害物质伤害眼睛的眼部防护具，如防冲击、辐射、化学药品等防护眼镜。

防护眼镜、眼罩按照外形结构分别为普通型、带测光板型、开放型和封闭型，见表8-3。

表 8-3 防护眼镜、眼罩类型及代号

名 称	眼 镜		眼 罩	
代 号	A-1	A-2	B-1	B-2
样 型	普通型	带测光板型	开放型	封闭型

(1) 化学护目镜。化学护目镜是用来保护眼部免受化学品伤害，如化学品溅入人眼睛的专用眼镜。

化学护目镜一般采用聚乙烯材料，质轻，佩戴舒适。单片聚碳酸镜片，视野宽广。化学护目镜一般有防雾、不防雾两种。较为先进的是采用间接通风设计，内侧防雾，防化学飞溅、灰尘及撞击。

(2) 防冲击眼镜。防冲击眼镜是用来防止高速粒子对眼部的冲击伤害的，主要是大型切削、破碎、研磨、清砂、木工、建筑、开山、凿岩等各种机械的作业人员使用。

C 呼吸器官防护装备

呼吸器官防护装备主要分为过滤式和隔绝式两大类。

(1) 过滤式呼吸器。过滤式呼吸器是依据过滤吸收的原理，利用过滤材料过滤去除空气中的有毒、有害物质，将受污染空气转变为清洁空气供人员呼吸的一类呼吸防护用品，如防尘口罩、防毒口罩和过滤式防毒面具。

(2) 隔绝式呼吸器。隔绝式呼吸器是依据隔绝的原理，使人员呼吸器官、眼睛和面部与外界受污染空气隔绝，依靠自身携带的气源或靠导气管引入受污染环境以外的洁净空气，保障人员正常呼吸的呼吸防护用品，可分为隔绝式防毒面具、生氧式防毒面具、长管呼吸器及潜水面具等。

过滤式呼吸防护用品的使用受环境的限制。当环境中存在过滤材料不能滤除的有害物质，或氧气含量低于18%，或有毒有害物质浓度较高（体积浓度大于1%）时均不能使用过滤式呼吸防护用品。这种环境下应使用隔绝式呼吸防护用品。

D 躯体防护装备

在应急救援工作中，用于躯体防护的装备主要是各种类型的防护服，包括化学防护服、隔热服、避火服等。为了避免在易燃易爆气体泄漏场所，因操作人员身体摩擦产生静电引发火灾爆炸，应急救援必须穿着静电防护服。

根据使用目的不同，躯体防护装备可以分为静电防护服、化学防护服、隔热服、避火服等。其中化学防护服又可根据环境不同，分为防酸、防碱、防辐射、抗油拒水等类型。

a 静电防护服

静电防护服是为了防止衣服的静电积聚，用防静电织物为面料缝制的工作服。防静电织物是大致等间隔的混入导电纤维（全部或部分使用金属或有机物的导电材料或亚导电材料制成的纤维的统称）或防静电合成纤维或者两者混合交织而成的织物。

静电防护服消除人体静电的基本原理：一是通过导电纤维的电晕放电效应向空气中消散电荷，这个途径的作用非常微弱，而且要求空气的湿度较高；二是通过人体静电接地途径传导电荷以消除电荷，这个途径起主要作用。

静电防护服的技术参数：

(1)《防静电工作区技术要求》（GJB 3007A—2009）对工作服的技术要求为：表面

电阻及对地电阻 $1\times10^5\sim1\times10^{10}\Omega$。

（2）《防静电服》（GB 12014—2009）中对工作服的主要技术要求见表 8-4。

表 8-4 防静电工作服的分类

性能参数	A 级	B 级
带电量	<0.6μC/件	<0.6μC/件
耐洗涤时间	>33.0h	>16.5h

静电防护服的穿用要求：

（1）禁止在易燃易爆及有防静电要求的场所穿脱。

（2）禁止在静电防护服上附加或佩带任何金属物件。

（3）穿用静电防护服时，必须与防静电鞋配套使用。

b 化学防护服

化学防护服又叫做防化服。国际上将可以防护化学类有毒有害物质的防护服装都称为化学防护服。防化服主要是防固态、液态和气态物质。

根据《防护服 化学防护服通用技术要求》（GB 24539—2009），防化服一般可以划分为 A、B、C、D 四个等级。

A 级：这是最高级别的气密防护服，对呼吸、皮肤以及眼睛都有防护作用，一般适用于不确定成分、浓度，测得存在高浓度蒸汽、气体、粉尘的污染环境。A 级防化服可以保护使用者的呼吸系统、皮肤以及眼睛免受蒸汽、有毒气体以及粉尘的伤害。

B 级：这个级别的防化服具有与 A 级别相同的呼吸防护功能，但是在皮肤防护方面，会比 A 级的差一点，是处理危险品时最低的防护级别。B 级防化服一般适用于化学物质成分和浓度不高的污染环境中。

C 级：这个级别的防化服一般被称为增强功能性防化服。其使用场合：化学物质的成分和浓度对皮肤无影响的污染环境；毒性物质的成分和浓度都确定的污染源；毒性物质的所有特性都被确定的污染环境；空气中的污染物种类和浓度已知，过滤器可有效过滤；氧气不低于 19.5%；低于 IDLH（立即威胁生命和健康浓度）的气体环境。

D 级：这是常见的一般型防化服，选择这个级别的防化服，需要考虑有毒有害物质的种类、存在方式、环境条件及浓度等因素。其一般适用于：大气中无有毒气体；作业环境无液体飞溅、浸入液体或接触任何有害化学物的可能。D 级防化服不能用于对呼吸道和皮肤有危险的作业环境里，也不能在热的环境中使用，使用时，操作环境中的氧气含量不能低于 19.5%。

防化服通常分轻、中、重型三种类型。

轻型：防简单的液体喷溅；没有气密的保护；以免受到气体和液体的污染；飞溅保护；排污处理期间使用。

中型：没有气密的保护；结合 SCBA（自给式呼吸装置）使用；不能避免热辐射与火焰；呼吸设备不能保护；如果处理液化气体，内部需要穿着厚的棉织衣物（手套袜子）以免冻伤。

重型：气密型化学防护服；结合 SCBA（自给式呼吸装置）使用；气密；对呼吸设备的保护（或不保护）；不能避免热辐射与火焰；如果处理液化气体，内部需要穿着厚的棉织衣物（手套袜子）以免冻伤。

生产、搬运、倾倒、调制酸碱，修理或洗涤化学装置等职业活动中均要用到防酸工作服。防酸工作服的分类见表 8-5。

表 8-5 防酸工作服的分类

类别	使用场所	款式、品种	服装面料	接缝
透气型	中、轻度酸污染场所	分身式防酸工作服，连体式防酸工作服，大褂式防酸工作服	经防酸整理剂处理的透气型面料	耐酸线缝合
不透气型	严重酸污染场所	连体式防酸工作服，分身式防酸工作服	橡胶涂覆织物	胶粘，缝纫，胶条黏结
		防酸围裙，防酸套袖，防酸帽	聚氯乙烯塑料薄膜	

c 阻燃防护服

阻燃防护服主要是采取隔热、反射、吸收、碳化隔离等措施，保护劳动者免受明火或热源的伤害。阻燃防护服的防护性能主要取决于面料——阻燃织物的性能。阻燃织物主要分为阻燃耐高温纤维织物、阻燃处理纤维织物、阻燃后整理织物，见表 8-6。

表 8-6 阻燃织物分类及来源

阻燃织物	来 源
阻燃耐高温纤维织物	合成有机纤维织物，Nomex、Kevlar、Teflon、芳砜纶等天然无机类纤维织物：玻璃纤维、碳纤维、金属纤维等
阻燃处理纤维织物	在纺丝液中添加阻燃剂等办法获得
阻燃后整理织物	使用阻燃整理剂，通过喷漆、浸轧（或浸渍）、涂层等技术对织物进行处理后获得

国内化工、石油、林业、消防、冶金、电力等行业都通过各类法规，明令要求相应岗位配备阻燃防护服。《劳动防护用品配备标准（试行）》（国经贸委安全〔2000〕189 号）对铸造工、电焊工、热力运行工、机械煤气发生炉工、炉前工及相近工种，提出了配备阻燃工作服的要求。《个体防护装备配备规范》（GB 39800—2020）、《防护服装 阻燃服》（GB 8965—2020）在制定时主要考虑普及性、突出重点和防止功能过剩，因此，对不同工种，需配备两种以上防护功能的防护服时，要求在行业标准或其他相关标准中提出。

针对不同工种及劳动者工作场所的特殊性，在配备阻燃防护服时应注意以下几点：

（1）易产生静电火花、有防静电要求的工作场所，属于 0 区、1 区爆炸危险场所，且可燃物的最小点火能量在 0.25J 以下者，应配备兼有防静电性能的阻燃防护服。

（2）发散生产性粉尘的工作场所，应配备兼有防尘性能工作服。

（3）铸造、电焊及其他存在金属熔滴飞溅的工作场所，应配备焊接工作服。

（4）热力运行工、机械煤气发生炉工、炉前工及其他存在明火辐射的工种，应配备隔热性好、具有抗热辐射的白帆布阻燃工作服或覆铝膜阻燃工作服。

（5）在交流电 500kV 及其以下高电压设备上进行带电作业，应配备带电作业屏蔽服。

（6）在高湿或存在大量可汽化液体的工作场所，应配备兼有防水功能的阻燃工作服，以免防护服吸水汽化，增加烫伤的危险。

(7) 工作服的颜色应与作业场所协调，保证沾染的污物明显可见，必要时应缀钉逆反射安全标识。

(8) 根据不同工作场所劳动者的工作性质，阻燃防护服应与头部、眼面部、手部、足部防护用品配合使用，以实现对劳动者的全面防护。

d 抗油拒水防护服

抗油拒水防护服是指经过整理、使防护服织物纤维表面能排斥、疏远油、水类液体介质，从而达到既不妨碍透气舒适，又能有效抗拒油、水类液体对内衣和人体侵蚀的防护服。抗油拒水服分为冬季和夏季两类抗油拒水防护服。

E 脚部防护装备

脚部防护装备有防护鞋（靴）、护腿、防护鞋罩等用品。

(1) 防护鞋（靴）。防护鞋（靴）是指防御劳动中，物理、化学和生物等外界因素伤害劳动者的脚及小腿的护品。防护鞋（靴）包括防酸碱鞋（靴）、防油鞋、防水胶鞋、防砸鞋（靴）、防刺穿鞋、防震鞋、电绝缘鞋（靴）、防静电鞋、防热阻燃鞋（靴）、电热鞋（利用电能取暖的鞋）。

(2) 护腿。护腿是防御腿部遭受打击的用品。

(3) 防护鞋罩。防护鞋罩是具有防热阻燃或冲击吸收或防酸碱等防护性能的鞋罩用品。

8.3.1.2 通信信息装备

快速、有效的通信是事故应急救援的重要保障。许多工业生产如石油化工、矿山开采往往是气候条件恶劣、地理条件复杂的大漠、戈壁、山区、河湖等野外场所，涉及偏远无人的公路，也涉及繁华拥挤的城市街道。无论是在城区，还是在野外，出现险情甚至发生事故之后，及时通信报告与救援指挥，对于应急救援的及时性、准确性、高效性，具有重要的保障作用。

根据国家安全生产应急平台体系的建设规划，应急通信以有线通信系统作为值守应急的基本通信手段，配备专用保密通信设备，以及电话调度、多路传真和数字录音等系统，确保国家安全生产应急救援指挥中心与各地区、各部门的安全生产应急管理与协调指挥机构之间联络畅通。

A 应急通信信息装备种类

应急救援通信信息装备包括通信装备与信息处理装备两大类。

(1) 通信装备。通信装备包括有线和无线通信两大类。有线通信装备主要包括普通固定电话机、专用防爆电话机、有线视频对讲机、专用保密通信装备。无线通信装备主要包括普通对讲机、专用防爆对讲机，普通移动电话机、专用移动电话机，固定卫星站、移动卫星小站等。

(2) 信息处理装备。信息处理装备是指进行信息传输与处理的装备，主要包括多路传真和数字录音系统、摄影和摄像装备、计算机、无线上网卡等。

B 通信信息装备的功能与使用

有些通信信息装备是普通生活中就经常用到的，如电话机、传真机、计算机等。下面着重介绍一些生活中不常用的专用通信信息装备。

(1) 防爆电话机。在易燃易爆场所，因为存在易燃易爆气体、液体泄漏的可能性，如果电话不防爆，就可能成为火灾爆炸事故的促发剂，所以在这种场所，必须使用防爆电话。

（2）无线防爆对讲机。无线电对讲机是一种只需轻按一键，便可与一人或一组人通话的设备。对讲机是应急救援指挥中一个人与一组人联络所必备的工具。

C 地下工程（矿山井下）通信装备

先进的通信系统对于地下工程（矿山井下）安全具有重要的作用。

（1）当地下工程（矿山井下）发生塌方、瓦斯、透水等事故前兆时，通过先进的通信系统，可及时通知其他作业地点的工作人员迅速撤离危险区域，避免人身伤亡事故发生。

（2）能及时、有效地指挥组织救援工作，提高救援效率，防止事故的扩大。

地下工程（矿山井下）通信系统现在开发得比较完备，有数字程控调度通信系统、模拟程控调度通信系统、综合式多媒体通信系统、程控交换机等多种类型。

8.3.1.3 消防装备

A 灭火器

灭火器是一种可由人力移动的轻便灭火器具。它能在内部压力作用下将所充装的灭火剂喷出，用来扑灭火灾。其由于结构简单操作方便，使用面广，对扑灭初起火灾有一定效果，因此在工厂、企业、机关、商店、仓库以及汽车、轮船、飞机等交通工具上几乎到处可见，已成为群众性的常规灭火武器。

灭火器的种类很多，按其移动方式可分为手提式、推车式和投掷式；按驱动灭火剂的动力来源可分为储气瓶式、储压式、化学反应式；按所充装的灭火剂又可分为泡沫、干粉、二氧化碳、酸碱、清水、六氟丙烷灭火器等。

不同类型灭火器所充装的灭火剂不同，在灭火时，不同的灭火器之间可能会发生反应，产生不利于灭火的反作用。因此选用两种或两种以上类型的灭火器时应采用灭火剂相容的灭火器。不相容的灭火剂见表 8-7。

表 8-7 不相容的灭火剂

类 型	不相容的灭火剂	
干粉与干粉	磷酸铵盐	碳酸氢钠、碳酸氢钾
干粉与泡沫	碳酸氢钾、碳酸氢钠	蛋白泡沫
泡沫与泡沫	蛋白泡沫、氟蛋白泡沫	水成膜泡沫

灭火器类型的选择应符合下列规定：

（1）扑救 A 类火灾，如木材、干草、煤炭、棉、毛、麻、纸张等有机固体物质火灾，应选用水型灭火器、磷酸铵盐干粉灭火器、泡沫灭火器或卤代烷灭火器。

（2）扑救 B 类火灾，如煤油、柴油、原油、甲醇、乙醇、沥青、石蜡、塑料等液体或可熔化的固体物质火灾，应选用 B 类火灾场所——选择泡沫灭火器、碳酸氢钠干粉灭火器、磷酸铵盐干粉灭火器、二氧化碳灭火器，灭 B 类火灾的水型灭火器或卤代烷灭火器；极性溶剂 B 类火灾场所应选择灭 B 类火灾的抗溶性灭火器。

（3）扑救 C 类火灾，如煤气、天然气、甲烷、乙烷、丙烷、氢气等气体火灾，应选用磷酸铵盐干粉灭火器、碳酸氢钠干粉灭火器、二氧化碳型灭火器或卤代烷灭火器。

(4) 扑救 D 类火灾，如钾、钠、镁、钛、锆、锂、铝镁合金等金属火灾，应选用扑灭金属烧的专用灭火器，若没有，可采用干砂或铸铁屑末来代替。

(5) 扑救 E 类火灾，如带电燃烧的火灾，应选用磷酸铵盐干粉灭火器、碳酸氢钠干粉灭火器，卤代烷灭火器或二氧化碳灭火器，但不得使用装有金属喇叭筒的二氧化碳灭火器。

(6) 扑救 F 类火灾，如烹饪器具内的烹饪物（如动植物油脂）火灾，应选用食用油专用灭火器。

(7) 在同一灭火器配置场所，当选用同一类型灭火器时，宜选用操作方法相同的灭火器。

(8) 在同一灭火器配置场所，当选用两种或两种以上类型灭火器时，应采用灭火剂相同的灭火器。

(9) 在非必要配置卤代烷灭火器的场所不得选用卤代灭火器，宜选用磷酸铵盐干粉灭火器或轻水泡沫灭火器等其他类型灭火器。

B 消防车

消防车是消防队的主要装备。其用途是将灭火指战员及灭火剂、器材装备安全迅速地运到火场，以抢救人员，扑救火灾。不同种类的消防车各有其独特的用途。

(1) 泵浦消防车。泵浦消防车装备有消防水泵和其他消防器材及乘员座位，以便将消防人员输送到火场。其可以利用水源直接进行扑救，也可用来向火场其他灭火喷射设备供水。国产泵浦消防车多数为吉普底盘和 BJ130 底盘改装，适用于有水源的道路狭窄的城市和乡镇。

(2) 水罐消防车。水罐消防车主要由驾驶室、消防员室、水罐、器材箱、水泵及管路系统、取力器装置、附加冷却装置、进水口、出水口等构成。车上除了装备消防水泵及器材以外，还设有较大容量的储水罐及水枪、水炮等，可将水和消防人员输送至火场独立进行扑救火灾。它也可以从水源吸水直接进行扑救，或向其他消防车和灭火喷射装置供水。在缺水地区它也可作供水、输水用车。水罐消防车适合扑救一般性火灾，是公安消防队和企事业专职消防队常备的消防车辆。

(3) 泡沫消防车。泡沫消防车一般可分为低压泡沫消防车、中低压泡沫消防车、高低压泡沫消防车，其结构一般由相应的同类水罐消防车改装而成，加装的部分为泡沫比例混合器、泡沫混合管路、泡沫液罐等。

泡沫消防车主要装备消防水泵、水罐、泡沫液罐、泡沫混合系统、泡沫枪、消防炮及其他消防器材，可以独立扑救火灾，特别适用于扑救石油及其产品等油类火灾，也可以向火场供水和泡沫液，是石油化工企业、输油码头、机场以及城市专业消防必备的消防车辆。

(4) 高倍泡沫消防车。高倍泡沫消防车装备高倍数泡沫发生装置和消防水泵系统，可以迅速喷射发泡 400~1000 倍的大量高倍数空气泡沫，使燃烧物表面窒息和冷却，并能排除部分浓烟，适用于扑救地下室、仓库、船舶等封闭或半封闭建筑场所火灾。

(5) 二氧化碳消防车。二氧化碳消防车备有二氧化碳灭火剂的高压储气钢瓶及其成套喷射装置，有的还设有消防水泵，主要用于扑救贵重设备、精密文物和图书档案等火灾，也可扑救一般物质火灾。

(6) 干粉消防车。干粉消防车可分为储气瓶式干粉消防车、燃气式干粉消防车，是在通用汽车底盘上装备干粉灭火剂罐、整套干粉喷射装置及其他消防器材，有的还装备有水罐和消防水泵。其主要使用干粉扑救可燃和易燃液体、可燃气体火灾和带电设备火灾，也可以扑救一般物质的火灾，对于大型化工管道火灾，扑救尤为显著，是石油化工企业常备的消防车。

(7) 泡沫-干粉联用消防车。泡沫-干粉联用消防车是泡沫消防车和干粉消防车的组合，它既可以同时喷射不同的灭火剂，也可以单独使用，适用于扑救可燃气体、易燃液体、有机溶剂和电气设备以及一般物质火灾。

(8) 登高平台消防车。登高平台消防车上设有液压升降平台，供消防人员进行登高扑救建筑、高大设施、油罐等火灾，营救被困人员。登高平台消防车是由汽车底盘和两节或多节臂组成，臂的顶端设有载人平台，它是一种全回转、折臂升降，采用液压传动的一种先进登高设备。登高平台消防车是用于高层建筑火灾扑救、抢险救援和高空作业的特种消防车辆，可以供提升货物和借助于照明灯为火场照明服务。在高层建筑物和大构筑物火灾时可借助其高度看清着火点及时调整作战方案，能在高空作为临时高空作战指挥部。顶部安装有带架炮或梳形喷管，可在高空直接接近着火点喷水或泡沫，有效控制火情。

(9) 云梯消防车。云梯消防车上设有伸缩式云梯，可带有升降斗转台及灭火装置，供消防人员登高进行灭火和营救被困人员，适用于高层建筑火灾的扑救。直臂云梯消防车是由汽车底盘和两节或多节梯组成，云梯上可带载人平台。它是一种全回转、直伸梯、采用液压传动或卷扬机钢索传动的先进的消防登高设备。云梯消防车根据结构和举升高度的不同，又可分为不同形式，如按是否带载人平台可分为有载人平台云梯消防车和无载人平台消防车。

(10) 通讯指挥消防车。通讯指挥消防车上设有电台、电话、扩音等通讯设备，是供火场指挥员指挥灭火、救援和通讯联络的专勤消防车。

(11) 照明消防车。照明消防车上主要装备发电和照明设备（发电机、固定升降照明塔和移动灯具）以及通信器材，为夜间灭火、救援工作提供照明，并兼作火场临时电源供通讯、广播宣传和作破拆器具的动力。

(12) 抢险救援消防车。抢险救援消防车上装备各种消防救援器材、消防员特种防护设备、消防破拆工具及火源探测器，是担负抢险救援任务的专勤消防车。

(13) 排烟消防车。排烟消防车上装备风机、导风管，用于火场排烟或强制通风，以便使消防队员进入着火建筑物内进行灭火和营救工作。其特别适宜于扑救地下建筑和仓库等场所火灾。

(14) 供水消防车。供水消防车的特点是装有大容量的储水罐，还配有消防水泵系统，可作为火场供水的后援车辆。其特别适用于干旱缺水地区，也具有一般水罐消防车的功能。

(15) 供液消防车。供液消防车上的主要装备是泡沫液罐及泡沫液泵装置，是专给火场输送补给泡沫液的后援车辆。

C 消防炮

消防炮是远距离扑救火灾的重要消防设备。

(1) 消防水炮：消防水炮是喷射水，远距离扑救一般固体物质火灾的消防设备。消防水炮射程远，结构简单，性能稳定可靠，操作灵活，维修方便。炮身可作水平回转，俯仰转动，并能实现可靠定位锁紧，以利消防人员撤离现场，保护消防人员的人身安全。该炮具有直流、开花两种喷射功能，当喷射直流水柱时，可实现远距离扑救火灾；当喷射开花水雾时，可用于火场降温冷却、消防抢险。

(2) 消防泡沫炮：消防泡沫炮是喷射空气泡沫，远距离扑救甲、乙、丙类液体火灾的消防设备。

(3) 电动遥控水炮：电动遥控水炮也叫远控消防水炮，是为了减少消防人员作业危险而设计的消防设备，它可以远距离遥控操作水炮进行火灾扑救。

D 消防栓

消防栓是用来连接消防水网与消防水龙带的固定式供水接口。消防栓可直接连接消防水带通过消防水枪灭火，也可通过连接消防水带为消防车补给消防水。这是消防栓的两个功能，其中以前者为主。

E 消防泵

消防泵可供输送不含固体颗粒的清水及物理化学性质类似于水的液体，主要用于消防系统增压送水，也可用于厂矿给排水。

8.3.1.4 交通运输装备

在应急救援中，运送应急救援物资、紧急疏散转移人员、紧急转移事故场所的物资，都要用到各种各样的交通运输装备。

(1) 转移人员。在有毒有害气体泄漏、洪水暴发等情形下，应及时疏散转移可能受到生命威胁的人员，为了转移迅速，最大程度地避免、减少人员伤亡，应尽可能地利用快捷的交通运输工具。

(2) 运送救援物资装备。许多重大事故的处理，往往要用到大量的救援物资装备。如石油钻井发生富含硫化氢的井喷，就需要大量的泥浆进行压井，同时要运送大量的空气呼吸器、防化服、隔热等物资装备。

(3) 转移生产物资装备。在厂矿、仓库、码头等场所发生火灾、爆炸、塌方等事故，为了避免事故扩大，减少事故损失，应及时对可能受到损毁或加剧事故发展的物资装备进行转移。

8.3.1.5 医疗救护装备

医疗急救装备是指对事故现场伤员进行现场急救、转移的专业工具，如担架、救护车、氧气袋、急救箱等工具。在相关装备中，如急救箱，还要准备速效救心丸、杜冷丁、心律平、地塞米松、烫伤膏、强心针等药品。

A 普通救护车

对于人员抢救，救护车是必需的。一般的救护车，都配有医生、护士等专业人员，并配有心脏起搏器、输液器、氧气袋等设备，还配有一些急救药品，可以对受伤人员进行紧急处置后，再转移到医院进行治疗。

B ICU 救护车

ICU (Intensive Care Unit) 救护车上的医疗配备就相当于一个小型的 ICU 病房和小型手术室。氧气、吸引器、心脏起搏器、呼吸机、全套监护器、药品器材、手术器械等应有尽有。在事故发生时，第一时间内现场死亡人数是最多的。创建流动便携式 ICU 病房能有效降低危险化学品事故伤员的死亡率和伤残率。

(1) 流动便携式ICU病房的设备配置及药品配置。流动便携式ICU病房的设备配置及药品配置应该根据任务的需求决定。常用ICU急救设备有带自备电源的多功能除颤仪(包括除颤、心电监护、血氧饱和度、血压、心电图)、便携式呼吸器、便携式吸引器、快速气管通气器械、担架、手术器械包、被褥、氧气瓶、消毒物品箱、冰盒、液体箱、杂物箱。另外还有急救箱、应急灯、血压计、听诊器、体温表、手电筒、注射器、心内注射针、敷料盒、棉球盒、供氧器、双头吸氧管、吸痰杆、人工呼吸嘴（大、中、小各1个)、气管导管、手套、颈托、输液器、输血器、碘棉球、止血带等。

常备药品：肾上腺素、间羟胺、阿托品、利多卡因、尼可刹米（可拉明)、杜冷丁、安定、多巴胺、心律平、输氧康等。

(2) 人员配置。根据任务的需要，有针对性地做好人员的配置。流动便携式ICU病房医疗救护队人员组成原则上由各个专业、身体健康的专家组成，一般为4~5人，并且应该是全天候的医疗救护队。设队长1人，并配置强有力的医疗保障人员。

C 担架

院前急救时，专业急救人员除在现场采取相应的急救措施外，还应尽快把病人从发病现场搬至救护车，送到医院内。这个搬运过程中必须使用担架。选择合适的担架对于提高院前抢救质量和水平至关重要。

担架是运送病人最常用的工具，其种类很多，目前常见的有帆布（软）担架、铲式担架、折叠担架椅、吊装担架、充气式担架、带轮式担架、救护车担架及自动上车担架等。

(1) 帆布（软）担架。帆布（软）担架较灵活，但仅适于一些神志清楚的轻症患者，而对相当大比例的重症、外伤骨折尤其脊柱伤病人不适用，病人窝在担架中间，对昏迷或呼吸困难病人不利于保持气道通畅，而且承重性较差，适用范围较小。

(2) 折叠担架椅。折叠担架椅最大优点是便于狭窄的走廊、电梯间和旋转楼梯搬运病人，储存空间小，但对危重病人、外伤病人不适宜，操作也较复杂，且主要是国外进口产品，价格较昂贵，不利于推广使用。

(3) 充气式担架。充气式担架的主要技术特点是在气囊垫上面设有横或竖气囊脊，气囊垫一面和两侧设有吊带环，通过吊带环设有环形吊带并与抬杠相组成。充气式担架体积小，重量轻，携带方便，可以折叠使用，减震效果非常明显，可使伤病员以坐、躺姿势被转移，变手抬式担架为肩扛担架，有利于远距离转运伤病员。

(4) 楼梯担架。楼梯担架采用设置抬担架人员扶手的高度差，达到顺利上下楼梯的目的。但其只适合受伤人员呈坐姿态，不能在人员平躺状态下使用。

(5) 铲式担架。铲式担架是一种可分离型抢救担架，制作材料主要有高强度工程塑料、铝合金两种，属硬质担架。其特点是：担架两端设有铰链式离合装置，可使担架分离成两部分，在不移动病人的情况下，迅速将病人置于担架内或手术台或病床上，从病人体下抽出担架。

铲式担架体积小、重量轻、承重强；操作非常简单、便捷、省力，有利于骨折外伤员保持肢体的固定，减轻疼痛和防止病情加重，可使昏迷病人保持呼吸道通畅体位；担架的长度可据病人身长随意调节，适用于不同身高体重的患者，在普通居民房的楼道、走廊等狭小地方基本都能使用。铲式担架由于国内就能生产，因此价格较低廉。当然其也有不足之处，例如其因为中间有空隙，不能用于脊椎伤病员搬运。但只要在中间垫上硬板也能搬运，当然过于狭窄的地方（如长小于 1.8m、宽小于 1m）不便使用。

综上所述，铲式担架虽也有缺点，但比帆布（软）担架、折叠担架椅等其他担架更具优势，适合在各种急救现场、狭小楼道救护和转送各种伤病员，且价格也适中，因此应用范围广。

D 头部固定器

头部固定器是在搬运过程中，用于固定伤患者头部，以避免颈椎再度受到伤害。此类产品还有颈托。

E 夹板

在事故中，如果伤者出现骨折或可能出现骨折，要对受伤部位用夹板固定好，再行搬运，避免伤势恶化。

夹板的种类很多，有高分子夹板、组合夹板、多功能关节夹板、四肢充气夹板、真空夹板等多种类型。

（1）高分子夹板。高分子夹板是由高分子平面夹板塑型成柱面体，利用柱面体的静曲撑力来稳定受伤部位，从而达到固定效果。

（2）组合夹板。组合夹板是根据不同骨折固定要求，进行插式组合，灵活固定。

（3）多功能夹板。多功能夹板可多向调整角度，不需加用其他夹板。夹板铰链可在单向上做任意旋转。X 线可完全穿透，拍片效果良好。

（4）四肢充气夹板。四肢充气夹板是通过充气进行肢体固定的一种特殊夹板。它既可以用于骨折的固定，也可以用来止血。

（5）真空夹板套装。真空夹板套装满足急救所需要的各种夹板功能。真空夹板在抽取空气后可以使身体维持体位。这种设计可以很好地将病人固定，而不会压迫骨折的部位，引起不适或造成进一步的损伤。真空夹板全套包括一个全身真空夹板、多个四肢真空夹板、负压气筒等。

8.3.2 专用应急救援装备

8.3.2.1 危险物质泄漏控制设备

A 堵漏器材

在石油化工生产、危险化学品运输等过程中，管线、罐体、压力等设备、装置因腐蚀穿孔、高压破裂等导致泄漏的情形很常见，如果处理不及时，就可能造成中毒、火灾、爆炸等事故。因此，堵漏技术及设备在化工生产、危险化学品运输等过程中，具有重要的应急处置、保障安全生产的作用。

（1）简易堵漏器材。简易堵漏器材有木质或橡胶质的堵漏楔（锥形、楔形），用于罐壁孔洞、裂缝堵漏；下水道口堵漏袋，用于下水管道断裂堵漏；管道密封套，用于系列金属管道裂缝堵漏。管道密封套用金属制成，内衬耐热、耐酸碱的丁腈橡胶，耐热 80℃、耐压 1.6MPa，一般使用管道直径 21.3~114.3mm。

（2）内封式堵漏袋。

1）堵漏机理。将堵漏袋置于管道内，进行充气，利用圆柱形气袋充气后的膨胀力与管道之间形成的密封比压，堵住泄漏。气袋膨胀后的直径可达到原有直径的两倍，一般适用于内径5~1400mm的带有快速接头的输气管。短期耐热90℃，长期耐热85℃。

2）堵漏工具组成。

① 堵漏气袋：圆锥形或圆柱形橡胶，不同规格，可以充气。

② 压缩空气瓶：用于向气垫充气，也可用脚踏泵或受压泵供气。

③ 连接器（带减压阀、安全阀）：用于连接气瓶和气垫，并将气瓶内的高压减压。当气垫内的压力达到其操作压力时，安全阀自动打开。

（3）外封式堵漏垫。

1）堵漏的机理。将堵漏垫外覆于泄漏部位，并通过绳索拉紧，利用压紧在泄漏部位外部的气垫内部的压力对气垫下的密封垫产生的密封比压，在泄漏部位重建密封，从而达到堵漏的目的。外封式堵漏垫用于密封管道、容器、油罐车或油槽车、油桶、储罐等的泄漏，管道、容器等的直径应在480mm以上。

2）堵漏工具的组成。

① 气垫。气垫上带有充气接口和固定导向扣。气垫充气的压力不超过0.6MPa。对于需要排流的介质，气垫上可带排流管接口。气垫的规格和大小根据介质的压力和泄漏部位的大小确定。

② 固定带。固定带用于将气垫固定并压紧在泄漏部位，固定带上有棘爪，用于张紧带子。对于小型气垫可直接用带毛刺粘的捆绑带。

③ 密封垫。密封垫材料一般选用能耐温、耐介质的橡胶，如氯丁橡胶等。

④ 耐酸保护袋。耐酸保护袋用于"密封垫和气垫"不受酸性介质的腐蚀。其材料一般为聚氯乙烯。

⑤ 脚踏气泵。脚踏气泵用于向气垫充气；为保证气垫不会超压，气泵上带有安全阀。

（4）注胶堵漏器具。注胶堵漏器具可广泛用于石油、化工、化肥、发电、冶金、医药、化纤、煤气、自来水、供热等各种作业流程。

1）组成。注胶堵漏器具由注胶堵漏枪、63MPa液压泵、高压油路、无火花钻、各种卡具及密封胶组成，可以消除管线、法兰面、阀门填料、三通、弯头、焊缝处泄漏。适用温度-200~900℃，压力从真空到32MPa以上。

2）注胶堵漏的原理。用机械方法将密封剂挤入夹具与泄漏部位形成的空腔内或挤入泄漏处本身的空腔内，剂料在短时间内热固或冷固成新的密封圈，达到止漏的目的。

3）注胶工具。注胶工具是由注射枪和液压泵，用压力表和胶管等连接而成。液压泵一般采用手抬泵，由液压泵出来的液压油进入注射枪的油缸，推动柱塞，把注射筒中的密封剂压出来。

4）注射阀和换向阀。这是连接注射枪和夹具的工具。

5）夹具。夹具是注胶堵漏的重要组成部分，它与泄漏部位的外表面构成密封的空腔，包容注入的密封剂，承受泄漏介质的压力和注射压力，并由注射压力产生足够的密封比压，以消除泄漏。

6）密封剂。注胶堵漏的密封剂有多种，常用的剂料有热固型和非热固型两大类，它们是用合成橡胶作基体，与填充剂、催化剂、固化剂等配制而成。

（5）真空堵漏系统。

1）用途。真空堵漏系统可用于大直径储罐和管线的堵漏作业。

2）性能及组成。真空堵漏系统由真空泵、模具、连接管等部分组成。红松木质堵漏楔用于各种容器的点、线、裂纹产生泄漏的临时堵漏。真空堵漏系统适用温度-70～100℃、压力-1.0～0.8MPa的堵漏。

B 氯气捕消器

氯气泄漏是氯碱生产企业及造纸工业、纺织工业、自来水消毒、污水处理厂、制药、食品工业等各种使用、储存、运输等用氯单位的常见事故。泄漏事故一旦发生，将直接威胁人的生命安全。

氯气捕消器是氯气泄漏现场有效的抢险清除净化设备。该产品是一种干法消除泄漏氯气的设备，其外观及使用方法类似消防部门的干粉灭火器。内装8μm左右的微粉，粉剂具有比表面积大、防潮防结块功能性强、流动性好、与氯气反应效率高的特点。

C 液体捕集器材

在化工生产事故中，经常会遇到易燃易爆、有毒有害液体泄漏的情况，此时，必须及时进行阻隔、收集，避免发生火灾、爆炸、中毒和环境污染事故。液体捕集器材主要包括专用于油类的吸油袋、吸油垫、吸油片、围油栅、挡油栅等，以及用于酸、碱类的专用吸垫，还有用于油类、酸、碱等的万能吸垫。

D 洗消器材

洗消器材主要用于对化学事故现场进行洗消处理。洗消处理是降低受害人员、装备的受害程度，为救援人员提供防毒保护的重要手段，也是化学事故救援工作的重要一环。

化学洗消早已在军事领域得到广泛的应用，对染有毒剂、放射性物质的人员、装备等进行消毒和消除，是军队作战中防化专业保障的重要内容之一。随着近年来化学事故的频繁发生，化学洗消作业已开始“军为民用”，成为消防部队完成化学事故抢险救援的重要组成部分。

a 消防洗消任务

消防洗消任务主要是对人员洗消。人员的洗消分为人体消毒和毒物消除。

（1）人体消毒。人员皮肤染毒，在撤出危险区后应立即进行消毒处理。我国对化学事故中毒人员进行抢救时，经常采取脱掉患者衣服，用酒精或清水先清洗消毒，再进行医疗处理的方法。这种方法对大多数中毒者都适用，但对于染毒较深、症状严重者达不到彻底消毒的目的。因为如果染毒时间较长，单靠表面清洗，是无法将毒剂全部洗掉的。这种受害者应使用针对毒剂类型配制的专用消毒液擦拭后，再洗一次澡，以消除皮肤上残留的消毒液和生成物。对于进入现场的消防特勤人员，由于配备了相应的防护服装，因此在完成任务后，直接清洗皮肤即可。如不慎受到化学品灼伤，可用随车配备的敌腐特灵溶剂及时进行消毒。

（2）毒物消除。人员受到放射性等毒害物沾染时，需要通过消除的方法进行洗消。消除分全部消除和局部消除，现在通用的是全部消除，即利用淋浴装置进行全身各部位的消除。消除时在专门设置的人员洗消场内进行，用热水、肥皂或洗涤剂等清洗全身，将沾染在皮肤表面的放射性物质除去。消除时按手、头、颈、躯干的顺序进行。

b 洗消系统构成

洗消具体实施时，可分为人员洗消、装备洗消、地面洗消和服装洗消。洗消器材是消毒、灭菌、消除放射性沾染的各种器材的统称，主要包括各种防化洗消车，小型洗消器，轻便洗消器、排水泵，洗消帐篷热水器，排污、烘干消毒设备，洗消剂等。

(1) 洗消车辆。洗消车辆有淋浴车、喷洒车、洗消车和消毒车等，可对人员、装备和地面进行洗消。

(2) 充气帐篷。一个充气帐篷包括一个运输包（内有帐篷，放在包里的撑杆）和一个附件箱（内有一个帐篷包装袋、一个拉锁包、两个修理用包、一个充气支撑装置、塑料链和脚踏打气筒）。帐篷内有喷淋间、更衣间等场所。

(3) 空气加热机。空气加热机主要用于对洗消帐篷内供热或送风，有手动、恒温器自动控制两种。应定期对其进行检查养护，保证动力系统正常。

(4) 热水加热器。热水加热器主要部件有燃烧器、热交换器、排气系统、电路板和恒温器，主要用于对供入洗消帐篷内的水加热。

(5) 高压清洗机。高压清洗机由长柄带高压泵、高压水管、喷头、开关入水管、接头、捆绑带、携带手柄、喷枪、清洗剂输送管、高压出口等组成，电源启动，能喷射高压水流，必要时可以添加清洗剂。高压清洗机主要用于清洗各种机械、汽车、建筑物、工具上的有毒污渍，也可用于清洗地面和墙壁等。

E 输转装备

输转装备主要有污水带、有毒物质密封桶、吸附袋、液体吸附垫、有害液体抽吸泵、手动隔膜抽吸泵、水力驱动输转泵、多功能毒液抽吸泵、围油栏等。

(1) 污水袋。污水袋用于收集污水等有害液体，并送入专门处理场所进行净化处理，避免造成外排污染。污水袋适用于野外或缺乏水源的地方，是洗消的辅助设备，采用特殊材料，可折叠，轻便坚固。污水袋应清洗再用。

(2) 有毒物质密封桶。有毒物质密封桶主要用于收集并转运有毒物体和污染严重的土壤。密封桶由两部分组成，并在上端预留有观察和取样窗，便于及时对转运物体进行观察和取样。密封桶一般用高分子材料制成，防酸碱，耐高温，由金属内桶及金属内桶盖子、聚乙烯外桶及聚乙烯外桶盖子组成。金属内桶用不锈钢制造，底部加强；金属内桶盖子材质与金属内桶相同，带密封胶边及夹子；外桶及盖子用环保聚乙烯制造，防酸、防碱、防油，桶及盖子带螺丝式密封环。

(3) 吸附袋。吸附袋用于小范围内吸附酸、碱和其他腐蚀性液体，包括吸附块、吸附纸、塑料收集袋等，最大吸附能力可达75L/套。

(4) 液体吸附垫。液体吸附垫可快速有效地吸附酸、碱和其他腐蚀性液体，吸附能力为自重的25倍，吸附后不外渗。液体吸附垫可围成圆形进行吸附，吸附时，不要将吸附垫直接置于泄漏物表面，应将吸附垫围于泄漏物周围。使用后的吸附垫不得乱丢，要回收做技术处理。

(5) 有害液体抽吸泵。有害液体抽吸泵用于迅速抽取有毒有害及黏稠液体，电动机驱动，220~380V电压，配有接地线，安全防爆型。它能吸走地上的化学液体或污水，有效地防止污染扩散。

(6) 手动隔膜抽吸泵（防爆）。手动隔膜抽吸泵由泵体、传动杆隔膜（氯丁橡胶膜或弹性塑料膜)、活门、接口等组成，用于输转有毒、有害液体。

(7) 水力驱动输转泵。水力驱动输转泵安全防爆，其动力源为消防高压水流。高压水流注入泵体内，带动泵内水轮机工作，从而抽吸各种液体，特别是易燃易爆液体，如燃油、机油、废水、泥浆、易燃化工危险液体、放射性废液等。

(8) 多功能毒液抽吸泵。多功能毒液抽吸泵轻便、易于操作，可自动吸干；可输送黏性极大或极小的液体、粉状物，也可输送固体粒状物（直径可达 8mm）；运送物品和扁平管内部接触，有利于清洗。其在使用时应注意：

1) 应垂直安装泵，将泵连到管子上之前，取下泵的抽吸及传送两边的保护罩。泵罩上安装的真空计指示抽吸一边的真空度，泵运行一会儿后，真空表开始显示数字。如真空表不指示真空度，应检查泵的密封性。

2) 检查传动设备的润滑。检查油箱内油量，如不够将之注满。

3) 确保安全装置的安装及运行。如加压阀门关闭的情况下不能开启泵、启动传送装置，泵的输送器可用安装在泵前面的测定阀调节。

8.3.2.2 矿山事故救援装备

A 井下救援钻孔机

当矿井发生水淹或塌方，事故人员被困没有其他逃生的方法，或是其他救援方法会拖延时间，不能及时挽救生命时，先进的救援钻机就会发挥极大的作用。

a 救援钻机的功能

救援钻机的第一功能是在井下发生透水、塌方等事故，作业人员被困的情况下进行救人。

救人作业的一般程序，先是进行精确定位，使用钻机打个小孔径（一般为 165cm）的探孔来确定被困人员的位置，使用井下观察扫描头、气体抽样检验设备等装备对工作面进行分析，并通过此孔向被困人员提供空气、食物、水、通信联络等基本服务。

一旦确定了被困人员的位置，立即钻一个大直径（一般为 635mm 或 560mm）的孔，通过该孔使用救援密封舱把被困在井下的人员提升上来，同时还可以加大钻孔直径，通过表土层以便在钻孔的土质不稳定部分安装围壁。

救援钻机不仅可用来救人，还可用于井下注浆封堵水源，实现快速恢复生产，以及从地面布置钻孔进行直接灭火。

b 救援钻机的选用

救援钻机的选用，必须考虑以下三个重要因素：

(1) 钻进速度。先进的救援钻孔机要充分考虑地质条件的复杂性，特别是钻进速度，如果不考虑硬质岩层情况下的钻进速度，那么，一旦遇这种情况，就会大大降低救援速度。

(2) 防爆要求。在煤矿等矿山下，许多时候都有防火防爆要求，因此，选用钻机时，特别是在井下易燃易爆环境中的作业，钻机必须从钻具材质、动力提供等方面满足作业场所的防火防爆要求。如避免摩擦火花、冲击火花、静电火花、电气火花等引发瓦斯爆炸事故。

(3) 作业空间。许多情况下，不仅需要从地表钻孔救援，而且还要在井下狭窄空间进行钻进作业。因此，选择钻机时要充分考虑可能的作业条件，不能只重视地面钻机的配备，而忽视井下狭窄作业空间钻机的配备。

B 大功率抽水机

当煤矿发生透水、人员被困事故后，必须迅速将水排出，否则被困人员将无法存活。要迅速排水，就必须使用大功率抽水机。大功率抽水机的功率一般超过1000kW、流量1000m³/h、扬程数百米。在很多情况下，需要多台大功率抽水机同时使用，以尽可能地缩短排水时间。

C 大组排水设备

在矿山开采发生透水事故时，常要用到大功率的排水设备。这些设备功率大，而且往往是多台同时投入使用，对动力要求很高，因此应保证充足的动力供应。

D 矿用可移动式逃生救生舱

矿用可移动式逃生救生舱（以下简称救生舱）是一种新型的矿井下逃生避难装备。其放置于采掘工作面附近，当矿井下突发重大事故时，井下遇险人员在不能立即升井逃生脱险的紧急情况下，可快速进入救生舱内等待救援。这对改变单纯依赖外部救援的矿难应急救援模式，由被动待援到主动自救与外部救援相结合，使救援工作科学、有序、有效，起到至关重要的作用，增加存活率。

根据舱体材质，救生舱可分为硬体式救生舱和软体式救生舱。硬体式救生舱采用钢铁等硬质材料制成；软体式救生舱采用阻燃、耐高温帆布等软质材料制造，依靠快速自动充气膨胀架设。

救生舱应具备安全防护、氧气供给保障、空气净化与温湿度调节、环境监测、通信、照明、动力供应、人员生存保障等基本功能，额定防护时间不低于96h。

在整个额定防护时间内，紧急避险设施内部环境参数符合表8-8规定，保证紧急避险设施内始终处于不低于100Pa的正压状态。

表8-8 设施内部环境参数

项目	O_2	CO	CO_2	CH_2	温度	湿度
指标	18.5%~23.0%	$\leqslant 2.4\times10^{-5}$	$\leqslant$ 1.0%	$\leqslant$ 1.0%	$\leqslant$ 35℃	$\leqslant$ 85%

8.3.2.3 电气事故救援装备

A 电气安全用具

电气安全用具是指用以保护电气作业人员，以避免触电事故、弧光灼伤事故或高空坠落等伤害事故所必备的用具。其主要包括起绝缘作用的绝缘安全用具，如绝缘棒、绝缘鞋等；起验电作用的电压指示器；登高作业用的保安腰带以及保证检修安全的临时接地线、遮栏、标示牌等。

(1) 绝缘杆。绝缘杆是绝缘基本安全用具，由工作部分、绝缘部分和握手部分组成。握手部分和绝缘部分用浸过绝缘漆的木材、硬塑料、胶木或玻璃钢制成，其间有护环分开配备不同工作部分的绝缘杆。绝缘杆可用来操作高压隔离开关，操作跌落式保险器，安装和拆除临时接地线，安装和拆除避雷器，以及进行测量和试验等项工作。

(2) 绝缘夹钳。绝缘夹钳是绝缘基本安全用具，只用于35kV以下的电气操作。绝缘杆和绝缘夹钳都由工作部分、绝缘部分和握手部分组成。握手部分和绝缘部分用浸过绝缘漆的木材、硬塑料、胶木或玻璃钢制成，其间有护环分开。绝缘夹钳主要用来拆除和安装熔断器及其他类似工作。考虑到电力系统内部过电压的可能性，绝缘杆和绝缘夹钳的绝缘部分和握手部分的最小长度应符合要求，绝缘杆工作部分金属钩的长度，在满足工作要求的情况下，不宜超过5~8cm，以免操作时造成相间短路或接地短路。绝缘夹钳应保存好，并按规定进行电气试验，使用时不允许装接地线。

（3）绝缘手套。绝缘手套在低压操作中是基本安全用具，但在高压操作中只能作为辅助安全用具使用。绝缘手套在使用前要进行外观检查。戴绝缘手套的长度至少应超过手腕10cm，要戴到外衣衣袖的外面。严禁用医疗或化学用的手套代替绝缘手套使用，绝缘手套要按规定做电气试验。

（4）绝缘靴。作为防止跨步电压的基本安全用具，绝缘靴应采用特种橡胶制成，使用中不能用普通防雨胶靴代替。绝缘靴应放在专用的柜子里，温度一般在5~20℃，湿度在50%~70%较合适。绝缘靴在使用前要进行外观检查，并要定期进行电气试验。

（5）绝缘垫。绝缘垫是一种辅助安全用具，铺在配电装置的地面上增强人员的对地绝缘，防止接触电压与跨步电压对人体的伤害。绝缘垫用厚度5mm以上、表面有防滑条纹的橡胶制成。其最小尺寸不宜小于0.8m×0.8m，绝缘垫厚度不应小于5mm，若有破损应禁止使用。

（6）绝缘台。绝缘站台用木板或木条制成，相邻板条之间的距离不得大于2.5cm，以免鞋跟陷入。站台不得有金属零件。台面板用支持绝缘子与地面绝缘，支持绝缘子高度不得小于10cm。台面板边缘不得伸出绝缘子之外，以免站台翻倾，人员摔倒。绝缘站台最小尺寸不宜小于0.8m × 0.8m，但为了便于移动和检查，最大尺寸也不宜超过1.5m×1.0m。绝缘台要放在干燥的地方，经常保持清洁，一旦发现木条松脱或瓷瓶绝缘子破裂，应立即停止使用。

（7）遮栏。遮栏分为固定遮栏和临时遮栏两种，其作用是把带电体同外界隔离开来。遮栏装设应牢固，并悬挂各种不同的警告标示牌，遮栏高度不应低于1.7m。

（8）高压验电器。高压验电器主要用来检验设备对地电压在250V以上的高压电气设备。目前，广泛采用的高压验电器有发光型、声光型、风车式三种类型。它们一般都是由检测部分（指示器部分或风车）、绝缘部下部分、握手部分三大部分组成。绝缘部分是指自指示器下部金属衔接螺丝起至罩护环止的部分，握手部分是指罩护环以下的部分。绝缘部分、握手部分根据电压等级的不同长度也不同。

（9）低压验电器。低压验电器一般就是生活中常用的验电笔。它是用来检验对地电压在250V及以下的低压电气设备的，也是家庭中常用的电工安全工具。低压验电器主要由工作触头、降压电阻、氖泡、弹簧等部件组成。它是利用电流通过验电器、人体、大地形成回路，其漏电电流使氖泡起辉发光而工作的。只要带电体与大地之间电位差超过一定数值（36V以下），验电器就会发出辉光，低于这个数值就不发光，据此可判断低压电气设备是否带有电压。低压验电笔除主要用来检查低压电气设备和线路外，它还可区分相线与零线、交流电与直流电以及电压的高低。通常氖泡发光者为火线，不亮者为零线；但中性点发生位移时要注意，此时，零线同样也会使氖泡发光；对于交流电通过氖泡时，氖泡两极均发光，直流电通过的，仅有一个电极附近发亮；当用来判断电压高低时，氖泡暗红轻微亮时，电压低；氖泡发黄红色，亮度强时电压高。

B 地下管线、电缆影像仪

地下管线、电缆影像仪的是一款具有多频率天线阵组合特点的具有绘图功能的综合管线探测仪器。这使得它的抗干扰能力更强，探测精度更高。是一款全自动高智能但操作却异常简单的傻瓜机器。

a 地下管线、电缆影像仪的主要特点

（1）全方位天线阵组合，抗干扰能力更强、探测精度更高。

（2）管线影像实时显示和左右箭头指示功能，能方便判断管线的方向和位置。

（3）能连续显示管线深度和当前电流，便于区别复杂区域的目标管线。

（4）强大的区间频率，使得该仪器具有强大的无源探测能力。

（5）对有支管或构成网状的管线也能进行有效的检测，对地埋管线的定位和破损点检测由同一仪器同时进行，提供管线状况的全面资料，能迅速准确地检测出电缆所发生的故障。

（6）操作简单、携带方便，一人可完成操作。

b 地下管线、电缆影像仪的主要功能

（1）带电与不带电电缆的路径查找。

（2）金属管线的路径查找。

（3）地埋电缆的故障定位。

（4）在不开挖的条件下检测，对直埋电缆的外皮破损点进行定位。

8.3.2.4 建筑工程救援装备

A 破拆工具

破拆工具是消防人员在灭火或救人时强行地开启门窗、拆毁建筑物，开辟消防通道，清除阴燃余火及清理火场时的常用装备。破拆工具有手动、液压、机动和化学切割等类型。

a 液压剪切器具

（1）液压剪切工具。液压剪切工具用于发生事故时，剪断门框、汽车框架结构或非金属结构，以救援被夹持或被锁于危险环境中的受害者。其主要由剪切刀片、中心锁轴锁头、双向液压锁、手控双向阀及手轮、工作油缸、油缸盖、高压软管及操作手柄等部件构成。

（2）液压扩张工具。液压扩张器是液压驱动的大型破拆工具，在发生事故时，用于支起重物，分离开金属和非金属结构，具有扩张和闭合功能。液压扩张器主要由扩张头、扩张臂、中心锁轴锁头、双向液压锁、手控双向阀及手轮、工作油缸、油缸盖、高压软管及操作手柄等部件构成。

（3）液压顶撑杆。液压顶撑杆用于支起重物，支撑力比扩张器大，但支撑对象空间应大于顶杆的闭合距离。液压顶撑杆主要由固定支撑、移动支撑、双向液压锁、手控双向阀、工作油缸、油缸盖、高压软管及操作手柄等部件构成。

（4）机动破拆工具。机动破拆工具由发动机和切割刀具（见表 8-9）组成。

1）无齿锯。无齿锯以汽油发动机为动力源，通过锯片的高速旋转，切割各类金属、混凝土、砖土等结构。其主要用途是切割钢架、铁轨、水管、钢筋、铁板、岩石、钢筋混凝土、石棉等。

表 8-9 刀片的适用范围

	刀片类型	用途		刀片类型	用途
磨砂刀片	混凝土	混凝土、沥青、石块、砖、铸铁、铝、铜、黄铜、电缆、橡胶等	金刚石刀片	金刚石	砖料、强化混凝土、其他非金属材料、不适合金属
	金属	钢、合金钢、其他硬金属			

2）机动链锯。机动链锯是由汽油发动机、链锯条、导板以及锯把等组成的带状切割器。发动机输出的动力通过离合器传给锯切机构。根据链锯上的刀片类型不同，机动链锯可分为非金属材料切割型和混凝土材料切割型。

机动链锯使用的轻型汽油发动机为单缸、二冲程、风冷式。锯切机构由导板、导轮、锯链组成，是链锯的切割部分。锯切时启动发动机，发动机输出的动力通过离合器传给锯切机构。离合器的碟合链轮带动锯链沿导板、导轮运动，锯链则沿片状导板内的导槽做高速环状移动，从而使其上的切齿锯切木材等物。

b 化学破拆工具

（1）丙烷切割器。丙烷切割器用于切割低碳钢、低合金钢构件。其主要由丙烷气瓶、氧气瓶、减压器、丙烷气管、氧气管、割矩等组成。

（2）氧气切割器。氧气切割器单用氧气，具有体积小、重量轻、快捷安全和噪声低的优点。切割温度达 5500℃，能熔化大部分物质，对生铁、不锈钢、混凝土、花岗石、镍、钛和铝同时有效。氧气切割器由氧气瓶、气压表、电池、焊条、切割枪、防护眼镜和手套等组成。

B 起重装备

（1）汽车起重机。汽车起重机是装在普通汽车底盘或特制汽车底盘上的一种起重机，其行驶驾驶室与起重操纵室分开设置。这种起重机的优点是机动性好，转移迅速；缺点是工作时需支腿，不能负荷行驶，也不适合在松软或泥泞的场地上工作。

汽车起重机的底盘性能等同于同样整车总重的载重汽车，符合公路车辆的技术要求，因而可在各类公路上通行无阻。此种起重机一般备有上、下车两个操纵室，作业时必需伸出支腿保持稳定。其起重量的范围很大，为 8～1000t，底盘的车轴数为 2～10 根。汽车起重机是产量最大、使用最广泛的起重机类型。

起重臂内部下面有一个转动卷筒，上面绕钢丝绳，钢丝绳通过在下一节臂顶端上的滑轮，将上一节起重臂拉出去，依此类推。缩回时，卷筒倒转回收钢丝绳，起重臂在自重作用下回缩。这个转动卷筒采用液压马达驱动，因此能看到两根油管，但千万别当成油缸。

（2）手动葫芦。在野外施工作业及狭小的空间中，发生事故之后，吊车往往无法靠近，或难以准确操作。此时，使用手动葫芦可以便捷快速地完成起吊任务。

手动葫芦是一种使用简单、携带方便的手动起重机械，也称“环链葫芦”或“倒链”。它适用于小型设备和货物的短距离吊运，起重量一般不超过 10t。链条葫芦具有结构紧凑、手拉力小等特点。

手动葫芦由链轮、手拉链、传动机械、起重链及上下吊钩等几部分组成。其中机械传动部分又可分为蜗轮式和齿轮式传动两种。蜗轮式由于传动机械效率低，零件易磨损，因此现在很少使用。

C 生命探测仪

生命探测仪是一种安全救生系统探测设备，能够比较好地解决多项困扰传统安全救生系统的问题，使搜救工作比以往更迅速、精确，也更安全，能够敏锐地捕捉到非常微弱的运动。生命探测仪通过即时移动探测，透过混凝土、砖、雪、冰和泥浆等，探测运动、探测遇险者的距离，在各种气候情况下都可以工作。根据不同的原理，生命探测仪分为光学生命探测仪、热红外生命探测仪和声波生命探测仪。目前生命探测仪主要分为四种。

(1) 光学生命探测仪。光学生命探测仪又被称作“蛇眼生命探测仪”，是利用光反射进行生命探测的仪器。仪器的主体非常柔韧，像通下水道用的蛇皮管，能在瓦砾中自由扭动。仪器前面有细小的探头，可深入极微小的缝隙探测，类似摄像仪器，将信息传送回来，救援人员利用观察器就可以把瓦砾深处的情况看得清清楚楚。

(2) 热红外生命探测仪。热红外生命探测仪具有夜视功能。它是通过感知温度差异来判断不同的目标，因此在黑暗中也可照常工作。热红外生命探测仪擅长感知人是否存活。它能够探测并且显示出被困者身体的热量，从而帮助救援人员快速确定被埋在废墟底下或隐藏在尘雾后面的被困者的位置。

(3) 声波振动生命探测仪。声波振动生命探测仪寻找生命靠的是识别被困者发出的声音。这种仪器有3~6个“耳朵”——振动传感器，它能根据各个“耳朵”听到声音先后的微小差异，采用逼近法来判断幸存者的具体位置。说话的声音对它来说最容易识别，因为设计者充分研究了人的发声频率。幸存者如果不能说话，只要用手指轻轻敲击发出微小的声响，也能够被它听到。即使被埋在一块相当严实的大面积水泥楼板下，只要心脏还有微弱的跳动，探测仪也能探测出来。

8.3.2.5 核事故医学应急救援装备

核事故医学应急救援所需装备与技术包括核辐射监测、伤员体表污染洗消、医学应急救援人员自身防护、伤员医学应急救援诊治等设备和技术以及具有一定核辐射防护能力的医学救援人员与事故伤员运输、急救车辆等。

A 核辐射监测设备

该类设备包括个人剂量计、体表污染监测仪、生物学剂量评估系统及用于受照剂量评估的内照射分析系统等相关设备。

a 个人剂量仪

外照射个人剂量仪是个人佩带的、用于估计受照器官或组织的当量剂量或有效剂量的监测仪。目前常用的有热释光剂量系统（TLD）和数字式个人剂量监测系统。TLD系统由热释光读出仪、辅助计算机和若干剂量计组成，使用热风加热、条形码识别编号，可用于X、β、γ和中子的剂量监测，剂量计佩带于工作人员胸部。测读周期一般为2个月；控制区出入监测系统（KZC）系统由中央主计算机、剂量读出器和若干直读式电子剂量计组成。KZC系统用于提供某一工作人员在某一时间内进出控制区的次数、每次进出时刻、控制区内的停留时间、接受的最大剂量率和受照剂量等。

(1) 热释光剂量仪主要技术指标要求。

1) 个人剂量计的量程为10~30μSv。

2) 可同时测量X、β、γ、中子的个人外照射累积剂量。

3) 对光子的个人热释光剂量测量系统，用一定的能量范围（0.015~3.0MeV、

0.03~3.0MeV）的光子辐照，评定值与剂量约定真值之差不超过30%；用最大能量（E_{max}）在0.1~3.0MeV范围内的β射线辐照，响应的变化不超过30%：对中子剂量计用一定能量范围（0.025eV~20MeV）的中子辐照，评定值与剂量约定真值之差不超过30%。

（2）电子剂量计主要技术指标要求。

1）剂量当量率量程为0.1~1μSv/h；剂量当量量程为1~10μSv/h。

2）能量范围在50keV~3MeV内，能量响应误差不超过±30%（相对于^{137}Cs）。

3）电池连续工作时间不低于400h。

4）体积不大于100mm×60mm×30mm，质量不大于0.1kg。

5）测量数据可存储在剂量计内且掉电不丢失；即时显示监测数据，设定报警阈值，超标报警，并可由红外通讯方式传输至读出器和个人剂量档案管理系统。

b 体表核素污染监测设备

个人表面污染监测仪用于人员表面α、β、γ等射线监测。其主要技术指标要求为：

（1）可完成人员全身放射性污染监测和手脚放射性污染监测。

（2）超标报警并指示污染部位。

（3）α表面污染探测下限：$4\times10^{-2}Bq/cm^2$；β表面污染探测下限：$4\times10^{-1}Bq/cm^2$。

（4）应带有RS-232/RS-485通信接口，数据能通过传输网络传送到控制中心。

c 内照射分析系统

内照射剂量监测方法有两种，即：体外直接测量和通过排泄物分析的间接测量。体外直接测量是直接从体外测量那些释放的辐射能可逸出体外的放射性核素，由探测器、光电转换和数据处理等部分组成的自动扫描测量系统。其测量处理和结果分析由微机控制进行。测量方式有全身测量、肺部测量和甲状腺测量，可用于铀、钚、镭等放射性核素的测量。其中“S2275型肺及全身扫描计数仪”是目前较为理想的可检测全身及局部器官内核素种类和沉积量的内照射监测仪器，其主要技术指标如下：

能量范围：HPGe探测器为10~2000keV；NaI（TI）扫描探测器为80~2000keV；肺部计数器为17~300keV；NaI（TI）扫描探测器为88~1800keV。典型探测下限（LLD）：^{235}U，4~6Bq；对于^{137}Cs和^{60}Co，40~80Bq，10cm以上厚度低本底钢板屏蔽室。

间接测量法所使用的样本包括尿、粪等，主要用于对不放出γ射线或仅放出低能光子辐射的放射性核素的监测。所用仪器有尿铀分析仪、尿钚分析仪、低本底液体闪烁分析仪(尿氚分析)等。这些仪器需符合《氚内照射剂量估算及评价方法》（EJ/T 287—2000）核工业行业标准要求。

d 生物学剂量评估系统

人体受照后，可在分子、细胞、器官及整体水平上产生各种生物学效应，通过检测某些效应的改变可以推断出机体受照剂量，这就是辐射生物学剂量监测（生物剂量计）的基本原理。

外周血细胞、骨髓细胞、网织红细胞等的变化，染色体畸变分析，淋巴细胞微核分析以及新近发展起来的单细胞凝胶电泳（SCGE、彗星试验），辐射损伤相关基因（次黄嘌呤-鸟嘌呤磷酸核糖转移酶HPRT基因突变，GADD45、血型糖蛋白A基因表达变化，线粒体 mtDNA4997 基因缺失等）及其表达产物蛋白质等，有可能成为判断人员受照剂量的新的生物剂量计。

建立生物学剂量评估方法的重要性在于当核恐怖、核战争或核事故发生时，会在短时间内产生大量伤员流，且很可能受照人员当时未佩带个人剂量计，此时生物学剂量评估就成为分析人员受照剂量的重要方法。因此，有必要在“二级”或“三级”医学救治梯队中建立相应的生物学剂量分析、研究系统。

生物学剂量评估所需的主要设备有淋巴细胞微核分析系统、染色体畸变分析系统、单细胞凝胶图像分析系统、聚合酶链式反应（PCR）仪、双向电泳仪、质谱仪等。

B　伤员体表污染监测与洗消设备

表面污染监测设备包括表面污染监测仪、核化卫生防护监测车等。洗消装备包括小型洗消器材、洗消车辆、洗消方舱、核化伤员预处理方舱等。医学救援洗消设备主要用于事故现场洗消及局部污染的再次洗消，主要设备为高流量淋浴设备和局部冲洗设备等。

C　核事故医学应急救援人员自身防护设备

核事故医学应急救援人员必须配备相应自身防护、监测设备。这些设备包括防护服、防护面具、过滤口罩、数字式个人剂量仪等。

D　核事故医学应急救援运输设备

核事故医学应急救援运输设备包括运送医学救援人员及后送伤员的车辆等，其应具有一定的防核辐射能力或“三防”功能，如核化伤员救援车等。

E　核事故伤员医学应急救援相关临床诊断、治疗设备与药品

（1）所需设备有核化伤员急救方舱、放射性损伤急救箱组、心电监护仪、环甲膜切开器、呼吸机、心电图机、超声仪、裂隙灯显微镜、X 线机、血气分析仪、血细胞分析仪、生化分析仪等医学急救设备，以及后续诊治设备，如 CT、精子分析仪、遗传分析仪、血细胞分离机、层流病房等。伤员运输设备包括具有一定防核化功能的急救车及其附属急救设备等。

（2）所需药品有急性放射病治疗药（408 片）、急性放射病防治药（523 片、“500”注射液）、阻放射性核素体内吸收药（碘化钾片、普鲁士蓝、褐藻酸钠）、促进和加速放射性核素从体内排出体外药（促排灵注射液）、止吐药、消呕宁、造血因子类（GM-CSF）及常规急救药品（呼吸兴奋剂、强心剂、血管活性药物、止血药、抗生素）等。

8.3.3　应急救援装备举例

8.3.3.1　*矿山救援队伍的装备与设施*

矿山救护队必须配备能够处理矿山各种灾害事故的技术装备和救灾训练器材，主要类型包括：

（1）个人防护装备；

（2）处理各类灾害事故的专用装备与器材；

（3）矿山空气成分、温度及其他安全检测分析仪器；

（4）通讯器材及信息采集与处理设备；

（5）医疗及急救器材；

（6）交通运输工具；

（7）训练器材等。

矿山使用的装备、器材、防护用品和安全检测仪器，必须符合国家标准或行业标准。

矿山救护队必须不断更新装备，完善处理事故手段。各级矿山救护队、辅助救护队及救护队指战员的最低限度技术装备清单见表8-10～表8-14。

表8-10 矿山救护大队最低限度技术装备清单

类别	装备名称	要 求	单位	数量	备 注
车辆	指挥车	轻便、高速	辆	2～3	附有通讯警报装置
	气体化验车	面包车（包括化验仪器）	辆	1	
	装备车	4～5t卡车	辆		
通信器材	移动电话	大队指挥员每人1部	部	各1	
	网络化视频指挥系统		套	1～2	
	程控电话	带录音	部	2	值班室配备
	对讲机	手提式	套	1	
灭火装备	惰气灭火装备	$500m^3/min$	套	1	
	高倍数泡沫灭火机	BGP400	套	1～2	
	惰泡发射器		套	1	
	石膏喷注机		套	2	
	高扬程水泵		台	2	
	脉冲灭火枪		套	2	
检测仪表	气体分析化验设备		套	1	
	红外线烟雾测温仪		台	2	
	便携式爆炸三角形测定仪		台	1	
	多功能气体检测仪		台	2	
其他	钻机	直径4in（101.6mm）	套	1	
	演习巷道设施与系统	具备灾区环境与条件	套	1	
	多功能体育训练器械		套	1	
	多媒体电教设备		套	1	
	生命探测仪		套	1～2	
信息处理设备	计算机	大队指挥员、各科室配备	台	各1	
	传真机		台	1	
	复印机		台	1	
	数码摄像机	防爆	台	1	
	数码照相机	防爆	台	1	

表 8-11 矿山救护中队最低限度技术装备清单

类别	装备名称	要 求	单位	数量	备 注
运输通信	矿山救护车	66kW 以上	辆		每小队 1 辆
	指挥车		辆	1	
	移动电话	中队指挥员每人 1 部	部		
	灾区电话	带录音	套	2	
	程控电话		部	1	
	引路线		m	1000	兼做电话线
个人防护	4h 呼吸器	正压	台	2	库存
	2h 呼吸器	正压	台	2	库存
	自动苏生器		台	2	库存
	自救器	压缩氧	台	30	直属中队配备 50 台
	隔热服		套	12	
灭火装备	高倍数泡沫灭火机	BGP-400 型	套	1	
	干粉灭火器	8kg	个	30	
	风障	4m×4m	块	2	
	水枪	开花、直流	支	4	各 2 个
	水龙带	直径 2. 5in 和 2in (63. 5mm 和 50. 8mm)	m	400	
	脉冲灭火枪		套	1	
检测仪器	呼吸器校验仪		台	2	库存
	数字式氧气便携仪	中队指挥员每人 1 台	台		或用数字式多功能气体检测仪代替
	数字式 CO 便携仪	中队指挥员每人 1 台	台		
	红外线温度测定仪	中队指挥员每人 1 台	台		
	瓦斯检定器	10%、100%	台	4	库存各 2 台
	一氧化碳检定器		台	2	库存
	风表	中、低速	台	2	各 1 台
	秒表		块	4	
	干湿温度计		支	2	

续表 8-11

类别	装备名称	要 求	单位	数量	备 注
装备工具类	液压起重器		套	1	
	液压剪刀		把	1	
	防爆工具		套	1	锤、斧、镐、锹、钎等
	氧气充填泵		台	2	
	氧气瓶	40L	个	8	
	氧气瓶	4h 呼吸器用	个	50	
	氧气瓶	2h 呼吸器用	个	10	
	大绳	直径 30mm、长 30m	根	2	
	担架		副	2	含一副负压多功能担架
	保温毯	棉织	条	3	
	快速接管工具		套	2	
	手表		块		副小队长以上指挥员每人 1 块
	绝缘手套		副	3	
	体育训练器材		套	1	
	电工工具		套	1	库存
	工业冰箱	满足中队呼吸器冷却装置用	台		
	瓦工工具		套	1	库存
	灾区指路器		支	10	或冷光管（库存）
药剂	氢氧化钙		t	0.5	
	泡沫药剂		t	1	

表 8-12 矿山救护小队最低限度技术装备清单

装备名称	要 求	单位	数量	备 注
正压氧气呼吸器	4h	台	1	备用
正压氧气呼吸器	2h	台	1	
自动苏生器		台	1	
呼吸器校验仪		台	1	
瓦斯检定器	10%、100%	台	2	各 1 台
一氧化碳检定器		台	1	
氧气检定器		台	1	
数字式瓦斯便携仪		台	2	

续表 8-12

装备名称	要 求	单位	数量	备 注
数字式 CO 便携仪		台	1	
数字式氧气便携仪		台	1	
温度计	0~100℃	支	2	
采气样工具		套	1	其中球胆 8 个
灾区电话		套	1	
引路线	金属芯	m	1000	
担架		副	1	
保温毯		条	1	
铜顶斧		把	2	
矿工斧		把	2	
刀锯		把	2	
氧气瓶	4h 呼吸器用	个	2	备用
氧气瓶	2h 呼吸器用	个	1	
起钉器	防爆	把	2	
小锹	两用防爆	把	1	
小镐	防爆	把	1	
帆布水桶		个	2	
帆布风障	4m×4m	块	1	
瓦工工具		套	1	
电工工具		套	1	
急救箱		个	1	含药品和负压夹板
备件袋		只	1	呼吸器易损件
记录本		本	2	
圆珠笔		支	2	
皮尺	10m	把	1	
卷尺	2m	把	1	
钉子	长 50mm、100mm	kg	1	装在包内

表 8-13 矿山救护队指战员(含辅助救护队)个人最低限度技术装备清单

装备名称	要 求	单位	数量	备 注
正压氧气呼吸器	4h	台	1	
自救器	压缩氧	台	1	
战斗服		套	1	
胶靴和胶鞋		双	1	
线手套		双	1	
毛巾		条	1	

续表 8-13

装备名称	要　求	单位	数量	备　注
安全帽		顶	1	
矿灯		盏	1	
灯带		条	2	
背包		个	1	装战斗服
联络绳	长 2m	根	1	两端带弹簧钩
氧气呼吸器工具		套	1	
粉笔		支	2	

表 8-14　辅助矿山救护队最低限度技术装备清单

装备名称	要　求	单位	数量	备　注
正压氧气呼吸器	4h	台		每人 1 台
压缩氧自救器		台		每人 1 台
自动苏生器		台	2	
干粉灭火器		只	20	
风障	4m×4m	块	1	
风障	6m×6m	块	1	
呼吸器校验仪		台	2	
一氧化碳检定器		台	2	
瓦斯检定器	10%、100%	台	2	各 1 台
防爆工具		套	1	锤、钎、锹、镐等
两用锹		把	2	
氧气充填泵		台	1	
氧气瓶	40L	个	5	
氧气瓶	2L	个	30	
氧气瓶	1L	个	10	
大绳		根	1	
担架		副	2	
保温毯	棉织	条	2	
绝缘手套		双	1	
氧气检定器		台	1	
温度计		支	2	
采气样工具		套	1	包括球胆 4 个
灾区电话		套	1	
引路线		m	1000	
铜钉斧		把	2	

续表 8-14

装备名称	要　求	单位	数量	备　注
矿工斧		把	2	
刀锯		把	2	
起钉器		把	2	
手表		块		队长每人 1 块
电工工具		套	1	
氢氧化钙		t	0.5	

矿山救护队小队值班车上最低限度技术装备和进入灾区侦察时所携带的最低限度技术装备，必须符合表 8-15、表 8-16 的规定。矿山救护小队进入灾区抢救时必须携带的技术装备，由矿山救护大队根据本区情况、事故性质作出规定。

表 8-15　矿山救护小队值班车上最低限度技术装备清单

装备名称	单　位	数量	备　注
个人最低限度技术装备		每人一套	
矿灯	盏	2	备用
4h 氧气呼吸器	台	1	备用
2h 氧气呼吸器	台	1	
自动苏生器	台	1	
呼吸器校验仪	台	1	
瓦斯检定器	台	2	10%、100%各一台
一氧化碳检定器	台	1	检定管不少于 30 支
氧气检定器	台	1	
压缩氧自救器	台	10	
担架	副	1	
风障	块	1	4m×4m
刀锯	块	2	
铜钉斧	把	2	
帆布水桶	个	2	
瓦工工具	套	1	
电工工具	套	1	
急救箱	个	1	
铲式担架	付	1	
抗休克裤	个	1	
采气样工具	套	2	包括球胆 4 个
两用锹	把	1	
小镐	把	1	
矿工斧	把	2	

续表 8-15

装备名称	单　位	数量	备　注
起钉器	把	2	
灾区电话	套	1	
引路线	m	1000	金属芯，可兼灾区电话线
灾区指路器	个	10	
保温毯	条	1	
2L 氧气瓶	个	10	
1L 氧气瓶	个	2	
灭火器	台	2	
大绳	条	1	直径 30mm、长 30m
液压起重器	套	1	或千斤顶
绝缘手套	副	2	
温度计	支	2	0~100℃
备件袋	个	1	
皮尺	个	1	10m
卷尺	个	1	2m
钉子包	个	2	内装钉子各 1kg
充气夹板	副	1	
记录本	本	2	
圆珠笔	支	2	

注：急救箱内装止血带、夹板、红汞、碘酒、绷带、胶布、药棉、消炎药、手术刀、镊子、剪刀以及止痛药和止泻药等。备件袋内装呼吸器易损件。

表 8-16　矿山救护小队进入灾区侦察时所携带的最低限度技术装备清单

装备名称	单　位	数量	备　注
个人最低限度技术装备		每人一套	
2h 氧气呼吸器	台	1	10%、100%各 1 台
瓦斯检定器	台	2	
一氧化碳检定器	台	1	
氧气检定器	台	1	
自动苏生器	台	1	可放在井下基地
担架	副	1	
保温毯	条	1	可放在井下基地
2L 氧气瓶	个	2	
刀锯	把	1	
铜钉斧	把	1	
两用锹	把	1	
灾区电话	台	1	与井下基地联系

续表 8-16

装备名称	单 位	数量	备 注
引路线	m	500	
温度计	支	1	0~100℃
采气样工具	套	1	包括球胆 4 个
灾区指路器	个	10	或冷光管
皮尺	个	1	10m
急救箱	个	1	
记录本	本	2	
圆珠笔	支	2	
电工工具	套	1	

8.3.3.2 危险化学品单位应急救援物资配备

危险化学品单位应急救援物资配备主要包括作业场所配备要求、企业应急救援队伍配备要求、其他配备要求三个方面。

A 作业场所配备要求

在危险化学品单位作业场所，应急救援物资应存放在应急救援器材专用柜或指定地点。作业场所应急物资配备应符合表 8-17 的要求。

表 8-17 作业场所救援物资配备清单

序号	物资名称	技术要求或功能要求	配备	备 注
1	正压式空气呼吸器	技术性能符合《呼吸防护用品的选择、使用和维护》(GB/T 18664—2002)要求	2 套	
2	化学防护服	技术性能符合《化学防护服的选择、使用和维护》(AQ/T 6107—2016)要求	2 套	具有有毒腐蚀液体危险化学品的作业场所
3	过滤式防毒面具	技术性能符合《呼吸防护用品的选择、使用和维护》(GB/T 18664—2002)要求	1 个/人	根据有毒有害物质考虑，根据当班人数确定
4	气体浓度检测仪	检测气体浓度	2 台	根据作业场所的气体确定
5	手电筒	易燃易爆场所，防爆	1 个/人	根据当班人数确定
6	对讲机	易燃易爆场所，防爆	2 台	根据作业场所选择防护类型
7	急救箱或急救包	物资清单可参考 GBZ 1	1 包	
8	吸附材料	吸附泄漏的化学品	*	以工作介质理化性质确定具体的物资，常用吸附材料为沙土

续表 8-17

序号	物资名称	技术要求或功能要求	配备	备　注
9	洗消设施或清洗剂	洗消进入事故现场的人员	*	在工作地点配备
10	应急处置工具箱	工作箱内配备常用工具或专业处置工具	*	根据作业场所具体情况确定

注："*"表示由单位根据实际需要进行配置，本清单不作强行规定。

B 企业应急救援队伍配备要求

（1）个人防护装备配备标准。企业应急救援队伍应急救援人员的个人防护装备配备标准应符合表 8-18 的要求。

表 8-18 应急救援人员个体防护装备配备标准

序号	名　称	主要用途	配备	备份比	备　注
1	消防头盔	头部、面部及颈部的安全防护	1 顶/人	4 : 1	
2	二级化学防护服装	化学灾害现场作业时的躯体防护	1 套/10 人	4 : 1	以值勤人员数量确定；至少配备 2 套
3	一级化学防护服装	重度化学灾害现场全身防护	*		
4	灭火防护服	灭火救援作业时的身体防护	1 套/人	3 : 1	指挥员可选配消防指挥服
5	防静电内衣	可燃气体、粉尘、蒸汽等易燃易爆场所作业时的躯体内层防护	1 套/人	4 : 1	
6	防化手套	手部及腕部防护	2 副/人		
7	防化靴	事故现场作业时的脚部和小腿部防护	1 双/人	4 : 1	易燃易爆场所应配备防静电靴
8	安全腰带	登梯作业和逃生自救	1 根/人	4 : 1	
9	正压式空气呼吸器	缺氧或有毒现场作业时的呼吸防护	1 具/人	5 : 1	以值勤人员数量确定；备用气瓶按照正压式空气呼吸器总量 1 : 1 备份
10	佩戴式防爆照明灯	单人作业照明	1 个/人	5 : 1	
11	轻型安全绳	救援人员的救生、自救和逃生	1 根/人	4 : 1	
12	消防腰斧	破拆和自救	1 把/人	5 : 1	

注：1. "备份比"是指应急救援人员防护装备配备投入使用数量与备用数量之比。
2. 根据备份比计算的备份数量为非整数时应向上取整。
3. 小型危险化学品单位应急救援人员可佩戴作业场所的个体防护装备，不配备该表的装备。
4. "*"表示由单位根据实际需要进行配置。

（2）企业应急救援队伍抢险救援车辆配备标准。

1）企业应急救援队伍抢险救援车辆配备数量应符合表 8-19 的要求。

表 8-19 企业应急救援队伍抢险救援车辆配备数量

危险化学品单位级别	小型危险化学品单位	中型危险化学品单位	大型危险化学品单位
抢险救援车辆数/辆	0~1	1~2	≥3

2）企业应急救援队伍抢险救援车品种，宜符合表 8-20 的要求，生产、储存剧毒或高毒危险化学品的单位宜配备气防车。

表 8-20 企业应急救援队伍常用抢险救援车辆品种配备标准 （辆）

序号	设备名称		小型危险化学品单位	中型危险化学品单位	大型危险化学品单位
1	灭火抢险救援车	水罐或泵浦抢险救援车	1	1	1
2		水罐或泡沫抢险救援车			
3		干粉泡沫联用抢险救援车	—		
4		干粉抢险救援车	—	—	—
5	举高抢险救援车	登高平台抢险救援车	—	—	*
6		云梯抢险救援车	—	—	
7		举高喷射抢险救援车	—	—	
8	专勤抢险救援车	多功能抢险救援车或气防车	—	*	1
9		排烟抢险救援车或照明抢险救援车	—	—	—
10		危险化学品事故抢险救援车或防化洗消抢险救援车	—	*	1
11		通信指挥抢险救援车	—	—	—
12		供气抢险救援车	—	—	—
13	后勤抢险救援车	自装卸式抢险救援车（含器材保障、生活保障、供液集装箱）	—	—	—
14		器材抢险救援车或供水抢险救援车	—	—	*

注：“＊”表示由单位根据实际需要进行配置。

3）企业应急救援队伍主要抢险救援车辆的技术性能应符合表 8-21 的要求，气防车内应急救援物资配备标准可参考表 8-22 配置。

表 8-21 企业应急救援队伍主要抢险救援车辆的技术性能

技术性能		小型危险化学品单位		中型危险化学品单位		大型危险化学品单位	
发动机最大功率/kW		≥132		≥132		≥191	
最大装载质量/$kg \cdot t^{-1}$		≥8		≥8		≥10	
水罐抢险救援车出水性能	出口压力/MPa	1	1.8	1	1.8	1	1.8
	流量/$L \cdot s^{-1}$	40	20	40	20	60	30
水罐抢险救援车出泡沫性能/类		B		A、B		A、B	
举高消防车额定工作高度/m		≥20		≥20		≥30	

续表 8-21

技术性能		小型危险化学品单位	中型危险化学品单位	大型危险化学品单位
抢险救援消防车	最大起吊质量/kg	≥3000	≥3000	≥5000
	最大牵引质量/kg	≥10000	≥10000	≥10000

表 8-22 气防车内应急救援物资配备标准

序号	物资名称	主要功能或技术要求	必配	备注
1	正压式空气呼吸器	技术性能符合《呼吸防护用品的选择、使用和维护》(GB/T 18664—2002)要求	2套	配备空气瓶1个/套
2	苏生器	自动进行正负压人工呼吸	1套	
3	医用氧气瓶	治疗中毒人员	2个	
4	移动式长管供气系统	在缺氧或有毒有害气体环境中的抢险救灾人员提供长时间呼吸保护	1台	
5	对讲机	易燃易爆场所应防爆型	2台	
6	抢险救援服	抢险人员躯体保护，橘红色	1套/人	根据气防车上配备的人员确定
7	头戴式照明灯	灭火和抢险救援现场作业时的照明，易燃易爆场所应为防爆型	1个/人	根据气防车上配备的人员确定
8	一级化学防护服	重度化学灾害现场全身防护	2套	
9	二级化学防护服	化学灾害现场作业时的躯体防护	2套	
10	隔热服	强热辐射场所的全身防护	*	
11	折叠担架	运送事故现场受伤人员	2副	
12	急救包	盛放常规外伤和化学伤害急救所需的敷料、药品和器械等	1个	
13	可燃气体检测仪	检测事故现场易燃易爆气体，可检测多种易燃易爆气体的体积浓度	2台	根据企业是否存在可燃气体确定是否配备
14	有毒气体检测仪	具备自动识别、防水、防爆性能，能探测有毒、有害气体及氧含量	2台	根据企业有毒有害气体的种类配备

注：“*”表示由单位根据实际需要进行配置。

(3) 企业应急救援队伍抢险救援物资配备标准。

1) 小型危险化学品单位应急救援队伍可使用作业场所应急救援物资作为抢险救援物资。

2) 中型危险化学品单位应急救援队伍的抢险救援物资配备的种类和数量不应低于表8-23的要求。

3) 大型危险化学品单位应急救援队伍的抢险救援物资配备的种类和数量不应低于表8-24~表8-34的要求。

表 8-23 中型危险化学品单位抢险救援物资配备标准

序号	种类	物资名称	主要用途或技术要求	配备	备注
1	侦检	有毒气体探测仪	具备自动识别、防水、防爆性能，能探测有毒、有害气体及氧含量	2台	根据企业有毒有害气体的种类配备
2	侦检	可燃气体检测仪	检测事故现场易燃易爆气体，可检测多种易燃易爆气体的浓度	2台	根据企业是否存在可燃气体确定是否配备
3	警戒	各类警示牌	灾害事故现场警戒警示	1套	
4	警戒	隔离警示带	灾害事故现场警戒，双面反光	5盘	备用2盘
5	灭火	移动式消防炮	扑救可燃化学品火灾	1个	
6	灭火	水带	消防用水的输送	1200m	
7	灭火	常规器材工具，扳手、水枪等	按所配车辆技术标准要求配备	1套	扳手、水枪、分水器、接口、包布、护桥等常规器材工具
8	通信	移动电话	易燃易爆环境必须防爆	2部	
9	通信	对讲机	易燃易爆环境必须防爆	2台	
10	救生	缓降器	高处救人和自救，安全负荷不低于1300N，绳索防火、耐磨	2套	
11	救生	逃生面罩	灾害事故现场被救人员呼吸防护	10个	备用5个
12	救生	折叠式担架	运送事故现场受伤人员。为金属框架，高分子材料表面质材，便于洗消，承重不小于100kg	1架	
13	救生	救援三脚架	金属框架，配有手摇式绞盘，牵引滑轮最大承载2500N，绳索长度不小于30m	1个	
14	救生	救生软梯	登高救生作业	1个	
15	救生	安全绳	50m	2组	
16	救生	医药急救箱	盛放常规外伤和化学伤害急救所需的敷料、药品和器械等	1个	
17	破拆	液压破拆工具组	灾害现场破拆作业	1套	三项根据企业实际情况选择一项
18	破拆	无齿锯	切割金属和混凝土材料		
19	破拆	手动破拆工具组	灾害现场破拆作业		

续表 8-23

序号	种类	物资名称	主要用途或技术要求	配备	备　注
20	堵漏	木制堵漏楔	各类孔洞状较低压力的堵漏作业，经专门绝缘处理，防裂，不变形	1 套	每套不少于 28 种规格
21		无火花工具	易燃易爆事故现场的手动作业，铜制材料	1 套	
22		粘贴式堵漏工具	各种罐体和管道表面点状、线状泄漏的堵漏作业，无火花材料	*	
23		注入式堵漏工具	阀门或法兰盘堵漏作业，无火花材料，配有手动液压泵，泵缸压力不超过 74MPa，使用温度-100～400℃	*	
24	输转	输转泵	吸附、输转各种液体，安全防爆	1 台	
25		有毒物质密封桶	装载有毒有害物质，可防酸碱，耐高温	1 个	
26		吸附垫	小范围内的吸附酸、碱和其他腐蚀性液体	2 箱	
27	洗消	洗消帐篷	消防人员洗消，配有电动充气泵、喷淋、照明等系统	1 顶	
28	排烟照明	移动式排烟机	灾害现场的排烟和送风，配有相应口径的风管	1 台	
29		移动照明灯组	灾害现场的作业照明，照度符合作业要求	1 组	
30		移动发电机	灾害现场等的照明	*	
31	其他	水幕水带	阻挡或稀释有毒和易燃易爆气体或液体蒸汽	1 套	

注：“*”表示由单位根据实际需要进行配置。

表 8-24　大型危险化学品单位侦检器材配备标准

序号	物资名称	主要用途或技术要求	配　备
1	有毒气体探测仪	具备自动识别、防水、防爆性能，能探测有毒、有害气体及氧含量	2 台
2	可燃气体检测仪	检测事故现场易燃易爆气体，可检测多种易燃易爆气体的浓度	2 台
3	红外测温仪	测量事故现场温度，可预设高、低温危险报警	1 台

续表 8-24

序号	物资名称	主要用途或技术要求	配备
4	便携式气象仪	测量风速、风向、温度、湿度、大气压等气象参数	1台
5	水质分析仪	定性分析液体内的化学成分	*
6	红外热像仪	事故现场黑暗、浓烟环境中的搜寻，温差分辨率不小于0.25℃，有效检测距离不小于40m	*

注："*"表示由单位根据实际需要进行配置。

表 8-25　大型危险化学品单位警戒器材配备标准

序号	物资名称	主要用途或技术要求	配备	备注
1	警戒标志杆	灾害事故现场警戒，有反光功能	10根	
2	锥形事故标志柱	灾害事故现场道路警戒	10根	
3	隔离警示带	灾害事故现场警戒，双面反光，每盘长度约500m	10盘	备份2盘
4	出入口标志牌	灾害事故现场标示，图案、文字、边框均为反光材料，与标志杆配套使用，易燃易爆环境必须为无火花材料	2组	
5	危险警示牌	灾害事故现场警戒警示，分为有毒、易燃、泄漏、爆炸、危险等五种标志，图案为反光材料，与标志杆配套使用，易燃易爆环境必须为无火花材料	5块	
6	闪光警示灯	灾害事故现场警戒警示，频闪型，光线暗时自动闪亮	5个	备份2个
7	手持扩音器	灾害事故现场指挥，功率大于10W，同时应具备警报功能	2个	

表 8-26　大型危险化学品单位灭火器材配备标准

序号	物资名称	主要用途或技术要求	配备	备注
1	机动手抬泵	扑救小面积化工类火灾	3台	
2	移动式消防炮	扑救可燃化学品火灾	2个	
3	A、B类比例混合器、泡沫液桶、空气泡沫枪	扑救小面积化工类火灾，由储液桶、吸液管和泡沫管枪组成，操作轻便快捷	2套	
4	二节拉梯	登高作业	3个	
5	三节拉梯	登高作业	2个	
6	移动式水带卷盘或水带槽	清理水带	3个	
7	水带	消防用水的输送	2800米	
8	其他	按所配车辆技术标准要求配备	1套	扳手、水枪、分水器、接口、包布、护桥等常规器材工具

表 8-27 大型危险化学品单位通信器材配备标准

序号	物资名称	主要用途或技术要求	配备	备 注
1	移动电话	易燃易爆环境必须防爆	2 部	指挥员
2	对讲机	应急救援人员以及与后方指挥员间的通信，通信距离不低于 1000m，易燃易爆环境必须防爆	1 部/人	按执勤人数配备
3	通信指挥系统	符合《消防通信指挥系统设计规范》（GB 50313—2013）	1 套	

表 8-28 大型危险化学品单位救生物资配备标准

序号	物资名称	主要用途或技术要求	配备	备 注
1	缓降器	高处救人和自救，安全负荷不低于 1300N，绳索防火、耐磨	2 套	
2	医药急救箱	盛放常规外伤和化学伤害急救所需的敷料、药品和器械等	1 个	
3	逃生面罩	灾害事故现场被救人员呼吸防护	10 个	备份 10 个
4	折叠式担架	运送事故现场受伤人员，金属框架，高分子材料表面质材，便于洗消，承重不小于 100kg	1 架	
5	救援三脚架	高处、井下等救援作业，金属框架，配有手摇式绞盘，牵引滑轮，最大承载 2500N，绳索长度不小于 30m	1 个	
6	救生软梯	登高救生作业	1 条	
7	安全绳	灾害事故现场救援，50m	2 组	
8	救生绳	救人或自救工具，也可用于运送消防施救器材，50m	2 组	

表 8-29 大型危险化学品单位破拆器材配备标准

序号	物资名称	主要用途或技术要求	配备	备 注
1	液压破拆工具组	灾害现场破拆作业	1 套	根据企业实际情况选配
2	无齿锯	切割金属和混凝土材料		
3	机动链锯	切割各类木质结构障碍物		
4	手动破拆工具组	灾害现场破拆作业		

表 8-30 大型危险化学品单位堵漏器材配备标准

序号	物资名称	主要用途或技术要求	配备	备 注
1	木制堵漏楔	各类孔洞状较低压力的堵漏作业，经专门绝缘处理，防裂，不变形	1 套	每套不少于 28 种规格
2	气动吸盘式堵漏工具	封堵不规则孔洞，气动、负压式吸盘，可输转作业	1 套	根据企业实际情况和工艺特点，选配 1 套堵漏工具
3	粘贴式堵漏工具	各种罐体和管道表面点状、线状泄漏的堵漏作业，无火花材料		
4	电磁式堵漏工具	各种罐体和管道表面点状、线状泄漏的堵漏作业，适用温度不大于 80℃		

续表 8-30

序号	物资名称	主要用途或技术要求	配备	备　注
5	注入式堵漏工具	阀门或法兰盘堵漏作业，无火花材料，配有手动液压泵，液压不小于74MPa，使用温度-100~400℃	1套	含注入式堵漏胶1箱
6	无火花工具	易燃、易爆事故现场的手动作业，铜制材料	1套	每套不小于11种
7	金属堵漏套管	各种金属管道裂缝的密封堵漏	1套	
8	内封式堵漏袋	圆形容器和管道的堵漏作业，由防腐橡胶制成，工作压力0.15MPa，4种，直径分别为：10/20mm、20/40mm、30/60mm、50/100mm	*	
9	外封式堵漏袋	罐体外部堵漏作业。由防腐橡胶制成，工作压力0.15MPa，2种，尺寸5/20mm、20/48mm	*	
10	捆绑式堵漏袋	管道断裂堵漏作业。由防腐橡胶制成，工作压力0.15MPa，尺寸为5/20mm、20/48mm	*	
11	阀门堵漏套具	阀门泄漏的堵漏作业	*	
12	管道黏结剂	小孔洞或砂眼的堵漏	*	

注：“*”表示由单位根据实际需要进行配置。

表 8-31　大型危险化学品单位输转物资配备标准

序号	物资名称	主要用途或技术要求	配　备
1	输转泵	吸附、输转各种液体，易燃易爆化学品应安全防爆	1台
2	有毒物质密封桶	装载有毒有害物质，防酸碱，耐高温	2个
3	吸附垫、吸附棉	小范围内的吸附酸、碱和其他腐蚀性液体	2箱
4	集污袋	装载有害液体	2只

表 8-32　大型危险化学品单位洗消物资配备标准

序号	物资名称	主要用途或技术要求	配备	备　注
1	强酸、碱清洗剂	手部或身体小面积部位的洗消	5瓶	酸碱环境下配备
2	强酸、碱洗消器	化学灼伤部位的洗消	2只	酸碱环境下配备
3	洗消帐篷	消防人员洗消，配有电动充气泵、喷淋、照明等系统	1套	
4	洗消粉	按比例与水混合后，对人体、物品和场地的降毒洗消	*	

注：“*”表示由单位根据实际需要进行配置。

表 8-33　大型危险化学品单位排烟照明器材配备标准

序号	物资名称	主要用途或技术要求	配　备
1	移动式排烟机	灾害现场的排烟和送风，配有相应口径的风管	1台
2	坑道小型空气输送机	缺氧空间作业，排风量符合常用救灾的要求	*
3	移动照明灯组	灾害现场的作业照明，照度符合作业要求	1套
4	移动发电机	灾害现场等的照明	2台

注：“*”表示由单位根据实际需要进行配置。

表 8-34　大型危险化学品单位其他物资配备标准

序号	物资名称	主要用途或技术要求	配　备
1	心肺复苏人体模型	急救训练用	1套
2	空气充填泵	现场向气瓶内充空气	1套
3	校验仪	调试、检验空气呼吸器各部件	1套

C　其他配备要求

危险化学品单位，除作业场所和应急救援队伍外的其他部门应根据应急响应过程中所承担的职责配备有关的应急救援物资。

沿江河湖海的危险化学品单位应配备水上灭火抢险救援、水上泄漏物处置和防汛排涝物资。

除危险化学品单位作业场所的应急救援物资外，其他应急救援物资可与周边地区其他相关单位或应急救援机构签订互助协议，能在接到报警后5min内到达现场的，可作为本单位应急救援物资。

思 考 题

8-1　重大危险源信息系统管理的特点、功能是什么？

8-2　重大危险源监控的内容有哪些？

8-3　重大危险源监控预警系统的工作流程是什么？

8-4　如何实施重大危险源岗位操作标准化？

8-5　界定危险区域的方法有哪些？

8-6　策划应急预案时应考虑哪些因素？

8-7　应急预案的演练的类型有哪些？

8-8　应急救援装备的类型有哪些，各有何特点？

参考文献

[1] 姜旭初，姜威. 金属非金属矿山风险管控技术［M］. 北京：冶金工业出版社，2020.
[2] 刘诗飞，詹予忠. 重大危险源辨识及危害后果分析［M］. 北京：化学工业出版社，2005.
[3] 吴宗之，高进东. 重大危险源辨识与控制［M］. 北京：冶金工业出版社，2001.
[4] 崔克清. 安全工程大辞典［M］. 北京：化学工业出版社，1995.
[5] 王济昌. 现代科学技术知识词典［M］. 北京：中国科学技术出版社，2008.
[6] 罗云，等. 注册安全工程师手册［M］. 北京：化学工业出版社，2009.
[7] 赵雪娥，孟亦飞，刘秀玉. 燃烧与爆炸理论［M］. 北京：化学工业出版社，2011.
[8] 姜威，刘军鄂. 安全生产监察实务［M］. 2版. 北京：化学工业出版社，2016.
[9] 崔克清. 安全工程燃烧爆炸理论与技术［M］. 北京：中国计量出版社，2005.
[10] 魏新利，李惠萍，王自健. 工业生产过程安全评价［M］. 北京：化学工业出版社，2005.
[11] 范维澄，陈义良，洪茂玲. 计算燃烧学［M］. 合肥：安徽科学技术出版社，1987.
[12] 王凯全，邵辉，袁雄军. 危险化学品安全评价方法[M]. 2版. 北京：中国石化出版社，2010.
[13] 吴宗之，高进东，魏利军. 危险评价方法及其应用［M］. 北京：冶金工业出版社，2001.
[14] 公安部人民警察干部学校. 石油和化工企业防火［M］. 北京：群众出版社，1980.
[15] 马良，杨守生. 石油化工生产防火防爆［M］. 北京：中国石化出版社，2005.
[16] 宇德明. 易燃、易爆、有毒危险品储运过程定量风险评价［M］. 北京：中国铁道出版社，2000.
[17] 罗云，樊运晓，马晓春. 风险分析与安全评价［M］. 北京：化学工业出版社，2004.
[18] 姜威. 城市危险化学品应急管理［M］. 北京：化学工业出版社，2009.
[19] 吴宗之，刘茂. 重大事故应急救援系统及预案导论［M］. 北京：冶金工业出版社，2003.
[20] 国家安全生产监督管理中心. 安全生产应急管理［M］. 北京：煤炭工业出版社，2007.
[21]《应急救援系列丛书》编委会. 企业、政府应急预案编制实务［M］. 北京：中国石化出版社，2007.
[22] 崔维贤，等. 安全评价师（国家职业资格三级）［M］. 北京：中国劳动社会保障出版社，2010.
[23] 杨永杰，康元芳. 化工工艺安全技术［M］. 北京：化学工业出版社，2008.
[24] 马丕梁. 煤矿瓦斯灾害防治技术手册［M］. 北京：化学工业出版社，2007.
[25] 张国枢. 通风安全学［M］. 徐州：中国矿业大学出版社，2007.
[26] 何学秋. 安全科学与工程［M］. 徐州：中国矿业大学出版社，2008.
[27] 何学秋. 中国煤矿灾害防治理论与技术［M］. 徐州：中国矿业大学出版社，2006.
[28] 王福军. 计算流体动力学分析［M］. 北京：清华大学出版社，2004.
[29] 于勇. FLUENT入门与进阶教程［M］. 北京：北京理工大学出版社，2008.
[30] 祝效华，廖伟志，黄永安，等. CAD/CAE/CFD/VPT/SC软件协作技术［M］. 北京：中国水利水电出版社，2004.
[31] 郭宽良，孔祥谦，陈善年. 计算传热学［M］. 合肥：中国科学技术大学出版社，1988.
[32] 王瑞金，张凯，王刚. Fluent技术基础与应用实例［M］. 北京：清华大学出版社，2007.
[33] 刘明侯. 计算流体和传热传质［M］. 合肥：中国科学技术大学出版社，2003.
[34] 霍然，杨振宏，柳静献. 火灾爆炸预防控制工程学［M］. 北京：机械工业出版社，2007.
[35] 魏利军. 重气扩散过程的数值模拟［D］. 北京：北京化工大学，2000.
[36] 潘旭海. 事故性泄漏动力学过程的理论与实验研究［D］. 南京：南京工业大学，2004.
[37] 施志荣. 化工气体泄漏事故扩散规律的实验室研究［D］. 常州：江苏工业学院，2006.
[38] 王东东. 基于FLUENT的危险性气体泄漏扩散研究［D］. 天津：南开大学，2008.
[39] 刘金龙. 重大危险源半小时巡检在渤海某油田的设计与实践［J］. 化工管理，2022（1）：82-

84，135.
［40］王志新，闵文伟，吕径春. 谈联碱装置重大危险源液氨罐区安全管理［J］. 纯碱工业，2022（6）：39-42.
［41］徐荣，张欣，许洁瑜. 对某企业重大危险源核查引发的思考［J］. 江苏安全生产，2022（10）：43-44.
［42］芦金柱. 液氧储罐重大危险源风险评估［J］. 广州化工，2022（21）：187-189.
［43］周军. 石油化工场地重大危险源灭火救援问题研究［J］. 化工管理，2022（32）：116-119
［44］郑远攀，钱新明，冯长根. 重气扩散研究方法及其比较［J］. 安全与环境学报，2008，8（5）：149-154.
［45］黄琴，蒋军成. 重气扩散研究综述［J］. 安全与环境工程，2007，14（4）：36-39.
［46］黄沿波，梁栋，李剑峰，等. 重气扩散模型分类方法［J］. 安全与环境工程，2008，15（4）：71-76.
［47］何莎，袁宗明，喻建胜. 重气效应研究进展［J］. 中国测试技术，2008，34（4）：112-114.
［48］苏宏杰. 危险化学品重大危险源辨识解读［J］. 劳动保护，2009（7）：44-45.
［49］李振林，姚孝庭，等，基于 FLUENT 的高含硫天然气管道泄漏扩散模拟［J］. 油气储运，2008，27（5）：38-41.
［50］刘增苹，张有忱. 有毒气体泄漏绕障碍物扩散的安全性分析［J］. 装备环境工程，2010，7（1）：89-93.
［51］GB 18218—2018 危险化学品重大危险源辨识［S］. 北京：中国标准出版社.